U0016816

老蔣在幹啥？

從蔣介石侍從日誌解密1949大撤退

樓文淵
編

編輯說明

一、本書主體為樓文淵編著《民國三十八年老蔣先生在幹些甚麼》，並參酌《蔣介石日記》作為對照，以便讀者更清楚了解蔣介石當天的活動。

二、摘錄之《蔣介石日記》的來源則參考呂芳上編著《蔣中正先生年譜長編》（國史館，二〇一四）、秦孝儀總編纂《總統蔣公大事長編初稿》（一九七八），以及已出版之各種蔣介石研究專著所引用之《蔣介石日記》。

三、本書提及的人物，常有僅稱名或字號者，謹就參考書籍可以檢出者以〔〕註明；名號註記於後，姓則加註於前（原則上在第一次出現時加註）。其有同音異字者，也加以註明。書後並附編一人名表，以利讀者檢索。同音異字的，也加以註明。書後並附編一人名表，以利讀者檢索。

編者序

近年出版界相繼發行以一九四九年，即以民國三十八年為主題背景的文章或專著書籍，廣泛談論中華民國遭受空前失敗的經過情形，或以作者個人的觀點及記述為之報導；或以個人身經其事或遭遇的感受，為之抒文記述。兩者皆述及當時的世局與發生的事件，頗使閱讀者能認識相隔六十餘年前的往事，仍不無驚慄當時緊張情勢的感應，更瞭解到當時國、共兩方兵戎相見的大概。筆者曾因與部分同袍，追隨先總統　蔣公自南京引退而至溪口，再輾轉隨同來臺，復一再隨往大陸西南各地，或為親身所經歷，或為同僚所談述，或為報章雜誌所載，或為史學者之著述。筆者以桑榆晚景，在友好鼓勵下，謹以當年侍衛工作日誌為準，掇編此文，藉以彰顯　蔣公當時雖以在野之身，仍以執政之中國國民黨總裁身分協助政府，續為艱危、紛紜國事操勞，奔波各地情形，作一翔實記述，深願對關心民國三十八年危局情況者，對錯綜複雜環境與發生的事實增進一些瞭解。更使拙文中所述及人物之後人，認識其先人於國家危難之際，在領袖領導下，赴湯蹈火或藎籌謀劃為拯救阽危局勢所盡之努力與奉獻，甚或犧牲疆場，為民族留下正氣之情。筆者不敏，以　蔣公是年行事日程為主體，並擷錄有關史事資料，看似流水帳式之起居注，實可窺在危疑震盪中　蔣公苦心孤詣之意。盡以事實之經過為之掇拾整理，尚望賢者、知者不吝指教，是所感禱。

目次

導讀

劉維開（國立政治大學歷史學系教授）

一九四九年是近代中國的關鍵年代，對於蔣中正而言，也是一生中最感屈辱的一年。他於當年日記的總反省錄中回顧一年來各種遭遇，記道：「本年一年中之生活，所見所聞與身受各種遭遇，無非為人唾棄，為世譏刺，恥辱悲慘，於茲為甚。」時隔數年之後，重閱一九四九年日記，對於這一年各種經歷的記憶，依然是「悲慘」、「侮辱」，記道：「重閱三十八年日記，更覺當年環境與形勢之可怕，至於悲慘與侮辱之經歷，則不足道矣。」（一九五一年二月二十一日）顯示這一年對他而言，有著難以磨滅的悲憤。但是他畢竟度過了這一年，如蔣經國所說：「父親自三十八年初，第三次下野以來，一直到舟山撤退為止，可說是最艱苦的時期；然而，終於用最大的忍耐力，把這個最嚴重的難關度過了。」（一位平凡的偉人）開創其革命生涯中的另一段事業，一九四九年以後的中華民國歷史亦由此展開。

一九四九年一月二十一日，蔣中正在各方面的壓力下決定下野，總統職權由副總統李宗仁代行，距離一九四八年五月二十日宣誓就任中華民國行憲後第一任總統，剛好滿八個月。此後至四月二十五日離開溪口，他在家鄉度過一段從政以來難得的安逸歲月。從現存的文字及影像資料中，可以看到他在這三個月裡，探親訪友，幽遊山泉，神閒氣定，外界的一切發展似乎都在他的預料之中。他知道與中共的問題關鍵在戰而不在和，只有能戰才能和，單獨的和絕對不會成功，但是政府中大多數的官員主和而不主戰，認為他是與中共和談的絆腳石。對於蔣氏而言，自一九四八年初總統、副總統選舉以來，面對黨內派系紛爭以及幣制改革等財經措施失敗，加上國軍在東北戰場的挫敗，徐蚌戰事亦不樂觀，感到嚴重的挫折，已有辭去總統一職的想法。白崇禧要求下野的通電，對蔣氏而言不啻提供了一個可以落實辭職想法的臺階，只是時間早晚問題。迨徐蚌會戰失利，蔣氏以「今後下野可以無遺憾矣」（一月十日），對於下野後的局面安排妥當後，正式宣布下野。

蔣氏下野後的局勢，如他所預料，中共只有要求政府接受所提出的和談條件，而不接受政府方面提出任何改變和談條件的要求。四月十八日，政府方面決定不接受中共提出的條件，和談破裂，只有一戰。二十二日，蔣氏邀集李宗仁、白崇禧等在杭州會談，決定戰時體制，改組國防部，軍政、軍令合一，以國防部長統一指揮陸海空軍；加強黨與政府之聯繫，成立非常委員會，為中國國民黨對於政治問題之決策機構。李宗仁對於此項決議強烈不滿，四月二十三日南京棄守後，並未隨中央政府至廣州，而是飛往廣西桂林。五月二日，李氏將一份名為「談話紀錄」的文件送請行政院長何應欽轉交在上海的蔣氏，要求其不要再過問政事，建議早日出國。

蔣中正於杭州會談結束後，以共軍渡過長江，情勢日益危急，乃於四月二十五日離開奉化，由象山港搭乘太康艦至上海視察防務。蔣氏在上海接讀李氏之「談話紀錄」後，至為憤怒，親自書寫一份內容婉轉但措詞嚴厲的長函，說明相關問題，並告知絕不接受出國之建議。但蔣氏此後有相當一段時間避免與李宗仁正面接觸，於五月七日離開上海後，乘江靜輪於舟山群島一帶巡視，「沒有登岸，只是到附近的許多小島上去觀察，前後在海上飄泊了十天」（蔣經國），至五月十七日由定海搭機抵澎湖馬公，二十五日離馬公飛抵高雄岡山。期間李宗仁的態度亦有所緩和，央請黨政大老出面轉圜，此時對於兩入關係影響最大者為閻錫山出任行政院長。

閻錫山自辛亥革命出任山西都督後，長期掌握山西政權，在政壇上有其影響力。原任行政院長何應欽處於蔣、李之間，難以應付，決定辭職，李宗仁原欲以訓政時期司法院長居正代之，立法院行使同意權，未獲通過，乃提名閻氏繼任。閻錫山處事手腕圓滑，擔任行政院長後，強調一切處置均以國家為前提，周旋於蔣、李之間，但是基於共同的「反共」信念，實則偏蔣。七月一日，中國國民黨決定設置總裁辦公室，十六日，蔣氏以中國國民黨總裁兼非常委員會主席身分在廣州主持非常委員會成立後首次委員會議，隨即經廈門返抵臺灣。八月一日，總裁辦公室在臺北草山正式開始辦公；八月二十三日，蔣氏由臺北飛抵廣州，關切防務部署，旋於次日轉赴重慶，督導軍政事務，穩定西南局勢。此一時期，蔣氏亦致力於外交工作，以中國國民黨總裁身分，於七月十日應邀赴菲律賓訪問，與季里諾總統舉行碧瑤會議，商議組織遠東國家反共聯盟問題，於十二日返臺。繼於八月應邀訪問韓國，於六日飛抵鎮海，與李承晚總統就組織遠東反共聯盟問題交換意見，八日發表聯合聲明。

十月中，廣州淪陷，中央政府遷至重慶，十一月初，共軍二野主力與四野一部向川、黔發起進攻，軍事情勢更加惡化。李宗仁於此時以激勵民心士氣為由，離開重慶赴昆明，再由昆明至桂林，旋轉往南寧，聲言擬續赴各地巡視。是時重慶已面臨共軍威脅，情勢緊急，然中樞無主。蔣氏在各方要求下，明知其不可為而為，於十四日自臺北飛抵重慶，並致電李氏請其迅速返回重慶，主持一切。未料李宗仁於二十日致函蔣氏，胃疾突發，自南寧赴香港轉往美國治療，告以「中樞軍政已致函百川兄請就近請示處理」。蔣氏處此困局，以中央非常委員會主席身分主持軍政事務。十一月三十日，重慶失陷，蔣氏堅持至共軍已逼近機場，始搭機至成都。十二月七日，蔣氏以成都情勢危急，思考中央政府所在，改變原本預定遷至西昌的決定，指示閻錫山將政府遷設臺北，此一決定從日後發展來看，對於中華民國國祚之延續，具有重大關係。行政院於七日當晚舉行會議，決議「政府遷設臺北，並在西昌設大本營，統率陸海空軍在大陸指揮作戰」；次（八）日，閻錫山偕副院長、政務委員、各部會首長等搭機自成都飛抵臺北；九日，行政院在臺北舉行院會，代表中央政府正式遷臺。蔣氏則停留至十日，因雲南情勢發生變化，決定返臺，於晚上八時半抵達臺北，結束二十七天的重慶、成都之行，也從此告別了中國大陸。

關於蔣中正在一九四九年的作為，由於檔案與日記的相繼公布，相關研究成果不在少數，筆者亦撰有《蔣中正的一九四九：從下野到復行視事》一書，探討蔣氏在一九四九年從下野到再起的歷程。但是檔案與日記內容所涉層面多為大方向，對於細節的事務，如蔣氏見了那些人，到了那些地方，不一定能在檔案或日記中完整呈現，以致對相關問題的討論，可能會有不足或失誤。樓文淵先生這本以蔣氏侍衛人員所記日誌為主編撰而成的書籍，提供了這方面的翔實資料。

蔣中正自一九二四年五月擔任陸軍軍官學校校長後，即有衛兵隊隨侍警衛，至北伐統一後，始奠定侍衛單位之初步基礎。一九三二年三月，國民政府成立軍事委員會，以蔣中正為軍事委員會委員長兼參謀總長；一九三三年一月，為剿共需要，於軍事委員會成立侍從室，蔣氏之侍衛單位歸併其中，嗣後隨剿共、抗戰軍事之進展，侍從室組織擴大，警衛隸屬第一處。抗戰勝利，國民政府改組軍事機構，裁撤軍事委員會，於六月一日成立國防部，原委員長侍從室，分別併入國民政府，警衛部分改隸參軍處警衛室，下設侍衛組、內衛股、警衛組；原屬軍事委員會之警衛旅，改編為國民政府警衛總隊，繼續擔任侍衛及警衛任務。一九四八年五月，行憲政府成立後，國民政府參軍處警衛室就原有編組改編為總統府侍衛室，國民政府警衛總隊亦改編為總統府警衛大隊。

蔣氏下野後，總統府侍衛室除仍繼續保持侍衛單位名稱外，並縮減名額；總統府警衛大隊亦改為國防部特務大隊，隨蔣氏至溪口。之後，為應實際需要，侍衛單位改為秘書室，分設三組，以第二組為警衛組，由侍衛組、內衛股、警衛組等單位合併編成，負責隨扈警衛。至一九四九年八月，總裁辦公室成立後，警衛組改為第八組，設侍衛、內衛、警衛三股，擔任官邸警衛及隨扈任務。隨扈蔣氏至溪口之侍衛人員，一路隨侍，從上海至臺灣，再至廣州、重慶，乃至菲律賓、韓國，自己也留下不少重要的資料。其中以每日所填報之工作日報表，為對於蔣氏在這段期間作為最直接之紀錄。侍衛人員對於所負責侍衛工作，自每日中午十二時起至次日中午十二時止，由值日官填寫工作日報表，呈主管核定。內容除時間、地點、氣候、值勤人員姓名及工作分配等基本資料外，主要分為兩個部分，一為值勤紀要，記錄蔣氏起居及往來賓客，往來賓客部分包括來賓之職級、姓名、別號、留官邸時間，以及至官邸原因，召見、午餐、宴客等；一為隨從紀要，記錄蔣氏的外出經過，包括經過路段、沿途及目的地警戒情形、見聞等。

樓文淵先生於一九四六年底報考進人國民政府警衛總隊任職；一九四八年行憲政府成立，國民政府警衛總隊改編為總統府警衛大隊。一九四九年一月，蔣中正下野返鄉，所屬單位奉命隨行擔任衛護工作。輾轉來臺後，於一九五〇年經挑選為便衣衛士，復於一九五二年秋，甄試成為侍衛，至一九六三年初，以個人生涯規劃，申請假退役，轉任公職。曾任高雄市政府副秘書長、中國國民黨中央秘書處副主任、中國國民黨中央黨史委員會副主任委員等職。樓文淵先生任職黨史會期間，與同仁相處愉快，同仁以其年長，平日皆敬稱「樓公」。筆者時於該會服務，以工作關係，時常向其請教與蔣氏相關問題，樓公亦就所知告知，得益甚多。樓公平日對文史資料甚感興趣，除撰寫文章，並曾聯絡昔日追隨蔣氏之侍從人員，就所見聞撰文，輯為《感恩與懷德集：我們常在蔣公左右》一書，於二〇〇一年十月出版，之後又陸續出版續集及三集，提供侍從人員眼中的蔣氏行誼資料，十分具有史料價值。二〇一五年一月，樓公以「為歷史留下一些真實痕跡」，將其所收集昔日同仁留存一九四九年前後之侍衛工作日誌，以及相關回憶與當時報章之報導，整理出版《再回首　一九四九》一書，分贈友好，後又以《民國三十八年老蔣先生在幹些甚麼？》為題再版。

該書出版後，筆者承樓公贈送一冊，拜讀之餘，以該書對於蔣氏在一九四九年行止有詳細的紀錄，深具史料價值，並可作為蔣氏日記記事之補充。茲舉兩例說明，一例為筆者撰寫《蔣中正的一九四九：從下野到復行視事》時，曾參考《民國閻伯川先生錫山年譜長編初稿》一九四九年六月四日記事：「晚乘火車赴臺南，謁蔣總裁」；及蔣氏日記六月五日所記：「朝課記事後訪閻伯川，商談其組織行政院後之施政方針」，以為蔣氏與閻錫山於臺南晤面。閱該書六月五日記事：「九時二十分偕陳誠同車赴高雄港務局白局長官舍，會晤已經立法院同意出任行政院長之閻錫山，商談組閣後之施政方針」，乃知蔣、閻會面地點為高雄港務局局長白雨生之官舍，並非臺南，且與陳誠同車前往。蓋陳誠與白雨生為保定軍校八期同學，陳任任武漢衛戍司令部總司令時，白為築路工程處處長；陳任第六戰區司令長官時，白為第六戰區兵站總監部中將總監。另一例為該書七月十三日記蔣氏在臺南空軍招待所，「九時三十五分見與日方聯繫志願來華參與軍事訓練人員之曹士澂，十時二十五分辭去」，再於「十七時十分見曹士澂，十八時辭去」，繼於「二十一時見王世杰、沈昌煥、黃少谷，二十二時七分辭出。即第三度見曹士澂，十二分辭去」。此項資料實為理解「白團」組成之參考，然閱蔣氏當日日記：「朝課後，召見江杓與曹士澂，聽取其對日本調查之報告，運用日本人才擬定具體整個之辦法，勿使稍有浪費也」、「（下午）再與曹士澂談駐日代表團內容，及運用日人辦法甚詳。晚課後餐畢，以臺灣電話腐敗不堪，憤怒異甚，十時後就寢」，並無晚間見王世杰、沈昌煥、黃少谷，以及第三度約見曹士澂之記事。而以王、沈、黃三人當時為蔣氏之核心幕僚，蔣在與三人談話一小時後，即立即第三度約見曹士澂談話五分鐘，就常理推斷兩次談話有其關聯性，且應與運用日人為軍事顧問一事有關，但是蔣氏在日記中對於這兩次談話卻隻字未提，只有「臺灣電話腐敗不堪，憤怒異甚」，實堪玩味。

今（二〇一九）年是「一九四九年」這個具有歷史轉折特殊意義時間點的七十年，也是中央政府遷臺七十年。聯經出版公司除將樓文淵先生《再回首　一九四九》一書重新排印公開出版外，並同時抄錄蔣中正於日記中記事，互為參照，以期對於蔣氏在一九四九年做了那些事情提供一個完整紀錄，具有其歷史意義與史料價值。讀者透過書中記事，不僅能審視蔣氏在這個關鍵年代的相關作為，對於中華民國如何在臺灣應該也可以有著更深刻的理解。

前言

民國三十八年是中華民國歷史上，面臨存亡危急的關鍵年代。由於漫長的八年對日抗戰，國家已陷入民窮財盡、師老兵疲的境況；中共趁此時機，以誘人的宣傳口號，蠱惑民心，渙散士氣，並增強其兵力，擴展其地盤。在政治上，事事與政府相頡頏；在軍事上，處處作攻勢之戰，致東北遼瀋、華北平津以及華中徐蚌各戰役，國軍相繼敗績。累年戡亂戰事的失利，幣制改革的失敗，各地反政府、反饑餓示威遊行層出不窮，同時物價飛漲，人心不安，社會動盪。當時先總統　蔣公有感山雨欲來之勢。其時全國軍民亟盼美國能在道義上、物資上的雙重援助，如大旱之望雲霓，　蔣公初亦頗有央請在美國人民心目中，留有非常良好印象的蔣夫人，作為　蔣公個人代表，於三十七年十一月底，首途前往華盛頓呼籲援助。同年十一月初，美國舉行第三十三任總統大選，民主黨由接任一九四五年初遽逝的羅斯福總統職位的杜魯門出馬競選連任；共和黨則提名聲勢甚盛，為其國內外一致看好的紐約州州長杜威為候選人。似乎我國當時亦最關注杜威的參選，企望一改民主黨政府對我國若有若無的支持。出人意料，選舉結果由杜魯門勝選蟬連，似對我國政府有所不諒，肇致日後，美國應允的美援遲滯不來，而其政策上亦不積極表示支持中國的戡亂戰事。當時我國政府深感事態的嚴重。蔣夫人秉於個人榮辱事小，國家存亡事大，為盡個人人事，而於同月二十八日在蔣總統勸阻未成後，離上海飛赴美國，抵達華府，以期現身說法，籲請美國政府加強對我國的援助，以俾迅速完成戡亂任務。三日即趨訪正在住醫院準備進行開刀手術，前曾來華擔任調停國共之爭，具有舊誼的國務卿馬歇爾，請其支持援華事宜。四日復發表談話，要求美國以三年為期，援助三十億美元，以濟我國的急迫需要。十二月六日在紀念珍珠港事件七周年時，又撰文發表，呼籲美國援助，以防止第三次世界大戰的爆發。事有湊巧，七日美國啟運一批價值一億二千五百萬美元的物資來華，似顯呼籲奏效，終則曇花一現。十日蔣夫人趨訪杜魯門總統，期望美國發表支持中國南京政府反共救國的正式宣言，以及提供軍事援助等要求，而杜氏祇是言不由衷虛言應付，並申言美國不能保證支持一個無法支持的中國政府，實令人失望。十四日再訪晤馬歇爾，對已允之美援有急速處置之表示。二十日應馬之邀趨晤，因馬氏突因全身神經劇痛，未談及申援之事而折返。十二月二十六日美國已允的軍援，突宣布停運。並令駐華美軍事顧問團撤離，確使我國面臨雪上加霜之困境。

在國內，十一月二十六日，行政院長翁文灝因幣制改革失敗，辭職照准，益使政局阢隉不安。中共趁機加強軍事威脅，並展開統戰倡言和談，蠱惑人心。二十七日，經立法院同意孫科繼任。十二月十日，依《動員戡亂時期臨時條款》規定，頒布全國戒嚴令。十二月二十四日，華中剿總白崇禧總司令致電請張群、吳忠信二氏轉陳總統　蔣公，以民心、士氣、物力均已不能再戰，請停戰以言和。函文中略謂：「崇禧辱承知遇，垂二十餘年，當茲存亡危急之秋，不能再有片刻猶豫之時。故敢不避斧鉞，披肝瀝膽，上瀆鈞聽，並貢芻蕘：一、先將真正謀和誠意轉知美國，請其出而調處，或徵得美國同意，約同蘇聯共同斡旋和平。二、由民意機關向雙方呼籲和平，恢復和平談判。三、雙方軍隊應在原地停止軍事行動，聽候和平談判解決。以上所陳，伏乞鑒核察納，並望乘京、滬、平、津尚在國軍掌握之中，迅作對內對外和談布置，爭取時間，若待兵臨長江，威脅首都，屆時再言和談，已失去對等資格，噬臍莫及矣。」同時白氏更在漢口宣稱「非蔣下臺不能談和，蔣應讓別人來談」等主張，頗含脅迫之意。翌日蔣公即邀集張群、吳忠信暨何應欽等要員，商討白氏來電與建議。蔣公曾即表示：「可請李副總統負起和談之責。」迨二十七日，張群特趨謁李副總統商談情形覆命，以「李亦謂公早日引退，其意圖與白崇禧如出一轍」。二十九日中央再作重要人事部署，中常會通過正在臺灣養病的陳誠為臺省主席、秦德純為山東省主席，隨即由行政院任命。並以蔣經國出任中國國民黨臺灣省黨部主任委員，鄭彥棻代理中央黨部秘書長。其間　蔣公曾電邀各地重要負責人到南京，有閻錫山、胡宗南、傅作義及重慶行轅主任朱紹良等方面大員先後進見會談。十二月三十日華中剿匪總司令白崇禧再發通電主張和談，並促　蔣公明白表示態度。通電內容：「當今之勢，戰既不易，和亦困難。顧念時間迫促，稍縱即逝，鄙意似應迅將謀和誠意，轉告友邦，公之國人，使外力支持和平，民眾擁護和平。對方如能接受，借此擺脫困境，創造新機，誠一舉而兩利也……時不我與，懇請趁早英斷為禱。」翌日河南省主席張軫與省議會通電：「主張和平，懇請蔣總統下野。」湖南程潛、廣西黃旭初兩省隨即通電附和。稍前數日，黃紹竑似為李副總統擬具一促　蔣公下野之方案，頗具「以李代蔣」意圖。

自接獲白崇禧建言後，　蔣公與李副總統間曾有二度協商，就引退問題，達成三項決定：一、　蔣公主動引退，以便政府開始和談；二、由李副總統代行總統職權，宣布和平主張；三、由行政院主持與中共和談事。迨十二月三十一日，　蔣公邀集黨、政、軍要員會商竟日，研擬引退文告，以期安定民心，揭櫫和平希望。稍後於翌（三十八）年元月二日致電白崇禧謂：「假令共黨確能翻然悔禍，保全國家之命脈，顧念民生之塗炭，對當前國事能共商合理合法之解決，則中正決無他求；即個人之進退出處，均惟全國人民與全體袍澤之公意是從。」並希白氏「激勵華中軍民，持以寧靜；藉期齊一步驟，鞏固基礎，然後可戰可和，乃可運用自如，而不為中共所算」。同時亦致電河南省主席張軫，聲言「值此千鈞一髮之際，吾人如不能熟權利害，團結意志，而先自亂步驟，則適中共黨分化之詭謀，將陷於各個擊破之慘局。須知今日之事，可和而不可降，能戰而後能和，國族之存亡繫於是，兄等自身之安危亦繫於是」。剖陳個人心跡，仍期堅定渠等抗共意念。

時序進入民國三十八年，首都南京仍是酷寒凜冽，徐蚌會戰失敗，江北逃難南來民眾，顛沛流離，充塞城外郊區，或流離於街頭，其情狀之慘苦，令人惻隱難安。這一年誠如蔣經國先生所說：「國運正如黑夜孤舟，在汪洋大海的狂風暴雨和驚濤駭浪中飄盪；存續淪亡，決於俄頃。」吾人身歷其境，回顧往昔，仍驚心動魄，令人不寒而慄。

一

引退前後

1949.01.01

∫

1949.01.21

日期	侍從所記日程	天氣	蔣介石日記摘錄
1月 1	蔣公十一時主持開國慶典會中發表文告，表示「願意與中共議和，商討停止戰事，恢復和平的具體辦法」。並表明，「和平果能實現，則個人的進退出處絕不縈懷，一惟國民的公意是從」。十時先率經國詣中山陵，謁國父陵寢。復同至小紅山基督凱歌堂祈禱。並籌思引退圖新，重定革命基礎之考慮。	晴	六時起床禱告後，朝課如常。國防部團拜謁陵後，特到基督凱歌堂默禱畢，即入總統府團拜致詞後與德鄰〔李宗仁〕談準備去職工作必須經過一段時間，不能草率行事，以致將來有負於彼，望其轉勸健生〔白崇禧〕稍安勿急也。晚課後與經兒車遊市內，傷兵滿街，雜亂無狀，不勝憂慮。
2	電覆白崇禧及張軫，蔣公表示個人出處與對和談之態度。	晴	自余和平主張及準備去職之消息公布以後，美國政府連日表示其支持蔣總統之政策與態度顯明無遺。此為三年來所未有，豈其因此覺悟如余果真下野，則其在華政策將完全失敗之理由，故其政策不得不急轉直下乎？與岳軍〔張群〕談話，討論共匪反響之預期。其和平條件非余下野不可之意出之，應於此研究對策也。
3	電華北剿匪總司令傅作義暨李文、石覺，塘沽侯鏡如、天津陳長捷、包頭鄧寶珊、張家口孫蘭峰等司令及駐華北各軍師長，勉團結一致，期渠等保衛平、津及華北地區，堅定必勝信念以為鼓勵。六日，復派鄭介民飛北平攜親筆函致傅氏，期以堅定信念。	晴	朝課後，到中央紀念周主席，往訪孫、于、王各院長、胡校長適之，最後訪李德鄰，約談半小時。到京滬警備總部對其附近各部隊官長訓話約一小時。再與黃達雲〔黃杰〕談話，聽取其武漢情形及白之行動報告。彼逆仍積極謀叛，其勢甚急，並將其所脅制之河南、湖北兩省府之通電故意倒亂發表，然其技已窮矣。

4	驅車至傅厚崗，訪李副總統，交換時局及處理意見，希李主持與中共進行和談等事宜。接見美國軍事顧問團長巴大維，並悉美援三艦今駛抵臺灣。	晴 攝氏下三度	下午約見〔俞〕鴻鈞等十人。巴大衛〔David Barr，一譯巴大維〕來見，美國援助之軍械三艦本日已全到臺灣，其政策果已改正乎？抑一月五日新國會開會，其政府恐被議會指責，故不得不急速運交乎？
5	陳誠就任臺灣省政府主席。	晴	晚課後約雪艇〔王世杰〕、岳軍談政局與外交事。聞軍糧仍報六百卅萬人，殊為驚駭，痛憤之至。軍政與黨務幹部拙陋至此，雖欲勉強支持，亦勢所不能，不如從速去職，任人淘汰也。否則，公私俱敗，更難收拾矣。
6	臺灣省政府陳誠主席昨就職，老蔣總統特電嘉勉，並指示對駐臺空軍及其眷屬妥為安置。	晴	朝課後審閱戰報，派鄭介民赴北平慰勞將領，指示方針。再函杜光亭作戰要領，召見國防部首長等，訓斥其軍糧數額及軍額預算之無理要求，不勝痛憤。又見徐可亭〔徐堪〕商議財政與軍費方針。桂系陰謀對中央逼余下野，李繼任可發號司〔施〕令，宰割一切。對西南，以李濟深為中心，企圖七省聯盟，奪取廣東為其地盤。不圖此計為共匪窺破，恐為共匪今後之障礙，故先劫濟深北去，任其傀儡，以粉碎桂系之西南大夢，可怪。
7	美國國務卿馬歇爾因病請辭，艾其遜接任國務卿。	晴	朝課後遊覽庭園，審閱戰報，知杜部戰況甚激烈也。批閱公文，清理積案。正午約見魏伯聰〔臺灣省主席〕聚餐，聽取其臺灣報告。下午召見六人後，約上海代表商談和平進行之第二步驟，彼等對余下野事乃表示其極端

日期	侍從所記日程	天氣	蔣介石日記摘錄
			惶懼也。晚課後約岳軍等商談其赴漢慰白之要旨。哲生等來談四國照會之辦法。
8	在邸邀集行政院長孫科及張群、張治中會商，運用外交促成和談，並指定吳鐵城副院長兼外交部長，照會美、英、法、蘇四國表示我政府恢復和談之決心，希各國從旁協助。復命張群前往武漢訪晤白崇禧氏，說明　蔣公擬引退、謀和之心意。 見自平返京鄭介民次長，面報平、津兩地情勢危急。　蔣公即決定，駐北平各軍，迅由空軍撤至青島。	晴	朝課後約岳軍來談，囑其到漢後與白談話要旨：甲、余如果下野於彼桂系之利害究竟，以及彼對共匪和平有否確實把握？乙、余下野必自主動而毋使余陷於被動而致無法下野也。召見鄭介民自平慰勞將領後回京覆命，決定將北平各軍空運青島撤退也。正午接孫科在行政院會議無故藉口將中央銀行俞鴻鈞總裁撤職，不勝悲痛，自悔處置不當，以致政策徹底失敗也。晡見舒城（吳鐵城）與可亭（徐堪），告其俞撤職令不能下，囑其轉告孫科。
9	在邸分別接見西康省主席劉文輝，福建省主席李良榮。是日邱清泉司令在陳官莊陣地殉國，繼而杜聿明副司令及周開成、邱維達兩軍長被俘，轟動一時之徐蚌會戰以失敗落幕，惟李彌及孫元良兩司令突圍脫險。	晴	朝課後，得空偵報告，昨夜杜部尚能穩定為慰。約俞鴻鈞來談，昨日孫院長無故將其撤職之處分，其心不可聞問矣。接杜、邱等電，准令其高級將領至戰局絕望時空運其來京也。對周至柔反對辭修（陳誠）事嚴加訓斥，此為不可想像之事，是乃革命失敗必有之現象乎？與亮疇（王寵惠）商議中央銀行對行政院法律地位問題。禮拜如常，孫科猙獰益甚。正午約劉文輝聚餐。晚課後約俞、王、吳談對孫科事憤甚。

10	命蔣經國赴上海，訪中央銀行總裁俞鴻鈞，希將庫存現金移存臺灣，以策安全。	晴	杜聿明部大半（今晨）似已被匪消滅，聞尚有三萬人自陳官莊西南突圍，未知能否安全出險，憂念無已。此為我黃河以南地區之主力，今已被殲，則兵力更形懸殊。但已盡我心力，可無愧對我將士。而將領無能至此，實為我教育不良，監督無方之咎，愧悔無地自容。一時之刺激悲哀，難以自制。但今後下野可以無遺憾矣。晚課後約岳軍來談報告其赴漢湘視察情形，桂白叛跡逆謀似已停止，但其望我自動下野之心必更切乎？
11	電新任臺灣省政府主席陳誠，指示治臺方策。 嗣至地圖室，與有關戰情人員研討現駐蚌埠地區部隊南移計畫。暨駐北平部隊由空運撤至青島之決定。 命蔣經國、俞鴻鈞及吳嵩慶研訂「軍費草約」。將國庫黃金九十九萬兩、銀元三千萬元及美金七千萬元預支為軍費。交由國軍財務署監管。並即分運臺灣及廈門存置，迨二十日，黃金自上海啟運至廈門鼓浪嶼。	晴	朝課後空軍偵報昨夜我突圍部隊尚在包圍圈外卅里之處分路戰鬥，但今日影蹤杳然，不知下落，繫念之至。上午研討蚌埠部隊南移計畫與日期，決在蚌埠臨淮各留一團兵力，構成據點留守，餘皆絡續南撤。北平部隊決空運青島也。正午約詠霓（翁文灝）談中央銀行事。晚課後手覆白函。晚商討中央銀行總裁人選，猶未決定。孫科似已知余決心不為其去留力爭所脅制，故其對中行人選不敢堅持也。
12	復至地圖室研討蚌埠以南軍事情勢；督促空運北平部隊撤至青島事宜。翌日即實施。	晴	朝課後召見黃杰，命攜帶白信赴漢。上午約德鄰談話，告之與白來往信件內容後，研討蚌埠以南部署及督運北

日期	侍從所記日程	天氣	蔣介石日記摘錄
			平部隊。手擬辭修電令。痛斥其對記者之狂語，此人不自知不反省，誠無望矣。宣傳會報綜核半月來美國記者皆造謠惑事。每日總有動搖政局之消息，尤以合眾記者張國興為甚，不斷報導余三日內下野及已離京之消息。此乃桂系甘介侯等有計畫之造謠，供給其消息，借美國記者反宣傳陰謀顛覆政府也。
13	白崇禧在漢口，將中央銀行運往廣州之銀元，中途加以截留。午至地圖室，思考津浦鐵路以及長江北岸部隊之部署與防務加強之措施。	晴	朝課後召見湯恩伯，批閱公文。白對漢口中行運粵之銀行又強迫在中途追回，其逆跡奸謀仍未掩藏悔悟也。批閱情報及召見十人。正午研討津浦線以及長江北岸之布防，參謀部之疏懈無能，復加斥責。北平部隊空運青島今日開始，城外匪砲向機場射擊，故妨礙甚大也。下午召見巴大衛及青海代表等六人畢，與經兒車遊東郊。晚課後補記下野後各種問題之預測數則，召見徐堪後與經兒車遊下關，視察車站，秩序尚稱良好也。
14	中共發表「時局聲明」，提出八項和平條件。其內容為：一、懲辦戰爭罪犯；二、廢除偽憲法；三、廢除偽法統；四、依據民主原則改編一切反動軍隊；五、沒收官僚資本；六、改革土地制度；七、廢除賣國條	晴 十時二十分地震	晚課後約立夫、岳軍等商討對英美覆文之研究。接宜生侵（十二日）電，與次宸（徐永昌）、墨三研究處理方針。彼實忠誠無他意也。十時後經兒以毛匪首澤東今晚廣播和平條件八條為談判基本，其實毫無悔悟，暴力叛亂到底也。應即宣布其所提條件，使軍民有所判別戰爭

	約；八、召開沒有反動分子參加的政治協商會議，成立民主聯合政府，接收南京國民黨反動政府及所屬各級政府的一切權力。 召集參謀總長暨三軍總司令等人員，指示以戰求和原則以及作戰方針與加強督導江防工作。更應集中兵力，全力守衛上海，以待國際情勢變化。 是日天津市陷落。		責任所在也。惟桂系及各方反動派因此必進一步藉匪之條件而更要脅我下野，以求投降也。余只有行我預定計畫，盡其職責也。
15	見中央銀行總裁俞鴻鈞及中國銀行總經理席德懋，指示兩行處理外匯要旨。 派王叔銘飛北平，晤傅作義，傳達軍政措施。 邀集孫科、張群、張治中、邵力子等多人，研商中共所提出之八項條件。 下午主持宣傳會報，商討政府如何回應中共所宣布和平談判八條件之對策。	晴	朝課後手擬宜生函件，召見〔毛〕人鳳與叔銘，授予北平軍政處置要著。約見鴻鈞、席德懋，指示中央、中國兩銀行外匯處理要旨，總勿使兩行外匯為後來者消耗於無形，略為國家與人民保留此一線生計耳。又指示革命債務會，款項保存之指示。下午會客後宣傳會報商討對毛匪昨晚廣播條件之對策，決定暫不置答，姑待俄國對我照會之覆文如何，並徵求各省黨政之意見，研究毛匪廣播全文。據報匪已於今晨突入天津市內。
16	上午至中山陵廣場，由湯恩伯、張耀明陪同檢閱首都附近軍、警部隊三萬八千餘人。嗣至凱歌堂禮拜。午謁　國父陵寢默禱。並召見廣東省主席宋子文、福州綏靖公署主任朱	晴	朝課後檢閱首都附近之軍警三萬八千人畢，禮拜如常。正午到陵墓謁陵默禱。對全體受校閱軍警在陵前致訓。晚課後約宴張君勱、左舜生等民青兩黨領袖，討論時局。對毛匪廣播之對策及意見之交換，皆有可採之處。

日期	侍從所記日程	天氣	蔣介石日記摘錄
	紹良。 晚在邸邀集民社黨張君勱、青年黨左舜生及孫科、吳鐵城、張群、洪蘭友、邵力子、張治中等人續商時局與中共所提和平條件。		惟邵力子主張無條件投降，名為愛黨而實際賣國，寡廉鮮恥，良心喪失已盡矣。余以為毛匪特指出第一名戰犯蔣介石一語，其俄共必非去余不能和平之主張及其政策甚為明顯，如奸徒必欲求和，則余必先下野之決心不能不定也。
17	晨接見張群，商談四川局勢，要其鞏固川、滇政局。致電傅作義，希協助空運撤離駐軍第十三軍少校以上之軍官，惟事未如願。主持中央政治會議。	晴	晚課畢，召見（黃）仁霖，聽取來臺之美械數目報告後，與君勱談話，再與岳軍談川局。聞今日政治會議討論毛匪廣播，有人對余誹評甚多，而立法委員致函哲生，要求政府派員迅速向共匪求和者有五十餘人之多。不僅皆為黨員，而且為中央委員者亦有十人。其用意在逼余立即下野，當然受桂系之指使也。黨務組織與黨員精神，以及其革命人格掃地殆盡，一切皆不憂懼，惟對此立法委員令人悲傷與絕望，乃決心下野，重起爐灶也。
18	十時至地圖室，與徐部長永昌、顧總長祝同及湯恩伯等策劃加強長江江防措施。並部署重要人事：湯恩伯專任京滬杭警備總司令；撤銷衢州綏署，成立福州綏署，派朱紹良為主任；派余漢謀為廣州綏署主任，宋子文專任廣東省主席；擴大臺灣警備司令部為總司	晴	朝課後決定重慶、廣州、福州各綏署主任人選及閩、贛二省主席，地方政治上人事布置至此已告完成。召見顧、徐、湯各將領等研討長江北岸部署。各主管只有命令與紙上計畫，而毫無準備與實施之督察材料與經費，更無輕重緩急之分。延宕不發，更令人痛憤斥責。七時哲生來談和戰方針，詳示其利害，並擬以全權交李德鄰

	令部，陳誠兼任總司令，派彭孟緝為副總司令。		進行和平之意告之。
19	上午約見李副總統，商談時局並表示引退之意。並交由吳忠信、張群兩氏洽商交接手續。並核定改任劉攻芸為中央銀行總裁；朱紹良為福建省政府主席；方天為江西省政府主席。並派黃珍吾為首都衛戍總司令部副總司令。	晴	朝課後寫宜生長函，示以今後方針及處置之道。召見握奇，研討江防部署。約見德鄰，商談時局，表示退職之意。正午見江西、上海各主管。下午約哲生等商討退職問題二小時，決定引退。囑禮卿〔吳忠信〕、岳軍、文白等洽議接代各事。晚課後約見〔朱〕逸民及宣傳會報諸人。
20	見宋子文，准辭廣東省主席。並電薛岳請其繼任。蚌埠撤守。	陰	朝課後岳軍等報告昨夜與德鄰談話經過情形良好，李之態度和善，一以余之意旨為意旨，其接任時期亦以由余決定，不如上月杪之急迫，尤以人事及行政院長，概不更動，不能不歎其憬悟之速也。據報蚌埠已於昨夜失陷矣。再見軍政長官，督責其服務不力也。與雪艇談話，商討駐英大使問題，彼尚不願擔任，故囑彼與適之兄先以私人資格前赴英美。〔宋〕子文由粵來見，商談其出處，決准其辭職。
21	蔣公引退之日。離京前再函北平傅作義及李文，請國防部長徐永昌專程攜往，「希其與各將領照常工作，勿變初衷。」上午先邀見行政院長孫科、副院長吳鐵城，	晴	本日為余第三次告退下野之日，只覺心安理得，感謝上帝恩德能使余得有如此順利引退，實為至幸。離京起飛抵杭遊憩，如息重負也。覆傅宜生、李質吾〔李文〕各函，令徐次辰飛平勸勉，實告以余雖下野，政治與中央

日期	侍從所記日程	天氣	蔣介石日記摘錄
	告知金融外匯之處置與數額；嗣見李副總統，告知政治、軍事及人事之處置情形。任朱紹良、張群、余漢謀為福州、重慶及廣州三綏靖公署主任。薛岳繼宋子文為廣東省主席；張發奎海南特區行政長官。 午前赴基督凱歌堂默禱。 正午約請中樞五院院長午餐，宣示引退之意；午後二時復仍在黃埔路官邸約集中國國民黨中常委臨時會議，宣告決心引退，並出示與李副總統之聯名宣言：略以「戰事仍然未止，和平之目的不能達到，決定身先引退，以冀弭戰消兵，解人民倒懸於萬一。」場景頗為感傷。 午後四時十分，偕浙江省主席陳儀暨蔣經國、俞濟時及少數侍從人員，乘美齡號專機離南京。飛杭州筧橋機場，陳誠主席及浙省府秘書長張延哲、空軍官校長胡偉克等迎接。晚同至西湖樓外樓餐廳用膳，夜宿空軍官校天健北樓。 安徽省府合肥失陷。		並無甚變動，切囑各將領照常工作，勿變初計。正午約宴五院院長，下午約中央常委敘談，報告余決定下野及出示余與李副總統之宣言全文。田昆山與潘公展皆有異議，余制之，略有修正，即宣告散會。

1949年元旦，率文武百官謁中山陵致敬後，步下陵前時所攝。

1949年1月16日在中山陵廣場檢閱首都附近駐軍、警、憲3萬8千餘人，以期鼓舞士氣，安定人心。

二
溪口歲月

1949.01.22

～

1949.04.25

日期	侍從所記日程	天氣	蔣介石日記摘錄
22	上午率同蔣經國全家及侍從人員飛離杭州安抵櫟社機場，回返奉化溪口家鄉，個人進住王太夫人墓道前之慈庵。此為蔣公第三次下野之簡單過程。傅作義變節，與中共成立休戰協定，開門揖盜，故都北平於二十三日不戰而淪落於中共。行政院會決定派邵力子、張治中、黃紹竑、彭昭賢、鍾天心等五人為和談代表，並等待中共談判之日期與地點。	晴	昨正午特赴基督凱歌堂默禱告辭。下午四時十分由京起飛，以天晚即在杭州下機，宿於空軍官校天健北樓，與辭修、經兒同到西湖樓外樓聚餐。本（廿二）日七時前起床。朝課如常，九時見辭修，商談今後臺灣軍政經濟及對反動方針後，十時起飛，安抵故里，拜謁母墓，即往慈庵內健步遊樂，自得極矣。
23	上午偕經國等先謁王太夫人墓，並遊藏山公園，復至樂亭舊地巡視。下午遊白巖，並往遊已為部隊駐紮之顯靈廟。傍晚返豐鎬房，觀賞製作年糕過程。此時已為急景凋年之際。	晴	起床時聞經兒報告李代總統昨午夜一時曾與經兒電話，稱北平傅與共匪已成立休戰條件，准在城內與共匪成立聯合辦事處，所有軍隊除極少數外，皆開出郊外整編。此事殊出意外，萬不料宜生怯愚至此，變節如此之速乎？余誠不識其人矣。駐平中央部隊盡為其所賣矣。但余尚望其不至於此耳。應待今後事實證明。上午進藏山公園，甚覺移步換形，四周山水倍絕〔覺〕美麗也。再到樂亭舊地，在潭上觀鷺鷥捕魚甚樂也。

日	記事	天氣	日記
24	上午在慈庵，下午至武嶺學校巡視。並命空總副司令王叔銘轉知傅作義降共後，駐平將領李文等自處之道。並命顧總長祝同，令李文指揮北平國軍積極準備戰鬥。	晴	昨午與王、劉、余三生在庵聚餐後，再指示叔銘對駐平李文等將領自處之道，令其密告轉達也。下午與叔銘電話後與經兒遊白巖，探訪徐母舅住宅原址。其屋與人皆已矣，不勝滄海桑田之感。 本（廿四）日三時初醒，北平國軍形勢危急萬狀，傳已被匪脅制，如其非賣國軍，則彼亦必已為其左右所賣矣。故決令空軍警告共匪如約空運國軍南撤勿再阻礙，否則即對其作毀滅性之轟炸，不惜同歸於盡也。
25	政府決定，以南京危在旦夕，決定遷廣州辦公。 是日江蘇之揚州、六合、泰縣、泰興及安徽之巢縣、來安、天長等地，均告失陷，共軍已迫近長江左岸。	陰	昨晨令經兒告叔銘派員飛平印刷傳單，以陸海空軍革命同志會名義警告共匪，一面囑次辰電詢宜生為何不提空運要求，究何用意。並囑墨三電令李文指揮北平之中央各軍，積極準備戰鬥也。 聞傅與共匪條件預定一月後國軍改編為人民自衛隊一條，而並未提及空運南撤事，是其已出賣整個國軍，對匪投降矣。萬不料傅之變節至此，是誠忘恩負義之不如矣。因之重新修改傳單，不能提及傅名，而且不能責匪之違約也。
26	晨謁王太夫人墓，上午偕經國至豐鎬房祭祖，晚設宴款待族人、鄉親暨侍從隨行人員。		昨夜十二時初醒，切思北平國軍李文等為傅所賣，如何補救之道。擬定三種辦法待叔銘來時面授轉達。七時前起床，朝課如常，巡視庵外，十時到豐鎬房。至報本堂

日期	侍從所記日程	天氣	蔣介石日記摘錄
	美國務卿艾其遜發表：「對華政策不變」之聲明。而駐華軍事顧問團則奉命撤離。空軍副總司令王叔銘及國防部保密局長毛人鳳聯袂至溪口，晉見　蔣公，奉命派陳嘉尚駕機攜函飛北平，致李文、石覺授以機宜。行政院會通過，政府遷移廣州。	晴	祭祖後，與經兒、武孫徒步登武嶺巔，眺望四周群山環拱。正午下山出校門遇叔銘、人鳳來訪，乃與之同登慈庵。對北平國軍營救之指示研討二小時之久，方決派陳副司令攜余字條飛北平，對李、石與傅面授機宜。
27	浙江省政府主席陳儀來見，並接見鄉人周天翔、周天健兄弟及俞杭仙（周天翔配偶、俞濟時之女），周宏濤陪同。嗣見立法院副院長陳立夫。午偕經國及孝武登武嶺山巔。是日深夜，中聯公司所屬太平輪，由滬駛臺途中，於舟山群島海域，在迷霧中撞船沉沒。乘客僅二十六人獲救。	陰晴微雨	朝課後記事，約見林崇墉，談中央銀行現貨運廈門，聞劉攻芸有難色，殊為疑慮。世人皆利臨〔令〕智昏者多，真能明理識義，始終如一者究有幾人？立夫忽自滬來訪，未有預約也。與之謁登慈墓，登山巔巡遊魏杞墓而下回庵。晚與立夫談黨務及對共過去策略之錯誤與仁慈之太過，以及美國馬歇爾、華萊士等之為害中國，皆受俄史之導演，而彼不自知也。
28	農曆戊子年除夕。下午曾至文昌閣遊覽；晚在豐鎬房報本堂與家屬團聚度歲。此為　蔣公自民國二年後，三十六年間，首次在家過年，至為難得。同在溪口度歲者，尚有張群、陳立夫及鄭彥棻三位。八時偕同前往武嶺學校禮堂，觀賞平劇。	晴	晨起即令悔吾〔郭懺〕來見，處理上海中央銀行現款運出之指示，並決定固守江防，不即放棄南京之方針。朝課後與立夫同遊公園，再遊武嶺小學部。下午再下山到涵齋等待岳軍與悔吾之來也。彼等二時後方到，略談後分別指示悔吾、侯騰〔飛霞〕以後，陪同其到報本堂午餐畢，乃與岳軍同來庵中敘談各方情形，

德鄰致毛匪首函內容不僅承諾其所提八條件為和談基礎，而且述說國共兩黨關係，其肉麻乞降誠不知天地有羞恥事。

29

農曆己丑年正月初一。晨在慈庵受經國及家人拜年。上午赴寧波市內金紫廟（即宋代蔣氏祖基「金紫園」）祭祖後回溪口，親赴宗祠及各房祖堂祭祖。午返慈庵午餐。午後見黃少谷，指示中央黨部先行遷穗。就現況加以整頓，再圖根本改革。晚在豐鎬房用膳。復至武嶺學校觀賞電影《還鄉記》及《街頭巷尾》，畢返慈庵。午後並得密報：陳儀與匪方勾結，有意叛變，證據確鑿。

晴

昨夜在家度舊歲，實自民國二年以後卅六年間此為第一次也。岳軍、立夫、〔鄭〕彥棻亦能同席，甚難得也。本晨六時半起床，朝課畢，經兒全家及立夫、岳軍、彥棻與柄妻等皆來賀年，晉謁母墓後與來賓步遊下山至公園龜山上攝影畢，乃與經兒先到報本堂敬祖，受鄉族親友賀年。一時回庵與來賓張、陳、鄭等聚餐。聞美國議會宣布援華條件，現時未始無益耳。晚課七時在豐鎬房聚餐後，在校觀劇。

30

在慈庵見張群、陳立夫，談對內對外方針及個人願望，希轉達本黨各方同志，並指示鄭彥棻，希望黨務就現狀加以整頓。張氏先辭離。晚至豐鎬房用餐，並觀賞龍燈獻瑞。

晴

朝課畢，約見岳軍與立夫，示以今後對內對外方針及余之內心精誠坦白詳明，使之轉達各方同志。甲、此次引退視為心安理得，無論黨國與個人，實為轉危為安唯一關鍵。得此良果，實出於理想之上也。乙、自此，余如終身服務於黨務，領導革命，而不再當政，是為唯一報國自全之道，否則亦須在野五年，奠定民眾基層工作，再出而當政，以建立獨立自強基礎，而不再受外力所壓制，美俄所侮辱，非有此把握不再出而當政也。

日期	侍從所記日程	天氣	蔣介石日記摘錄
31	上午在慈庵見黃少谷。午後見自南京前來之國防部次長林蔚及空總王副總司令叔銘，指示青島守軍應速撤退。午後四時偕經國遊覽涵齋，復登江口塔山寺及小靈峰。是日黃少谷、林蔚、陳立夫及毛人鳳均在溪口。中共今入北平市。傅作義飛赴綏遠。國軍將領李文、石覺等堅守至今方離北平，抵達青島。政府將日本侵華戰犯二六〇名及岡村寧次等九人遣返日本，交由盟軍總部處置。	晴	北平將領李文、石覺已離平到青島，傅奸總部已遷西郊，其覆余函件尚稱為大局打算，無恥之至。前擬空運部隊離平計畫已成泡影。中央各軍長惟黃翔自願投匪不歸，恨不聽邱清泉昔時之密告，以黃不可大用之語也。本晨朝課如常，分別召見黃、朱、毛各同志，指示其任務後別去。正午蔚文（林蔚）、叔銘由京來談。下午遊覽涵齋後登江口塔山寺與小靈峰。
2月 1	上午偕經國等遊覽四明勝景之雪竇寺。午並與方丈素食。復同登妙高臺，嗣循崖石階下，直至仰止橋，觀千丈巖瀑布。觀瀑畢，下山至亭下，乘竹筏循溪回豐鎬房。用晚膳後回慈庵。致電夫人，表示作二、三年在野之準備。並囑不必作各種活動。	陰	朝課後批閱公文，擬電稿數通。十一時半與經兒同登雪竇寺，與立夫、公俠（陳儀）在老方丈第午餐畢，同登妙高臺遊覽，清秀美麗依依如昔也。臺東梅園蕚綠盛放，此皆昔年手植者也，依戀不忍置。循崖下路直達仰止橋觀瀑。惜上次同觀者培甥不能復來也。出亭下乘竹筏回豐鎬房已六時矣。食米糕湯後回庵。

2	偕經國及孫孝文，在涵齋（即今所稱之小洋房，經國先生自蘇返國後所居住之處）午餐後，至月嶺登巔覽景。旋同赴奉化縣城，謁孔廟，巡視救濟院，復至奉化中學，即早年就讀之鳳麓學堂舊址，惟經改建，已無往跡可尋。俞濟時、石祖德皆隨行。	陰　夜雨	十一時與經兒巡視慈橋北舊管地及牛舍後，到公園遊覽。再巡視農場，在涵齋午餐後即乘肩輿經過水渡下直達日嶺，與經兒、文孫、立夫等同登月嶺巔。乃赴縣城，入縣署，經孔廟至救濟院，再到中學校，即鳳麓舊址，昔日讀舍今皆改造無蹤矣。晚課聞立法、監察童、于二院長在京致電孫院長，囑其回京，勿逗留滬濱之信，不勝駭異。童〔冠賢〕、于〔右任〕恐為共、桂所勾結，則今後政治更難處置矣。
3	午後偕經國至任宋。再到法昌寺後之北嶺坑下。視竺培風甥新墓。復入法昌寺休息。嗣趨弔妹竺二夫人墓。	陰晴	朝課後記事，批閱文電，手擬電稿數通。與經兒先到任宋謁胞姊之墓，再到法昌寺，後至妙坑嶺下訪培風新墳，不勝悲哀。乃到寺內謁胞妹之墓畢，赴蕭王廟謁孫舅母後回家茶點。回庵閱考覽溪口十景圖，惜新譜未能編入耳，所謂南園梅即在溪南岸之渡口也。晚課後擬電稿畢，回家見谷正綱、彭昭賢、陶希聖諸同志。
4	谷正綱、陶希聖、彭昭賢到溪口晉見。午後分別接見徐堪、毛人鳳、袁樸、李文等，徐、毛原機返滬。晚偕同經國等至武嶺學校，觀看《扇茶》、《盤夫》及《十美圖》等越劇。	陰晴	六時後起床，朝課後氣候變惡，飛行困難。以為上海約客不能來會。正午轉佳放晴，客仍來到。上午約彭、谷、陶各同志分別敘談。谷對革命熱忱有餘，而其事理不清為慮也。留其在慈庵午餐。下午徐可亭、毛人鳳分別談話後，再約李文、石覺、袁樸三將領來見。略問其北平此次傳作義降匪之經過。聞彼亦已於卅一日飛歸綏

日期	侍從所記日程	天氣	蔣介石日記摘錄
			遠，究不知其用意何在也。晚課，在報本堂宴客畢，在武校觀越劇。
5	上午偕同陳立夫、張道藩、谷正綱、袁樸、李文、石覺、施季言暨經國父子等赴寧波遊育王寺，並在承恩堂前午餐。午後經小白天童街，至天童寺，在御書亭飲茶後離，經八指頭陀之冷香塔苑遊覽。晚返抵溪口，晚膳後，復與同行有關人員研商黨務制度及幹部人選之甄拔，並對軍隊改革提出中心意見。	晴	十時乘車與經兒、文孫起程，十一時半到育王寺，同遊者立夫、道藩、正綱、希聖與李、石、袁等同志。巡遊寺內一匝，在承恩堂前午餐。一時起程，乘肩輿經小白天童街到天童寺已三時餘，巡遊一匝，在御書亭茶點。回途特至八指頭陀之冷香塔苑遊覽，起程已四時半矣。在途中天童街民眾聞余至，則爆竹與香燭滿街歡迎，鄉人熱情如此，未知何以報之？
6	上午十時偕經國及孝文自慈庵出發，經玄壇殿、大松頭，直上龍亭。嗣至石倉。遊覽倉前後，經桃樹坪之隱岩下山，再轉大松頭，在徐宅休息吃烤蕃薯後離返。上午行前分別與李文、石覺、袁樸三將領接談。勉以毋忘此次北平之失敗教訓與恥辱。嗣均辭離。	陰	朝課畢，召見李文、石覺、袁樸，分別談話後即在庵中同進早餐，以勉其在北平此次之教訓與恥辱，應特加黽勉。深悔不能遵古語「防人之心不可無」之格言為憾耳。下午閱報，研究俄共政策及其共匪是否渡江南進問題，甚費心神也。晡到飛凰山巔，即魚鱗嶴巔上測勘形勢，本有圓頂也，其形如帽頂，去年為建亭而扒平，今特加以修補，築成圓頂也。
7	行政院於五日遷至廣州辦公。今舉行第四十二次院會，通過設立桂林綏靖公署，以李品仙為主任、國防部任命錢大鈞為重慶綏署副		十時半由慈庵出發，與經兒、文孫、立夫往遊石倉，經玄壇殿、大松頭，直上龍亭。略憩後再登數百步即到石倉。其下有小潭，再進數尺又一小潭，其水清甘，但甚

主任、國防次長蕭毅肅兼任該署參謀長、江蘇省主席丁治磐兼任第一綏靖區司令官等議案。

上午十時偕經國及孝文、孝章兩孫遊法華庵竹山，並在舊廟殿基野餐。復自上西岡頭下山，再登溪南山返。

午後李彌到溪口，約同晚餐。面報在陳官莊突圍經過及歸途情形，不勝唏噓。勉其不可灰心，務必從頭做起。

8

命秘書周宏濤赴上海訪中央銀行總裁劉攻芸，傳示外傳調動之訊不確，應知善處之道與現金運置之事。中央銀行第三批運臺黃金約六十萬兩，旋即啟運完成。上海留存黃金二十萬兩，以應急需。十日返後，陳報此時黃金之存量：臺灣二六〇萬兩、廈門九十萬兩、美國三十八萬兩、上海二十萬兩，承兌支用者四十萬兩。敵偽珠寶約有一一〇〇條。擬運香港銀元二三〇〇萬元。政府遷穗期間，經費開支曾取於此，能在臺灣實施幣制改革，穩定物價，長期經濟發展基礎端賴此項運臺存金。

晴

淺。此即龍潭也。其岩石約有二丈周方，高亦如之，適在中峰之下，離中峰不過數十丈而已。余在民國十年與賢甲舅父由葛竹北溪走訪石窗，不見石，其地即在北溪之上，適為四明山心（即華蓋山），而與今所遊之石倉不同。蓋前者為石窗，而今為倉也。

陰

昨午由大松頭回庵，沿途鄉人男女老幼自遠方來見，沿途迎接，其情至摯可愛也。晚課後約李、王聚餐。聽李彌報告陳官莊突圍經過及其歸途情形，不勝噓唏，訓勉其從頭做起也。

朝課後與徐庭耀、朱國材談話。派〔周〕宏濤赴滬，指示中央銀行處理要務，以李急欲奪取該行也。十時後出發往遊法華庵、竹山。同行者立夫、〔施〕季言、經兒、文、章、二侄孫女，即在舊庵基午餐，並往東首原大望山視察。

日期	侍從所記日程	天氣	蔣介石日記摘錄
9	行政院四十三次院會，通過重要人事案——任命張發奎繼余漢謀為陸軍總司令；由李漢魂繼張發奎為海南特區行政長官並兼建省委會主任委員；青島市長龔學遂辭職，遺缺由山東省主席秦德純兼任；並改組廣東省政府委員暨各廳處長。	雨	昨夜睡眠最久，其間雖然乍醒二、三次亦即沉睡。本晨八時後方醒，甚覺休養之平安快樂，更感往日軍政之累人。朝課後記事，批閱函電。立法委員昨在滬集會，決議仍在南京復會。其間多不知死日將至，仍如往日之放肆，毫不覺悟，思之煩悶，乃囑立夫回滬調解，力主在粵開會也。正午與立夫談話，下午閱魏文節公行狀與神道碑，未完成。
10	國防部令——陸軍裝甲兵參謀長蔣緯國晉升為上校副司令。	雨	朝課後記事，與記雜錄數則。批閱函電，致彥棻與孫、吳各函，為改組浙省府也。晚課後到武校觀中國劇團平劇。宏濤自滬回來，中央銀行存金已大部如期運廈、臺，存滬者僅二十萬兩黃金而已。此心略慰，以人民脂膏不能不負責設法保存，免為若輩浪費耳。
11	午見俞飛鵬。為派任招商局任職事。	上雨 下陰	朝課後記事，批閱函電數通，約見樵峰（俞飛鵬），協議招商局事，以今後根據地在沿海各省，故海上交通之船艦比之鐵路更為重要也。下午翻閱宗譜，手題順恂公以後各代祖墓碑。晚課後到武校觀《鳳還巢》，技術優良，令人歡笑，劇情之感人，其效用如此也。
12	命顧總長轉知劉安祺：「在未奉命令前，十一兵團暫勿撤離青島。」		朝課後約黃仁霖來談，聽取其接收美援此次到臺之武器數量以及軍費之報告，後再約人鳳來談浙省等事，資源

日	紀事	天氣	日記
	李代改任李漢魂為總統府參軍長，由陳濟棠繼任海南特區行政長官。戴季陶逝世於廣州寓所，遠繫悼念。嗣囑緯國暨陳立夫赴穗協助治喪。	九時微雪後晴	委會等機關主管人員皆受共匪之威脅，不主遷移，亦不敢破壞也，可痛極矣。正午約見徐學禹，詢問招商局內容及指示其方針，實一人才也。
13	偕經國及孫輩往桃坑山、橫頭埂祭掃祖墓，嗣回慈庵。	晴，風甚冷	據報季陶昨晨五時猶食麵包，其後至八時始發覺其病症危急，十時乃逝世，並發現其床前有安眠藥二空瓶，是其飲片自殺無疑。平生對余最忠實之兩同志皆服毒自殺，是余不德、無能，以致黨國危殆至此，使友好悲絕自殺，其罪愆莫大。然其天性皆甚弱，不能耐怨忍辱，時時厭世，於其個人則生不如死，余亦不甚可惜也。朝課後寫〔戴〕安國侄唁函，命處理喪葬事宜，派立夫、〔陳〕希曾、緯國飛粵協助也。
14	空軍總部遷至臺北辦公。	晴，風，甚冷	朝課後記事，批閱函電。對白〔崇禧〕覆電頗費躊躇，乃以秘書之名代覆之。下午與經兒、孝文等到下坪，即下洪嶴亨相公等墓前相度懋生、應愷二代公墓，以宗譜明載，應愷公葬於祖墓之旁，則亨相四支二代公兩墓之處，應另有第三墓，但事實上只有兩墓，不知何故？據國鏘侄言，向來北邊之墓有四位席，南邊之墓排三位席，但亨相四支應愷三代皆一夫一妻，果爾則三代合奠亦只有六席，而向有七席何耶？現已無法考據，只可以

日期	侍從所記日程	天氣	蔣介石日記摘錄
			三代同列一碑也。
15	接電悉，重慶綏署主任張群於昨抵成都，今上午分晤西康省主席劉文輝暨成都耆宿。午應四川省主席王陵基公宴，即席強調團結一致，以濟時艱。	晴	朝課，約見毛人鳳等四人，考慮對桂系政策，希望其不降共，不參加聯合政府，不違反黨紀，則應始終支援之。對共匪不能有所期待，而以阻止其渡江為唯一要務。
16	行政院四十四次院會在穗舉行，孫院長科主持，通過重要人事案——遵　蔣公密令，免浙江省府主席陳儀本兼各職，以周喦繼任。院會同時決定湖北省政府主席張篤倫請辭，由朱鼎卿繼任本兼各職；派錢大鈞為重慶綏署副主任；吳石為福州綏署副主任。山西閻錫山主席經上海抵溪口，命經國陪同上妙高臺。午與相談今後黨、政、軍改造問題。	晴	本晨初醒，據經兒稱，閻主任伯川欲密來家相謁，准之。朝課後批閱函電畢，正午上雪竇山妙高臺，景淨境靜，心曠神怡，無異仙境也。與文孫等午餐後即在臺上休息。四時半，伯川到來，即在臺上暢敘約二小時之久。入晚餐敘後再談一小時餘。十時就寢，余自臥西樓，而以東側臥室讓客也。
17	午前親送閻錫山至櫟社機場離去。是日張道藩、谷正綱及曾擴情來溪口，聽取立法院情形，並命曾氏赴川晤王陵基增強實力。午後，翁文灝、何應欽亦先後抵溪口。是時李代有意更換孫科內閣，並屬意於甫自		六時後起床，朝課，黎明時妙高臺朝氣更覺清明可愛。七時後與伯川在東樓室中對談約一小時半，乃起程下山，拜謁母墓，後直赴機場，在車中余告以一切關鍵乃在和與戰的政策之決定，否則整頓紀綱，振作人心，皆無從談起。以李致毛匪之函，承認毛匪八條為和談基

日期	事	天氣	記事
	駐聯合國軍事代表團團長卸任歸國之何應欽氏。	晴	礎，是政府無條件投降，如何再能整頓紀綱，振作軍心耶？彼以為然。正午在報本堂聽取正綱、〔張〕道藩報告。
18	先後與何應欽、谷正綱、張道藩及曾擴情等接談，以瞭解外界狀況及孫內閣情形。午間均辭去。翁氏稍留溪口後離去。	晴	初醒沉思立法院地點仍以廣州為宜，行政院重要部會主管應駐南京，但其機構仍在廣州。至於行政院院長人選，由李自決定，不加預聞，答敬之。朝課後約見〔曾〕擴情、詠霓〔翁文灝〕，再約敬之等，公開談話，指示方針，並以伯川〔閻錫山〕來電之意示之，囑其轉達伯川，余甚同意其與德鄰所談者也。
19	見參謀次長劉斐。雖劉之言行鬼祟，仍以左右部屬待之，期有所感悟。午赴妙高臺。	晴	約見劉為章〔斐〕，談一小時半，余仍以左右部屬待之，直告其李以毛之八條件為和談基礎，直等於投降，何能再言整頓紀律、振作人心？並囑轉告白，切勿再如余當政時任意反抗中央，破壞法令，以現在李當政，白為李之切近左右，應以擁護中央、遵守法令作宣導，以健全中央組織，建立總統威信為要。否則，上行下效，何以為人長上耶？劉之行態或純受白之主使而來探視，但余決不以此為疑，乃以坦白應之。
20	午見駐青島之第十一綏靖區司令劉安祺，聽取防守青島近況。仍主張照原定計畫迅速放棄，以免徒勞。	晴	朝課後記事，記工作預定表畢。與文孫等遊覽臺後飲水池。再循小溪到雪竇寺西側，巡遊旅行社舊址，與四明飯店等處，再到寺內維摩室閱寺志，閒坐。出寺遊圓珠

日期	侍從所記日程	天氣	蔣介石日記摘錄
	午後率經國等遊千丈巖及雪竇寺，沿途提及今後對幹部教育計畫、思想訓練和制度政策等問題。 李代自接任後，今午抵廣州，晚勸孫院長科返京坐鎮。		峰，回臺候劉司令安祺來談青島近況及美國海軍對青島態度與前一變，表示不願放棄，並要求國軍固守不撤。余以前所擬三條要求，彼不能保證，故對其表示仍擬隨時撤退之意，亦不願保證其固青島也。下午與經兒談今後幹部教育計畫與思想制度之訓練及政策之研究。
21	浙江省前主席陳儀，今辦移交後，仍赴上海居住。二十三日，由上海市警局加以逮捕，並密送衢州監禁。 李代令：免總統府第三局局長俞濟時，改任戰略顧問，遺缺派劉士毅接任；第四局長吳忠豫免兼參軍，專任本職；免原侍衛長石祖德，改由李宇清繼任；參軍長孫連仲辭免，特任為戰略顧問，遺缺由李漢魂繼任。 午偕經國父子及女、侄孫子女等至妙高臺午餐，旋經仰止橋至岩下村。嗣至溪坑覓第四隱潭，再至第三隱潭，返岩下村，順途賀單姓家人婚禮後返。日昨及今為關懷侍衛人員之近況，前曾關顧渠等家庭生活，有向銀行借貸支應之計，因利息過高不果。	晴	下野回鄉至今日正足一月，時局變化尚不甚激劇也。朝課後記事與上周反省錄，約見沈百先、毛錦彪等談臺灣與新編部隊及國防部之散漫危狀可慮。正午文、武、章三孫及侄孫女來臺午餐後，再往仰止橋，至岩下村，指導照相拍攝電影。千丈岩瀑布兩側之壁岩及妙高臺獅子山各面風景，可說盡入鏡頭矣。

22

上晴下雨

十時自妙高臺出發，偕經國等經亭下、大小晦嶺、馬家灘、斑竹園、柱嶺下、金竹，至葛竹掃墓。夜宿葛竹。

昨未刻到岩下村後直至溪坑覓訪其「溪坑龍潭」無著，乃循其方向邁步前進。遊覽徘徊，與兒孫輩拍照後，再往第三隱潭。回至岩下，適單姓婚事熱烈，歡迎禮遇倍至，乃客坐送禮而回。

十時由妙高臺出發經亭下大小晦嶺、馬家灘、柱嶺下、金竹到葛竹。正下午二時半也。沿途為兒孫輩指示古跡，講解意義，如晦為朱晦庵經過之紀念，與時皃岩等之形象，到處民眾歡迎，萬人空巷，以一睹為快。尤以亭下與松嶺下為最盛，其欣快之忱出於自然，非言可喻。

23

陰，晚雨

晨陰霾四合，餐後率經國等兒孫，晉謁外祖母及賢裕舅墓。並巡視賢裕舅當年籌建之「正橋」，已十有五年，惜兩端道路未開通，未能通行，而橋已有圮毀狀。嗣經廟基歸。途經斑竹園、金井亭，曾至茶溪龍潭一覽。午返馬家灘，乘竹筏，經白壁、環潭、馬村至亭下廟前上岸。乘車返慈庵。

朝餐後，即率領兒孫輩赴外王母墓前敬禮，墓碑兩側聯語在二十年冬來謁時其上下聯倒置，即（音容猶在，精神長存）今已改正，不勝自慰。展謁墓畢，再到賢甲舅父墓前敬禮，後循宗祠及學校視察後，順道巡視裕舅所建之正橋。過橋後視察廟基，其方向南，但其廟後即山，不能擴展矣。九時半即由廟起程，回途經斑竹園、金井亭，有王姓者導遊茶溪龍潭，徒步約五里，即間廟藐，到廟方見龍潭。約遊一小時而返。

24

財政部長徐堪宣布——行政院會議已通過財政、金融改革方案，施行銀元政策。舊有及

昨午由金井洞回金井亭，在其東塊村中鄉人為余烤薯芋設席，其味甚甜，此真鄉味，津津無窮也。十二時到馬

日期	侍從所記日程	天氣	蔣介石日記摘錄
	新鑄皆可通用，以期穩定幣值與物價。	雨	家灘乘筏經白壁、環潭、馬村而至亭下廟前登陸，此水道約有二十華里。即晦溪也。朝課後記事，批閱文件，接見段澐軍長等。此心懸如，對來訪者輕重厚薄甚難適度也。下午清理積案，手覆妻電後晚課畢，到校觀劇，丁、王所演《三娘子》全部值得一觀也。
25	李代返南京，進行行政院改組，擬由何應欽接任。為黨國元老居正提出反對，致生波折。	雨	朝課後記事，批閱函電，手擬電稿數通，極想以浙東為革命根據地，而以寧屬六縣為著手起點也。下午閱覽各報，召見雲南盧主席代表王晉，並派朱國材赴美留學，此生甚有希望也。報載邵力子、顏惠慶已由石家莊見了毛匪回平。同機回平者有傅作義，誠可恥也。
26	李代在傅厚岡官邸，邀集中樞要員商討將在京舉行之各省軍、政首要會議事項。李提示兩點：「一、與共方開始和談。二、依和平為基礎，團結國民黨，勿再繼續戰爭。」	〔未記〕	朝課後記事，批閱電文，研究工作計畫。午餐後閱報，德鄰已於昨日回京，彼似必欲調換孫科院長職，而強何敬之繼任。聞居覺生〔正〕以黨之元老資格反對其提案，院長應由中央常委會推選。如李代總統不依照此程式而擅提立法院，則不合手續，粵自有異議，且啟分裂之端。此事關鍵太大，成敗存亡所繫，不能不加注意與消彌隱患也。

27

上海和平代表團顏惠慶、邵力子、章士釗、江庸及黃啟漢等自二月十三日首途赴北平，迨二十五日在石家莊會見中共領導人後，經北平於本日返南京，宣稱：「和談會議可望下月在北平舉行。」

上午自武嶺學校，率同經國及孝文等出遊。經石鱔嶴，至鵝鴣嶺腳，野餐後登嶺頂，可南望武嶺，此為鄞、奉兩縣交界處。及晚返慈菴。

方天、陳良、王叔銘等來溪口。

晴

朝課後即率領兒孫輩由武校出發，經石鱔嶴至狀元嶴，再由狀元嶴至鵝鴣嶺腳打尖。其地有小涪坑，右有小岩如廳，可容二三人，適微雨，余即在此石下與文、章二孫及芝倫等吃炒年糕，合攝影片，及登鵝鴣嶺。離嶺巔百步又有一石廳，約可容十人在此休憩笑談，後及至嶺巔攝影為紀念。向北下行，由張家經麻廠、魯五、張武子廟、偃鎮亭至金陸乃折而南行。直至葑嶺嶴腳已五時餘，今日足行五十餘里程。

28

上午見江西省府主席方天，談省府改組事；嗣見陳良，瞭解上海市政概況。復偕經國及王叔銘等同登相量崗。嗣回妙高臺。

本晨朝課後約見江西方主席後即與叔銘、經國起程，步經上白岩至竹林庵遊憩片時，乃上名山坑龍潭，經龍樹庵前進數百步，崎嶇不易行，跨坑至潭，其上下兩潭相連，其水清澈可見底蘊，惟其瀑布不大。其潭形亦不如隱潭與茶溪之奇僻也。遊覽半小時回，原路上名山坑巔，足有十里陡路也。龍樹庵地處坑邊，其址雖狹小，但幽靜可居，且瀑聲甚壯，實一可培養之區也。由名山缺口至中峰村已將十三時，乃即在中峰打尖，與村中老幼談溪口玉泰故事，甚樂也。

日期	侍從所記日程	天氣	蔣介石日記摘錄
3月 1	臺灣省政府規定入境補充辦法。對軍、公、教人員及旅客入境者有所限制。下午偕經國自妙高臺出，遊覽西坑廟下瀑布；嗣至仰止橋觀千丈瀑，近日有雨水大，飛瀑更為壯觀。	晴 寒	空軍周至柔最近之思想言行其離奇荒謬，誠非意想所能及。此乃人事制度未定，任職太久，信任過專，故一有局勢變遷，其野心與自私之情態，乃不禁而發也。於此使我多得一經驗矣。以周平時之忠實與我廿年之培植，可說由余夫妻救活其生命者。而今竟如此，則其他可知矣。 朝課後與叔銘遊覽西坑廟下之瀑布，自寺右循蹊前進至瀑布後約三里許，其幽雅無比。及至瀑布腳下，認為雪竇山幽勝以此為最，而千丈岩瀑布則雄壯之勝也。
2	接見鄞縣、慈谿、鎮海、餘姚及奉化各縣縣長，垂詢各地概況，並勉努力從公，為民服務。 晌午偕經國父子，重遊徐鳧岩。先經三十六灣，參觀苗圃，再經南坑，橫田塍，至董村農場，觀看瀑布並野餐。 空總王副總司令電陳：海軍重慶號巡洋艦受共軍聯繫誘惑，逃匿煙臺港內。即決定派機轟炸。六日在港內轟炸不中被逃逸。八日約見毛瀛初等，責令空軍務必尋獲炸沉。此	晴	朝課後經兒接叔銘電話稱，海軍旗艦重慶號已被共匪運動逃泊在煙臺港內，預定本日派機轟炸。此為我海軍之奇恥大辱，誠無顏以見世人，更無顏以對英國贈此艦之厚義也。預料敗事者必桂永清，今果驗矣。此責固在辭修知人不明，而余既知其不行，而又不早自決心撤換，今已悔莫及矣。上午約見鄞、慈、鎮、餘、奉各縣長等，詢其地方匪情與防剿之道。後與兒孫輩往遊徐鳧岩，先到卅六灣視察苗圃，再經西坑，橫田塍，直下瀑布岩腳董村農場之上。

艦為抗戰勝利後，英國政府所贈我國，海軍最巨大之巡洋艦。（重慶號巡洋艦，為我國當年最大之戰艦。原泊於上海吳淞口，因艦長鄧兆祥投共率艦叛逃。我空軍於三十八年三月六日在煙臺港內發現轟炸不中被逃逸，嗣於十九日在葫蘆島尋獲，即予炸沉。此為二次大戰後，英國援助三艦之一；另命名為靈甫號之驅逐艦。四月奉命駛往廣州，在香港加油時，為英政府下令扣留並被收回。另一艘為伏波號戰艦，早因海難沉沒。此為英援華三艦之不幸結果。）

3

吳忠信陪同下，張治中攜李代函自南京來溪口。商承對「和平的條件與限度」，以及和談代表人選、國民黨黨務、外交政策等問題之意見。並有意敦促出國求援，增進和談進行之意。

稍前之三月一日李代在京與重要有關人員密商決定，以孫科、邵力子、吳鐵城、張治中、何應欽、朱家驊、吳忠信、張群、劉斐及鍾天心等十人負責研究、起草和談方案。

微雨

朝課後批閱文電記事畢，李惟果來訪，報告其在京所聞的所謂上海人民和平代表團邵力子等與共匪在北平石家莊所接洽的經過。最可注意者，匪問：一、蔣某下野仍在幕後指揮政軍；二、李某有否力量代表政府？三、對美國外交如何，等語。下午禮卿（吳忠信）與文白（張治中）來訪，報告京中近情，並攜李函來請示其重要者：一、和平條件及其限度；二、行政院長易人問題。前後約談四小時之久。

日期	侍從所記日程	天氣	蔣介石日記摘錄
4	在妙高臺與吳忠信談經濟是政治之中心等問題。午後同遊仰止橋觀瀑，並至第三隱潭觀景後返。李惟果承行政院副院長吳鐵城之命到溪口，聽取邵力子等與中共接談情形，並有意勸請出國說。	晴	吳鐵城託李惟果來告，望余早日出洋，而將國民黨總裁推元老一人代理云。對孫科極端詆毀，以為非倒不可。朝課後在臺前與禮卿談經濟為政治之中心，而匪區社會經濟之破壞更甚，今日乃自食其果矣。晡與吳、張談話，研究匪方與邵力子等談和結論，認為其本身有和平之需要，以及渡江後各種之顧忌，以俄國政策根本不願共毛之渡江與英美勢力接觸，更不願其統一中國，否則，俄必不能控制共毛也。
5	行政院四十六次會議，通過任命宣鐵吾、宋思一及石覺為京滬杭警備副總司令。仍與吳忠信續談外交之經過。	晡晴	朝課後與吳、張檢討外交之經過，文白以此次失敗以外交為失敗之總因，余同感，實得我心。惟美國幼稚，為英玩弄而不知其在遠東之外交，以余之失敗，俄共勝利，即為美國根本之失敗。彼馬〔歇爾〕猶未覺悟也。余認我國外交應以印度與日本之聯繫、親善為唯一之根本政策也。下午研討共匪擴大新政協、組織聯合政府之陰謀，尚無制止對策。
6	〔原缺〕	晴	下午約見魏濟民、沈宗濂與王叔銘，空軍轟炸煙臺港內所泊之重慶艦，不中，仍被其次日逃逸無蹤，認為空軍莫大之恥辱，而周至柔習以為常，不知責任所在，痛憤之至！乃對叔銘斥訓之，令其轉告至柔，使之知恥負責

日	大事	天氣	記事
			也。聞南京《救國日報》對余大肆攻訐，非驅余出國不可。於是衛戍司令勒令其停刊，並扣押其主筆，聞之憂惶。桂系不識大體，逼迫我忠勇將士，憤痛難遏，茫茫前途不知被桂系敗壞至如何地步為念。
7	上午偕吳忠信遊徐凫岩。嗣南下姚家、董村時，村民皆鳴爆竹歡迎，感民心之可愛。	晴	朝課後與叔銘談海空軍現狀及其主管者，不勝憂惶之至。十一時與吳、張、王往遊徐凫岩瀑布。十二時半到達其岩下橋畔，皆以為其美麗奇別，世無其比。張謂康有為十國遊記，黃山第一，美國之黃石公園第二，余以為可惜康未遊雪竇與徐凫耳。此乃作者皆好為意斷而不知世界事物之繁盛，不能以一得自足也。二時起程經農場望瀑布頂上之山景與橋洞，更覺其勝也。在農場附近尚有可經營建築之地，其西南方路旁之高坪約半畝許，如能建亭望瀑則更妙矣。
8	袁守謙攜白崇禧函來溪口求見。孫院長向李代提出總辭後，李代電在溪口之張、吳，請示意見。	晴	朝課後記事，約見李良榮、王新衡、毛瀛初三人，務令空軍覓獲重慶號艦，不惜犧牲，不顧一切，予以炸毀，懸賞現銀拾萬圓也。正午約吳、張來庵聚餐，張提本黨非常委員會之組織與運用，頗有見地，惟其地點頗難，應以總裁所在地為準也。下午約見袁守謙、馬惇靜（鴻賓子），白託袁帶函要求余准其來奉謁見也。此輩唯利是圖，感化無望，但若拒見亦非合理，應研究之。禮卿接德鄰電話，以哲生辭職照准，彼擬提敬之、〔顧〕孟

日期	侍從所記日程	天氣	蔣介石日記摘錄
			餘、伯川、覺生、鐵城，囑余決選其一人，可歎。
9	命經國赴上海訪胡適，並趨訪吳國楨市長，勸其不辭市長。迨十一日始返。 午後偕吳忠信遊岳林寺及下塔院。	晴	朝課指示經兒赴滬應辦各事，以勸吳國楨不可避市長，並調解吳、湯間軍與政隔閡之事，便訪胡適先生也。正午約吳、張來庵聚餐，研討行政院長人選與和談代表問題。余甚不願以余有關者多任代表耳。李以何任行政院，余亦不願何當其衝，僅勸其任國防部長，而院長仍屬吳鐵城，明知其不宜，且其不應繼哲生之後，奈何此外亦無適當之人耳。晚課後約吳、張聚餐，研討行政院長問題，以敬之堅不願任國防部長，未知其究為何故耳。
10	上午送耽留溪口八天之吳忠信至櫟社機場握別。翌日吳偕顧祝同赴杭，並陳蔣函，敦勸何氏應命組閣出任艱鉅。返溪口後，巡視武山廟與學校。 晚與華中剿總秘書長袁守謙餐敘，談論黨務改革方案之進行程序。決定組織一個非常委員會，人數以二十至三十人為限。 農曆二月十二日，為夫人五十生日，致電祝賀，並在豐鎬房家宴親屬。	晚 微雨	朝課後寫敬之、德鄰與崇禧三函，並電夫人祝其五十足壽也。九時後禮卿與文白來庵告敬之電話，堅決拒絕不參加行政院，並聞德鄰昨夜二致電話於敬之，皆不之理。其副官接話者亦語多不敬，因之德〔鄰〕表示憤慨，未免太過也。十時送吳、張至櫟社機場，囑其經杭勸何入閣。正午在武嶺巡視武山廟與學校及至報本堂略憩後回庵。下午記事及反省錄，為妻預備壽誕，邀請利房下諸老太太聚餐也。

日	記事	天氣	日記
11	何應欽今受命組閣，李代咨立法院行使同意權。午見谷正綱。	下午陰晴	朝課後記事，為妻祝壽，指定宴客名單。正午到報本堂宴客祝壽，昔年同輩之嫂媳，今皆年老不能辨識矣。宴畢，攝影後，觀對河砌石之工已繼續進行矣。正午與謝然之、徐佛觀，談黨務與革命方略後，再回報本堂宴客吃糕，回庵晚課，後召集全家子孫侄媳等在庵中宴會，祝福後觀劇。
12	上午偕經國等赴寧波，參觀明代嘉靖進士、兵部右侍郎范欽所建之天一閣藏書。立法院提案同意何應欽出任行政院長。	陰晴	據報吳、張、顧、白等到杭邀敬之出任行政院長，始則堅拒，終至允就，私心略慰。如其不就，則李將命居正組閣，更為危敗矣。此老真昏庸奸滑，不知其羞恥者也。敬之無主見、無定見，甚為將來和談成敗時任人利用，甚至一走了事而不能擔當難關，為可憂耳。朝課後約見洪蘭友與唐縱，後同謁母墓，再上山巔遊覽風景，回庵聚餐後，乘車到寧波參觀天一閣圖書。回途順道入竹洲縣立中學遊覽一匝，乃與經兒至嶠山小學巡視。
13	中共三野主力於二月底，進抵安徽、江蘇境內之廬江、無為、滁縣、六合、揚州、如皋，準備渡江作戰。並決定於三月二十日前先在長江北岸與國軍各據點作戰。使江南國軍防禦體系，顯露於其砲火攻擊之下。江南	陰晴	朝課前與敬之通電話，彼甚為猶豫模稜，殊為可慮。若任其將來與反動派沆瀣一氣，被人笑話，不如勸其不出也。但在和談未定以前，則又不能不與桂系聯繫，此中關係應詳加研究也。朝餐後約見鴻鈞敘談甚歡。十時後約鴻鈞、經國等往遊青蓮寺。經方門在山隍嶺下車，乘

日期	侍從所記日程	天氣	蔣介石日記摘錄
	地區飽受威脅。並決定於四月十日為渡江作戰日。旋以和談開始而後延。 偕經國等出遊。車經方門，越鳴岩、黃家嶺、孫家塔、沙墩頭而至古蓮寺而返。俞鴻鈞來溪口。晚即與晤談於豐鎬房。		轎經鳴岩、黃家嶺、孫家塔至沙墩頭，而達青蓮寺。
14	原缺	晨雷雨 下午陰	昨下午由沙墩頭敬祖後聞其總祠尚在葛嶴，離此僅五里，乃不循上午原路而另行新路，出葛嶴。其村落約百餘戶，而蔣姓獨佔其半，其祖廟皆頗精潔廓大，特進祠觀光。後啟程安山廟、依口金地寺而至杜家，乃登車直回慈庵。 朝課後約見鴻鈞，商談農行事，辭去。批閱文電，正午約葉青（即任卓宣）、沈昌煥商談本黨今後組織與理論及政治運動等事，與袁守謙談黃埔同學組織方案。
15	立法院第三會期通過行政組織簡化案。行政院設內政、外交、國防、財政、教育、司法行政、經濟、交通等八部及蒙藏、僑務兩委員會。工商、農林、水利三部及資源委員會合併為經濟部；社會部歸併內政部；地政部、衛生部改部為署，隸屬內政	朝晴 後陰	朝課後記事批閱電文，手擬覆〔陳〕果夫與〔宋〕子文電稿，並擬中央執監常會加強辦法，西山會議派與改組派不念其往日本黨寬容之大度，而反成今日破壞革命之仇寇，只記舊恨，乘機報復，尤以居正、鄒魯不知其死日之將至，而專謀其官位之競進；不顧黨國之存亡，更為可痛。正午約見萬耀煌與熊笑三，聽取熊對永宿間戰

日	記事	天氣	日記
	部；糧食部改為田糧署，歸屬財政部；主計部改為主計處，隸屬於院；裁撤新聞局。晚在豐鎬房用膳後，偕經國等沿溪散步，登樂亭舊址，復至涵齋遊憩返慈庵。第五軍軍長熊笑三來溪口，命經國與之接談，悉邱清泉被圍後自殺成仁經過詳情。		區突圍實情之報告。可知一般高級將領待死待俘之心情，而毫無奮鬥自救之精神，聞之悲悔恥辱而已。
16	孫科卸任行政院長後來溪口，與談時局與黨務。		朝課後記事批閱文電。近日匪部有力部隊集結在合肥巢縣及蕪湖對岸，如匪渡江，必將由蕪湖上游先占皖南，擾襲浙贛路之衢縣，此為我軍最大之弱點也。審閱經國重整革命之初步組織意見書及謝然之方略，皆可用也。惟各主管人選甚不易選為慮。下午約見謝、徐、任、沈等，研討組織與宣傳事。五時前哲生與其子阿炳來溪口謁見，於涵齋敘談甚洽。晡回庵晚課後約哲生等來庵暢談時局與黨務約二小時別去。
17	原缺	陰	朝課後閱《奉化縣志》，甚擬一訪結琦亭與鄞城舊址也。記事後，陪哲生謁母墓，回庵與哲生談話二小時畢，同到報本堂聚餐。下午與哲生等遊千丈岩與妙高臺。晚課畢，到涵齋陪哲生晚餐後談話一小時回庵。據報重慶艦今日已在葫蘆島為我空軍覓獲，但願上帝佑我能使此艦歸來，否則能為我如計炸沉，使免終身憂恥也。

日期	侍從所記日程	天氣	蔣介石日記摘錄
18	湯恩伯來見，勉其固守上海之決心。閱《奉化縣志》，興重遊石窗之意。	晴	朝課後約見李叔明商談農民銀行代理董事長問題，與葉青談宣傳理論，彼有見解之學者也。十時到涵齋送哲生上車後巡視學校，遇叔明等，乃回報本堂。正午湯總司令恩伯由京飛來報告部署甚詳，余對其固守上海仍甚同意，但皖南薄弱，甚為可慮，只有戰術與方略上圖補救耳。下午清理積案，研究徐佛觀重興方案，晡登巔遊覽，晚課。
19	繼十五日後，上午再約見萬耀煌，商討中央訓練團遷移地點與辦法等問題。並詳示經國所擬具之「組織意見書」。午後見湯恩伯，談加強上海防衛事宜。	陰雨	昨晚閱縣志，四明山記及黃黎洲九題考，於是再覓石窗之意油然而興矣。又聞重慶艦已命中千磅重之一炸彈，其艦已不能行動云，為之稍慰。本日朝課後約見萬耀煌，商討中訓團地點辦法，又見徐佛觀研討其重興意見書，予以指示。晚課後約黃劍靈〔鎮球〕聚餐，聽取其廣東情形之報告，彼實一忠實同志，在粵軍中頗難得也。張發奎浮薄衝動，反覆無常之小人，其奸詐狡猾一如崇禧，而陰狠則不及也。
20	研究黨務改進方針。並擬召開黨中央全會。谷正綱、陶希聖、王東原、沙學浚抵溪口。		朝課後研究《四明山志》之「二十里雲」即「過雲」。「桃花坑」及剡溪九曲地段摘記數條。下午批示經國所擬組織意見書及余、薛等函件。晚課後約正綱聚餐，聽取其在滬聞見之報告。閱縣志，批記數則，甚願再訪石

			窗一次，以及東鄉之金峨與南鄉之鮚埼亭，鄞城山古跡，未知果有此福否？
21	何應欽內閣組成，以賈景德為副院長，李漢魂掌內政、傅秉常掌外交、徐永昌掌國防、劉攻芸掌財政、杭立武掌教育、張知本掌司法行政、孫越崎掌經濟、端木傑掌交通、白雲梯為蒙藏委員長、戴愧生為僑務委員長；張群、莫德惠、張治中、朱家驊、賀耀組為政務委員。 午見谷正綱，旋即辭去。 晚與經國談繕修家譜及整理天一閣圖書事。	陰	朝課後正綱來別，囑其主持上海新組織職務，致函勸吳市長切莫辭職，復與沙孟海商談編定直系宗譜計畫，名為小家譜。又談天一閣保存管理計畫。視察對岸砌岸工程，回庵閱報，並擬電稿致禮卿轉何、顧，以李、白運動立委欲將所存於臺、廈現金運回，支付政費，期以半年用光了事，此種卑劣陰謀不惜其斷送國脈民命，貢獻於共匪以為快也，可痛。晚課後閱縣志。
22	與族人續談編訂直系宗譜計畫案。 李代慫恿部分立委，要求運回儲存臺灣、廈門之金銀案。 午前在慈庵見徐堪及吳經熊父子，嗣即辭去。	雨	朝課後面示經兒應辦各事，閱縣志及地圖，設計遊覽鮚埼亭與金峨以及大嵐山之道路。約見交警總司長，聽取其報告後，指示其整頓要旨。
23	原缺	晴	朝課後寫粵將覆信五封，批閱文電後，視察對岸築堤工程，遊覽涵齋與慈園，回庵，正午與沙學浚談話。彼對《我的選擇自由》與《正午的黑暗》二書為反共宣傳之主要材料。又言文化運動「祖國」與「自由」為反共重

日期	侍從所記日程	天氣	蔣介石日記摘錄
			要口號，相談頗久。叔銘來見，晚課後與希聖、佛觀談組織。
24	陳誠、朱紹良相繼到溪口，商談臺灣財政暨閩廈地區構築工事事宜。因氣候欠佳，長談至深夜。翌日，陳、朱兩員辭去。	上晴 下陰	朝課後約見吳經熊與徐可亭，示意徐不再爭中央銀行而專注力於黨費之籌措，消弭內部之糾紛。正午辭修與逸民（朱紹良，日記或作一民）來庵訪談，暢敘三小時，以商談臺灣財政與閩廈構築工事為主要問題。下午批閱電文，晚課後再約陳、朱來談，至十時後方畢。經國飛滬參加新組織會議。
25	共軍今砲擊安慶。在美之夫人著孔令傑持函來溪口。並接見國防部次長黃杰，示以治湘方略，並與餐敘。原任侍衛長石祖德出任廈門警備司令，今辭去。	雨	朝課後外甥（孔）令傑由美來見，聽取其報告，因妻派其來者並無新消息，余不願求美援，我自失人格，所謂十五億美元援華之提案，實不值一顧也。黃振球（鎮球，字劍靈）拜別回粵，逸民、辭修來見，懇談今後政治方針，直告以余決願以革命領導者地位指導革命，而決不直接出而從政也，並詳示其要略。下午黃杰來談湖南近情甚詳。晚課後約達雲（黃杰）聚餐，再示其湘省方略與今後處置。
26	中共宣稱定四月一日在北平開始和談。	雨 雪子	朝課後接閱張耀明電稱，第一九九師王宴清率該師兩團渡江投匪，殊為駭異。王逆為軍校第六期生，竟被匪誘降，則其他各部隊之動搖更不可測矣，茫茫前途，究不

			知伊于胡底矣。下午接妻致令傑電，其與余意實相左，誠所謂徒勞無功，且大有損失，而彼徒不察也，催其速回。
27	唐縱、陶希聖今到溪口。午後宋子文、鄭彥棻亦抵溪口。與宋談金融與外交政策。與鄭指示黨的事宜。	晴	朝課後先見朱國材，報告黨費情形，次見陶希聖，報告上海聯絡組會議經過及對和議方針之報告，乃見禮卿詳談何敬之組院經過及桂系與西山派結合反動之陰謀。下午子文與彥棻先後敘談黨政與金融、外交政策，晚課後再與子文談話。
28	約見俞大維，商談組織與技術問題。並見中央銀行朱國材。	晴 下午陰	朝課後與子文談經濟、外交之計畫與行動後別去。批閱文電，甚為湘、贛形勢憂慮，桂系自動撤出安慶，以致安慶危急，幸匪不積極進攻，故得轉危為安；而桂軍則撤集九江，窺伺南昌，其用心之險，可痛。晚課後約俞大維談組織與技術，囑其負責主持，彼只允指導技術，而始終不願意參加組織，並勸余不重黨務，而對余反對及破壞革命事業皆為黨員，而擁護余者則全國民眾也。
29	張治中由韋永成夫婦陪同來溪口，報告政府所定「和談腹案」。以李代所擬，以中共所提「八項條件」為基礎，無異為投降，不願表示意見。翌日離去。宋希濂、關麟徵亦抵溪口。	晴	朝課後與宋希濂、關麟徵談話，下午記事批閱電文，與〔張〕文白、〔吳〕禮卿談話，文白特來報告政府所定和談腹案，余對於同意重訂新憲法一條，表示不能如此明確之態度，只可以不堅持原有憲法之意，但必須經過合法之態度與方式之下修改之，乃為最大讓步也。晡與吳、張散步，由慈庵至慈園遊覽，再至涵齋見大維。

日期	侍從所記日程	天氣	蔣介石日記摘錄
30	李代派參謀次長劉斐為和談代表之一，其近三年來為作戰參謀，此舉無異齎糧資匪。	陰	據南京電話，李與共疏通增派劉斐為和談代表，而文白等大不為然，以劉為三年來剿共作戰之參謀，而李、白必欲派其為代表，是其不惜以我方軍事計畫與內容貢獻於共匪，以表示其投誠之真意，再進一步，桂、共合以宰割國軍也，可恥可痛。但余囑文白仍應依理進行，並不顧桂系如何謀我，而我一本原來方針，非至萬不得已，或無論如何時，決與之合作也。聞《救國日報》昨又作對余侮蔑之記載，關麟徵稱若輩必欲使余徹底毀滅，不能再出，奈何。余囑其靜耐毋急。
31	命秘書曹聖芬、周宏濤兩人輪流在慈庵值班辦公。並約見聯勤總司令郭懺及副總司令黃仁霖等，重申陸海空軍撫卹基金，現金仍需集中保管，各軍不得擅自動用。吳忠信抵溪口。 繼本月十二、十四日之接見袁守謙，今再接見，商談籌組中央軍校同學會等事。	陰	昨下午二時半約見郭懺、黃仁霖等談陸海空軍撫卹基金現銀仍需集中保管，不得由各軍擅自動用事，言之過激，海空各司令太不爭氣，思之痛憤異甚，但不應對郭如此遷怒耳。 朝課後記事，審閱對時局演變預測之條陳及黃埔同學聯絡之綱要，十一時召見袁守謙、曾、李等同學，指示其組織要領，甚為其幼稚無識憂也。正午約谷正綱、陶希聖等研究時局及如何對抗聯合政府，確定國際地位，以繼承中華民國之法統問題。

4月 1	與谷正綱、鄭彥棻等研究民主救國運動實施辦法。鄭氏於報告黨部遷穗後情況，翌日離去。 和談代表張治中、邵力子、黃紹竑、章士釗、李燕、劉斐等由京飛平。	上晴 下陰	本日南京和談代表由京飛平，張文白仍准劉斐加入代表團，並未照余意實施，余意如桂系必欲加派劉，則文白可趁此讓劉，而脫離其和談關係也，惜彼不能聽命耳。朝課後約見蘭友，再談政委會秘書長事，決暫維現狀不動，復約禮卿談時局，彼述文白主張余出洋之意見。余以為其不知革命大道與責任也。正午再約谷、鄭等研討民主救國運動實施辦法。晚課召見侍從人員聚餐訓示，即以余所在地之奉化為革命根據地，積極進行之方略。
2	命經國轉達對中央黨部補充指示：「和談必須先訂停戰協定；共軍何日渡江，則和談即停止；其破壞責任應由中共負之。」	上陰 下雨	朝課後約見俞鴻鈞，談劉攻芸言行與中央信託局長人選，以及粵、臺金融改革問題，後到涵齋與聯絡組谷、陶等敘別，指導其宣傳方針後禮卿亦別去。正午宴周佩箴與姚味辛〔琮〕等，下午約見葉秀峰、俞嘉庸，對情報工作訓斥之。
3	河南信陽失陷。	晴	為南京員警廳長問題，桂李必欲以劉誠之繼任，敬之竟不負責而照辦，此乃桂系又進一步之進取也。然此為區區之事，若並此而亦較量則太不值得矣。惜乎，敬之不能改變其出賣黃埔之根性，恐終為桂系所犧牲，不勝憂慮之至。 正午與程天放、蕭青萍〔錚〕談時局，囑其赴粵增強中央常會，決定對和談方針，責成李、何、張遵辦也。下

日期	侍從所記日程	天氣	蔣介石日記摘錄
			午三時後，王雪艇來談，詳商時局與對聯合政府方針，彼意大體相同也。
4	率經國遊覽溪南積善庵，為王太夫人禮佛唸經之地。回溪口，巡遊摩訶殿毛太君（經國先生之生母）墓。	晴	北大西洋公約本日在華盛頓簽字。朝課後祭掃元淋公墓，回豐鎬房，會程、蕭、陳、曹等洽商黨務與時局之方針，後到下洪嶴掃墓畢，特往過水渡下積善庵遊覽，以此為十歲時陪先慈往唸伏佛之地，其屋宇內容猶昔，惟前住尼姑今住和尚而已。正午約雪艇等在慈庵午餐，下午約吳國楨與雪艇分別談話，晚約國楨聚餐後晚課。
5	張群再度到溪口，談南京對和談之情形。行政院五十二次院會通過特派張群為西南軍政長官、白崇禧為華中軍政長官。迨十四日明命發表。	晴	共匪非正式提出和談主要條件。甲、對戰爭責任，堅持對蔣之處置為其先決條件；乙、停戰可口頭約定，但不能有書面協定；丙、和談成立後共匪部隊必須渡江，進駐江南岸，以監督條件之實施；丁、沒收四大家族財產。在庵約岳軍來談，報告南京情形及北平共匪所要求之先決條件，及李、白對國防部之陰謀等。雲南形勢嚴重，龍雲必將回滇也。假眠後到永思堂祭祖，與岳軍在涵齋廊前晤談，群魚跳躍甚樂也。回庵晚課，再與岳〔軍〕談。

日	記事	天氣	日記
6	偕張群等遊金峨寺。午後出發，至新河頭，乘民船，經寶林寺遊覽，至橫溪登岸。晚食、宿於該寺。（筆者所屬警衛第二隊及第四隊，曾隨扈前往。）	晴	朝課前指示經國應辦各事，對中央常會所提各案，及對和議應取態度與指導委員會之方針，不宜拒絕其要求，應予追認，但應增加名額，積極監督與指導也。朝課後批閱文件記事後，聽取人鳳報告。岳軍來談北平和談情形及共匪梟〔囂〕張態度。午餐後令經兒對常會補充指導。一、和會必須先定停戰協定；二、如共匪何日渡江則和談即何日停止，其破壞責任應由共方任之。
7	晨出寺巡遊。八時半偕張氏等離寺，歸途經田衖、樓隘，謁蔣氏祖祠，經金紫廟，至吳家埠午餐。午後三時抵鮚埼，循崎麓，遊覽沿海風光，轉至費宅之東，眺望象山港、獅子口，參觀蚶塘與鮚蚌〔浚〕，至下陳乘車返慈庵。並與張氏談論，如李代能站穩本黨立場，則全力予以支持。 中常會在廣州舉行會議，通過和談方針之意見，並決定和談五原則為： 一、為表示謀和誠意，昭信國人，在和談進行開始時，雙方應即停戰，部隊各守原防。共軍在和談進行期間，如實行渡江，即表示其無謀和誠意，政府應即召回代表，並宣告和談破裂之責任屬於共黨。	晴	朝餐後，與岳軍研討時局，及對桂系應再忍耐，予之開誠商談，示以利害，只要其能共同對共，無論和戰必全力支持。如其要求余出國，亦可容其考慮也。八時半由寺出發，經田衖至樓隘，特訪蔣氏祖祠，再至金紫廟謁見金紫神像後，乃行經蕁湖至吳家埠午餐，下午三時到鮚埼，循埼麓遊覽沿海風景，至費宅之東，眺望象山港獅子口，參觀蚶塘與鮚浚後乃回至下陳乘車，五時回慈庵。

日期	侍從所記日程	天氣	蔣介石日記摘錄
	二、為保持國家獨立民主之精神，以踐履聯合國憲章所賦予之責任，對於向以促進國際合作，維護世界和平為目的之外交政策，應予維持。 三、為切實維護人民之自由生活方式，應停止所有施用暴力之政策，對人民之自由權利及其生命財產，應依法予以保障。 四、雙方軍隊，應在平等條件之下，各就防區自行整編；其整編方案必須有雙方互相尊重，同時實行之保證。 五、政府之組織形式及其構成分子，以確能保證上列第二、三、四各項原則之實施為條件。		
8	長江下游北岸之橋頭堡，除浦鎮外，皆已失陷。共軍渡江之勢已定。李代等以求和、求降不可得，故又有求　蔣公出面領導。即請張群飛京洽告，鼓勵李代共同剿共為唯一要旨，務使其安心併力一戰。命張群迅返南京，再度強調支持李代共同反	晴	昨（七）日廣州開中央常會，何院長報告後，對和談方針之指示皆照指示通過，聞對李、白多有不滿也。惟聞對張文白代表等又有邀李濟深〔濟琛〕等出面轉圜之姿態，此皆共匪狡猾之老戲也。正午會見高吉人、吳志勳後，在庵約見董釗等。切思智囊團人選，自覺腦力記憶日差，而且遲鈍已甚，必須有

日	事記	天氣	日記
	共之立場，使其安心領導。		智士代為考慮、策劃為助，並望經兒能代為主持也。晚課後與張商議時局。
9	鄭介民來溪口。國民黨中常會一八二次會議通過人事案：以程天放繼任黃少谷為宣傳部長；以倪文亞繼陳雪屏為青年部長；派郭寄嶠繼張維為甘肅省黨部主任委員；派陳誠繼蔣經國為臺灣省黨部主任委員。	晴	朝課後與岳軍去涵齋商談對李支持辦法，唯一要者，以不使余出山，故應竭誠支李也。再與可亭談黨費籌畫與經營事。送張到機場，回豐鎬房約見江杓、鄭介民、朱國材、虞克裕。聚餐後，指示段澐對浙東與定海、象山、寧海、鎮海、四明、天台山作戰準備與游擊根據地要旨。
10	周至柔、胡宗南今來溪口。分別延見。為期挽救當前危機，並加強內部團結，有意電邀何應欽、閻錫山暨李代總統、白崇禧等至杭州會商對策。	陰雨	至柔與宗南來訪，暢談後同謁母墓，登陟屺亭，眺望風景，述整軍要領，皆以為政治教育之重要思想與精神，應使之恢復而不任其長此崩潰也。午餐後送周、胡至江口而別。
11	閻錫山來溪口，談如何防範中共假借和談，拖垮政府之陰謀。	晴	共毛與文白八日談話要點：一、戰犯在條約中不舉其名，但仍要有追究責任字樣；二、簽約時須李、何、于、居、童、吳禮卿等皆到平參加；三、改編軍隊可緩談；四、匪部必須過江，其時期在簽字後實行，抑或經若干時日後再渡江；五、聯合政府之成立必須有相當時間，甚至須經四、五月之久，在此期間南京政府仍維持現狀，行使其職權，免致瓦解。此第四、五項最可注意，是共匪意在拖延，使我軍政自然無形的崩潰，此為其最大之陰謀，南京不加注重何耶？

日期	侍從所記日程	天氣	蔣介石日記摘錄
12	居正、陳啟天來溪口，與談世局。居攜李代函，迨十八日返京。囑經國電陳李代、何揆及白崇禧、閻錫山等，至杭州會商。嗣因次日國共和談開始而延後。	雨	昨晚與閻談話，其重點在共匪借和談以拖垮我軍民之陰謀如何防制，使我內部不因此而崩潰，以免中其離間之毒計。余以為必須首重建立制度，加強黨政正常關係，為今後對共鬥爭之基礎，惜乎，德鄰未能誠意接受此意耳。 朝課後再與伯川談話，並寫覆德鄰書後，送其到豐鎬房後別去。因北平和談毛態忽轉懷柔拖拉、拆散延宕方式，乃屬經兒連電何、閻，約見李、白等在杭會商，並囑其對於黨政關係必欲有所確定也。
13	偕經國父子及侄輩，於晨八時自妙高臺出發，經徐鳧岩、蜘蛛嶺，直至北溪，嗣經大俞而至石窗。午後回大俞，席地野餐。此區為四明山核心地區，皆為土共盤踞之地。冒險進入，亦一奇事。返途經仗錫，途經屏風岩，鐫有「四明山心」四大字，頗壯觀。更經躊躇嶺，天黑返妙高臺。（筆者所屬警衛二隊為前衛部隊，筆者曾任斥侯尖兵，於十二日最先進入該地區探察。） 今國共和談在北平第一次正式舉行。	晴	一、共匪態度，對桂系，對居、于，對我代表團，甚至對立法、監察兩院，皆用籠絡、離間、拖拉、拆散、示恩辦法，尤以重視國共合作等語調施其詐計，此乃為本黨一般投機分子最所得意，更加其投降熱中之意。二、共匪之所以欲在四、五月後再組聯合政府者，其意即欲借李之手，以行其共匪毀滅我黨革命之基業，使之徹底剷除無遺也，應於此特加研討，以定對策，總使桂系能不中其毒計耳。

日	記事	天氣	日記
14	偕居正、朱家驊、蕭萱、經國、宏濤等遊徐鳧岩及隱潭名勝，至晚始返。	晴	（續昨）在石窗之石窗閒坐一刻，時先由中間大窗口而入，中經隘口伏身而進至石窗，其實為一普通隘狹之石洞，則與其餘三窗之洞不通也。盤桓約三刻時而返其洞口。二時半回大俞，在其對岸嶴背大路旁之竹林席地午餐畢，經百步街至仗錫之西，所謂六龍泉三峽與瀑溪洞之前，略憩，攝影。四時半由仗錫起程，經屏風岩鐫「四明山心」四大字，即在路旁可觀也。
15	今為經國四十生辰，特書「寓理帥氣」四字勉之。並在慈庵家宴，並邀來賀之居正、朱家驊、孫連仲、劉多荃、石鳳翔及蕭萱等同席歡敘。傍晚偕經國車至天童寺遊覽，遇八校學生旅行團在寺寄宿，與青年、僧侶相聚。	晴	昨（十四）日得報共匪對政府具體條件要求已正式提出，除要求匪軍過江佔領江陰要塞及皖南沿江各據點以外，其對編軍與聯合政府之名額等更為苛刻云。本（十一）日召見沈德燮、萬耀煌、盧鑄等畢，到報本堂觀禮，見孫仿魯〔連仲〕等。訪覺生夫婦於涵齋。正午約全家兒孫媳婦在慈庵聚餐，祝經兒生日，居、朱、蕭、孫、劉多荃、石鳳翔等諸親友皆同席。晚課後陪居、蕭、石、朱等到天童宿也。
16	登小盤山，謁摩訶祖師塔墓。嗣由盤山出發，經天童、小白而達育王，進午膳，遊覽寺內，參觀藏經閣三藏圖書，嗣在承恩寺登車歸，途經寧波，隨同之居正、朱家驊、石鳳翔、蕭萱、張壽賢均辭去。至南門外，覓	晴	朝餐畢，與紉秋同登小盤山，謁摩訶祖師塔墓，其照山與墓位皆比第一次（民國十年）來時察勘更詳。其彌陀精舍亦較前精潔矣。擬在墓前添建三間小屋為塔院也。十一時由盤山赴育王，經過天童街、小白等處，仍沿途放爆竹歡迎，於心不安益甚。到育王午餐，其歡迎民僧

日期	侍從所記日程	天氣	蔣介石日記摘錄
	得柳亭庵「目講僧」墓地及塑像，以償夙願。晚返慈庵。 駐日代表朱世明抵溪口。		之熱忱一如天童。午後遊覽寺內一匝。在藏經閣觀其圖書室，甚難得也。在承恩堂休息後，即登車經寧波南門外，與紉秋覓得柳亭庵目講僧之墓地及其塑像，甚為欣喜。
17	午前見駐日代表團長朱世明，談對日問題。以恐和談成功，李、白簽降，彼時不宜在國內；謂擬相機在彼邦小住，或為結交日本共同反共之計；另談及擬請日籍陸軍教官充實國軍力量等等。 何院長派專機書呈昨由黃紹竑自北平攜回中共所提之「國內和平協定」。並轉知在溪口之居正、吳鐵城及朱家驊迅回京參加會商。 蔣公於是日上、中、晚三度與居氏等三人商謀和談問題。	雨	共匪對政府代表修正條件二十四條款，直是無條件的投降處分之條件。其前文敘述戰爭責任問題數條更不堪言狀矣。黃紹竑、邵力子等遽然接受轉達，是誠無恥之極者之所為，可痛！余主張一方面速提對案交共匪，一方面拒絕其條件，同時將全文宣布，以明是非與戰爭責任之所在。 正午約鐵城、騮先與覺生談和議問題。下午再約其三人來談，居為桂系所籠絡，不可救藥矣。晚約居等聚餐後，指示對和談之意見後記事。
18	黨中央發表聲明——重申和平談判，應以前示之五項原則為基礎。	上雨 下陰 晴	共匪條件之對策及方針：甲、提出具體相對條件覆之；乙、不提出對案，僅以不能接受其所提條件，而願先訂停戰協定，以表示和談之誠意，如其在此和談期間進攻渡江，則其戰爭之責任應由共匪負之；丙、用黨部名義駁斥其條件之前文與消滅行憲政府而實行其共產專制政

			府，比之捷克與波蘭政府猶不如也之意，以昭告中外，宣表共匪之毒辣罪惡，乃為國際共產中之尤者也。
19	政府決定拒絕中共所提「國內和平協定」之無理要求。並與王世杰談印度、日本及韓國近況。	晴	本日朝課後記事，批閱文電。與道藩、正綱二同志談時局及聯絡組工作，與粵滇情形。龍雲致德鄰電及其對記者談話，是其想回滇叛亂、投共之心已昭然若揭。正午聚餐後，與雪艇談共匪所提二十四條款逼降書，決令黨部擬定聲明書，到期發表，揭發其奸計。下午清理積案，後與蕭紉秋兄謁母墓。回慈庵晚課，再約王雪艇與朱世明，談印度與日本及韓國最近情狀，以印度冷淡，最出意外也。晚課修正對匪聲明稿。
20	共軍全面向江南進攻，欲以武力壓迫政府簽訂和平協定。午後五時，張群、吳忠信來溪口，報告京中研討中共所提條款之會議經過及其結果。並言李代仍有意希　蔣公出國之意，並以回桂為要脅。是晚，共軍陳毅部，因江陰要塞叛變，大舉渡江南侵。和談因而破裂。	晴	到先慈易簀室與公展修正黨部對「中共處分中華民國條款之聲明」文稿畢。下午批閱文電，研究上海防守地區，令縮小面積，固守吳淞至閘北及高橋區以新市區為中心也。五時後，岳軍、禮卿由京來談，報告在京對共匪所提條款之會議經過及其結果，與李仍暗示我出國，其以不能負責即日歸桂為要脅，余不為動。
21	共軍劉伯承部，今分由棕陽、官洲、華陽等地渡江，向貴池、彭澤進犯。	晴	昨夜共匪已在荻港渡江。本夜共匪又在江陰附近渡江，據報海軍坐視不肯擊匪，此必為前重慶艦叛變，官長關

日期	侍從所記日程	天氣	蔣介石日記摘錄
			係所運動之故。情勢至此，未知李、白能有悔悟否？為昨夜起南京北岸江浦縣城被匪包圍，匪砲向南京發射。立法、監察各委員害國負黨，國家至此，大部責任應由若輩與桂系謀叛自私而成也，可痛之至。朝課後記事批閱文電，與禮卿、岳軍商談時局後，約晤李、白與處理大局之方針，正午再與張、吳、王〔雪艇〕商議改組中央政治委員會，以非常委員會替代之。
22	上午十時偕吳忠信、王世杰飛抵杭州筧橋機場；十一時，李代總統、何應欽、張群、白崇禧及夏威自南京來，即在機場舉行會談。李代首先表示，和平方針既告失敗，請　蔣公復職。　蔣公為求內部團結，說明只討論時局應對政策，不涉及人事之變動。會談決定於黨的中常會之下設非常委員會，經由此一決策機構，協助李代總統。並由何應欽兼任國防部長，統一陸、海、空軍之指揮；並自明日起，政府遷廣州辦公。在會場午膳後繼續會商。惟白崇禧與夏威於四時先離。六時李代等亦相繼離去。本應當日逕返溪口，	晴陰	朝課後約見江杓、毛人鳳等畢，與禮卿、雪艇等飛杭。十二時前李德鄰、張岳軍、何敬之、白健生等亦來杭，即在空軍學校晤談約二小時。德鄰神態沉默，余對共匪與俄國情勢分析後，力主決定對共和戰方針，必須反共到底之態度明朗與澄清以後，方得再談軍事政治經濟與外交各項計畫。彼等完全同意，而李仍表示不能擔任艱巨責任，必須要余復出。余乃堅拒，並明示不能再提此言也。

	因以飛機駕駛外出未歸而留住杭州於西湖畔之市府外賓招待所。即見浙省主席周嵒。是日安慶失陷。		
23	十時在筧橋機場，遇晤自南京撤退飛抵筧橋之顧祝同及徐永昌等。慼南京首都之棄守，深以為憾。嗣飛返溪口，居慈庵。國軍撤離南京。	雨	朝課後，與吳、張、王商談德鄰行動，如其通電下野，或其離京自返桂林時，如何處理之計議。太原已入巷戰階段，所有製砲廠與煉鋼廠皆未破壞，不勝憂慮。此次最大之失敗，乃在各軍戰敗被圍受俘時未能將重要武器及彈藥破壞，皆為共匪所利用。此為軍事教育最大之恥辱也。上午致電常會，切囑對桂系與由京赴粵之立、監委員和愛優禮相待，不生隔閡，俾得團結對共也。
24	致電夫人，告以即將離鄉他去。午見谷正鼎、張道藩，稍後辭出。即見國防部戰地視察第十三組組長李樹正及劉培初，聽取報告；十三時辭去。即見蔣經國、谷正鼎、張道藩、陶希聖及曹聖芬等五人，並同進午餐；十四時均辭去。十五時三十分見八十七軍段澐軍長及陸靜澄、羅奇及二二一師師長王永樹等將領。聽取浙東地區防衛作戰概況，隨即辭去。十七時二十分至豐鎬房用晚膳。二十二時五分返慈庵就寢。	雨	昨日晚課後約陶希聖同志研究對時局宣言要旨，囑其擬稿與經兒商議離鄉與目的地。本擬先往定海視察，後再往臺灣或廈門，未能自定。朝課後，道藩、正鼎自粵滬來訪，分析立法院主降派王〔黃〕宇人等之行態，以及敬之、覺生、右任等態度，正鼎注重共黨與俄國對華之策略必須於第三次世界大戰發生以前控置全中國之誇妄意態，當在意中無疑，彼主張對俄絕交與余意相同也。

日期	侍從所記日程	天氣	蔣介石日記摘錄
	久經困戰之太原於本日淪陷，梁敦厚等五百餘政府官員及守軍官兵壯烈殉職。		
25	八時三十五分在慈庵見財政部長劉攻芸，旋即辭去。副偕經國謁王太夫人墓行禮拜別。十二時三十分見陶希聖。十三時同進午餐；二十五分辭去。午後三時偕經國辭離慈庵，同車至溪口豐鎬房及蔣氏宗祠拜辭祖先後，驅車經江口、奉化城，至西塾村，先乘輿行走至團堧村，因時為落潮，船艦離岸較遠，再乘竹筏轉搭小汽艇，於十六時四十五分登太康軍艦。十七時五十五分啟碇，十八時十分偕陶希聖、艦長黎玉璽、蔣經國、俞濟時同進晚餐。夜宿艦長官廳。並航向已為共軍圍困之上海。	雨	朝課後，劉攻芸來談，余切囑其速發兌現幣券，以延長軍餉發放之有效時期也。上午一謁母墓，告別依依不忍舍，似有母靈慰留之象。三時前由慈庵出發，乘車至寧海西塾下車，乘轎約八里，至團圓村下轎乘木筏里許，再搭小港汽艇到太康艦已五時後矣。六時啟碇，經桐焦視察象山港形勢，至天晚回艦。

1949年1月29日農曆己丑年正月初一，赴宗祠祭拜後所攝。

1949年2月16日山西省閻錫山主席專程來訪。17日親送至櫟社機場離去。

三

危城上海

1949.04.26

～

1949.05.06

日期	侍從所記日程	天氣	蔣介石日記摘錄
26	座艦於上午進吳淞口停泊，午後一時駛抵復興島。十三時二十五分見國防部長徐永昌、京滬杭警備總司令湯恩伯、參謀總長顧祝同、次長林蔚、海軍總司令桂永清、聯勤總司令郭懺、軍長羅澤闓等，聽取上海防衛作戰概況，並會商加強防衛戰之各項措施；決定廣州作固守之準備。十五時四十分均辭去。十六時三十分見海軍第一軍區司令馬紀壯，瞭解海軍長江防衛失控情形，十七時辭去。五十分見陶希聖，十八時辭出。十八時五十五分見上海市黨務主要人員袁守謙、潘公展、谷正綱及陶希聖。十九時二十分加見財長劉攻芸，三十五分先辭去。二十時五分並偕同袁、谷、陶等同進晚餐；加見市黨部主任委員方治，二十時四十五分辭去。晚仍駐艦上。 是日蘇州、無錫失陷。浙江省府遷寧波。	晴	昨夜因霧至佛肚水道拋錨，至十二時後啟碇向上海前進。下午一時到上海復興島停泊，徐、顧、湯、周、桂、郭等多高級將領登艦來見，聽取其報告後，再與林蔚文、徐、顧等研討今後部署與戰略，由決令廣州作固守之準備，照預定方針固守上海、廈門、廣州各海口與敵持久周旋也。修正文稿畢，晚課後約見潘公展、谷正綱、袁守謙等，商談上海注意問題後辭去。
27	上午在艦上。八時四十分見俞顧問濟時，命遷駐事宜。九時見桂永清，二十分辭去。十		朝課後召見海軍各艦長由長江在匪軍兩岸砲火夾擊之下衝出來滬者十餘人，特加嘉慰。繼會徐、顧、林、郭

時四十五分見毛局長人鳳，十一時辭去；即見俞濟時，十五分辭出。十二時四十分見徐部長、顧總長、林次長，五十分同進午餐；十三時二十分辭去。十三時三十分由太康艦移駐復興島，分別與軍政人員會商。二十一時三十五分入駐濬浦局住宿，並以中國國民黨總裁身分發表告全國同胞書，此為引退以來首次公開發表談話。

晴

等，商定下月副食軍費之辦法。鴻鈞由香港來滬，特囑其研究金融救急辦法。晚課後約周至柔、湯恩伯來談軍事，由京撤退之第四、第四十五、第二十八各軍尚在溧陽附近被匪截斷為慮也。

28

八時五十五分見空軍大隊長衣復恩，九時辭出。九時二十五分見上海市代理市長陳良、市戰地政務委員谷正綱，商議市內糧食及煤油來源供應等問題，五十分辭去。即見永定艦長劉德凱及劉根泉，十時辭去。十時二十分見二十一軍軍長王克俊、七十五軍軍長吳仲直，三十分辭去。三十五分見毛人鳳，四十五分辭去。即見行政院物資供應局長江杓，五十五分辭去。即見南京市黨部主委滕傑及首都警察廳長黃珍吾，十一時十五分辭去。即見徐永昌、顧祝同、林蔚、桂永清、郭懺，三十五分均辭去。即見海總辦公室主任徐實甫，四十分辭去。十二時二十七分見

晴 大風

朝課後見俞濟時。上午約見黨務軍事人員十餘人，次辰、墨三赴穗來辭行。下午杜月笙來見，據報顏惠慶被英美僑商利用，宋慶齡被共黨民盟分子利用，推其為主和代表，運動上海中立與國軍撤退。余囑其轉為警告顏某並勸宋漢章早日離滬，不得再提此議。續見王克俊、吳仲直、闕漢騫等各軍長後，晚課畢，與至柔、蔚文、丁治磐等晚餐，聽取軍事報告。

日期	侍從所記日程	天氣	蔣介石日記摘錄
	湯恩伯，十三時三分辭去。即見中央銀行總裁俞鴻鈞、財政部長劉攻芸，十三時二十分辭去。十六時見社會人士杜月笙，四十五分辭去。即見俞鴻鈞，十七時辭去。即見淞滬警備部副參謀長陶一珊，二十五分辭去。即見《東南日報》社長胡健中，十八時辭去。十九時三十分見林蔚、周至柔、江蘇省主席丁治磐。二十時加見五十四軍軍長闕漢騫及陶希聖，同進晚餐。二十一時五分加見湯恩伯，二十一時十五分均辭去。		
29	上午九時五十分至十時五分見淞滬警備副總司令陳大慶。二十二分至三十分見毛人鳳。十時五十分至五十五分見中央銀行稽核處長李立俠、發行局長高方。十時五十五分至十一時五分見劉財長攻芸。十一時十分至十五分見央行業務局副局長王紫霜。十一時十五分至三十二分見業務局長林崇墉及中央信託局長駱美中。十二時見江蘇省政府秘書長徐道鄰，並同進午餐；十三時辭去。十五時三	雨	以政略與戰略論，我之位置應在上海與匪周旋，使匪注力於此，而變換其向華南閩粵進犯之目標，對內政、外交亦比較有利，惟上海經濟之紛亂與社會之複雜現象可說世無其匹，誠有不可思議之感，惟此一點應作合理解決，方可使上海軍事能為全域之轉機。 朝課後記事，召見中央銀行與中央信託局各重要人員慰勉之，使其安心供職。下午約見谷正綱與方希孔，此二同志殊為難得，其他黨政機關主管皆紛紛自逃，尤其市政府各局長皆已離職，可痛！

十分見太和艦長何乃誠，三十五分辭去。十六時三十五分見谷正綱、方治，十七時五分同進茶點，二十分辭去。二十五分至三十分見俞濟時。十九時十分見湯恩伯、林蔚，三十分加見郭懺，三十五分加見闕漢騫及副軍長周文韜、張純、第八師師長施存仁、一九八師師長楊中藩等五人，五十五分辭去。二十時偕湯、林、郭及俞鴻鈞、蔣經國同進晚餐；三十五分俞、湯先辭去；林、郭於二十一時二十分辭去。

30

九時三十五分見谷正綱、陳良，十時十分辭去；即見武陵艦長劉征，十五分辭去。十時四十五分見毛人鳳，十一時辭去。十一時十五分見湯恩伯，十二時辭去。十六時見社會賢達劉鴻生，二十五分辭去。即見上海市府代秘書長陳保泰、宣傳處長談益民、秘書處長徐鳴亞、主任秘書陳以德，十六時五十五分辭去。十七時見五十一軍軍長王秉鉞，十五分辭去。即見林崇鏞，五十分辭去。十九時三十五分見袁守謙、鄧文儀及黃珍吾等，五十分同進晚餐，二十時十五分辭去。

陰

朝課後召見陳良與谷正綱。據陳報告，其與美總領談話，其幼稚可笑，不勝憂悶。十一時召見駐滬團長以上軍官點名訓話約一小時，下午約見劉鴻生及滬黨部書記長陳保泰、談益民、徐鳴亞、陳以德與楊綽庵，比皆臨難不苟免，在今日黨員幹部中最難得者也。此外黨政機關局長、處長以上者皆藉故擅離矣。批閱晚課後，約袁守謙等聚餐，甚為上海經濟憂急也。

日期	侍從所記日程	天氣	蔣介石日記摘錄
5月1	十二時接見湯恩伯等駐軍一〇七位將領，並致詞勗勉，三十五分辭去。四十分見陳良及市議會副議長兼商會理事長徐寄廎、央行李立俠、林崇墉及國庫局長夏晉熊，十三時均辭去。即見沈昌煥，十分辭去。十四時五十分再見徐寄廎，十五時辭去。十六時五分由復興島進駐上海金神父路一一八號之勵志社。十六時二十分見顏惠慶，勸其離滬，免為中共利用作宣傳，四十分辭去。是日電何院長，以上海市代市長陳良應真除以專事權。晚七時對中央各軍校同學會組織發起人二百餘人訓話。是日山西大同及江西彭澤均失守。	晴	朝課後記事批閱。約中央銀行各局長及外交部駐滬特派員，與陳良市長商議經濟與米煤來源，令與美領事交涉接濟，未知結果如何。正午召集駐滬軍官作第二次訓話，下午接見徐寄廎與顏惠慶，囑顏速行，恐其被匪利用宣傳也。七時對各軍校同學會發起人二百餘名訓話，後回金神父路勵志社。
2	午後十六時二十五分見谷正綱，三十五分辭去。即見中央委員楊繼榮，四十五分辭去。即見廣州綏靖公署副主任梁華盛，五十分辭去。即見國防部新聞局長鄧文儀，十七時十分辭去。即見羅奇，三十五分辭去。即見中央委員賀衷寒、蔡勁軍，五十分辭去。十九	晴	李德鄰留桂不來穗，其目的在要求軍權與財權，但未敢明言又不能直說，以總統本有權，余亦無權可授，故以余在幕後操縱以牽制其做事作宣傳，其真意乃欲余出國，否則他不願來穗以逼之。余對此唯有求其心之所安，如能使之諒解固佳，否則只有聽之，以余剿共之志，如國內有寸土可為我革命立足之地，則余不敢放棄

	時十五分見桂永清，二十分辭去。即見陳良，二十五分辭去。		此責任也。下午四時約見黃埔同學會發起人梁華盛談話二小時。
3	十一時見陶希聖，十分辭去。十二時五十五分見周至柔，十三時三十分辭去。十六時二十分見湯恩伯、林蔚；湯於十七時辭去，林於十八時辭去。是日蔣公因連日勞累，體力不勝有微恙。杭州撤守。	晴	本日杭州撤守。晨起嘔吐不止，注射胃藥後，緯國來見，彼將赴臺灣接洽公務。囑經國約中國航空公司主任洽商由美接妻回國手續。下午約蔚文、恩伯來研究上海作戰計畫與部署兵力，浦東為一弱點，應令加強。與蔚文談粵、桂情形。李、白目的在強我出國，否則李不到穗，主政無人，以彼等對余在滬亦所不願余有任何協助，且視為目中之釘也。固待閻、居此次飛桂請李結果如何再定。
4	十二時五十分見俞濟時，命準備離滬之事，五十五分辭去。十六時見湯恩伯、林蔚；三十分湯先辭去。十七時加見劉安祺，五十分林、劉均辭去。十九時五十分見石覺，二十時二十五分同晚餐，四十五分辭去。二十一時十分見陶希聖，二十分加見林蔚，二十二時均辭去。閱由何院長轉陳之李代之「談話紀錄」，並含有強其出國之意。以李代總統隔膜至此，至為不滿。迨六日覆函定稿，交由林蔚攜穗	晴	下午四時約見蔚文、恩伯與劉安祺、石覺諸將領，研究上海陣地工事，余主張以蘇河為核心工事之南端，石覺甚以為然也。與安祺研究青島棄守問題，余主張早撤，不再為美國守門上當也。晚課後八時許接敬之航空來信，內附李德鄰六條件之要件，以及其談話錄之措辭，十足表示其蠻橫要脅、爭權奪利、最卑劣、無賴之形態，乃以一笑付之，與蔚文、希聖商議覆信要旨，此李叛跡奸計已畢露無遺，決不能希望其回頭革命矣。

日期	侍從所記日程	天氣	蔣介石日記摘錄
	致何揆。翌日，何委請閻錫山、朱家驊及陳濟棠為代表，前往桂林轉陳李代總統。		
5	九時十五分見陶希聖，十時五分辭去。十一時五分見湯恩伯，十一時十分偕湯等軍政首長九人會談，聽取湯之戰備及防衛作戰報告後，並加指示及勉勵；三十五分陳大慶趕來參加。十三時偕陶希聖、蔣經國午餐。十五時四十分見俞鴻鈞及中國銀行董事長席德懋，十六時十五分辭去。三十五分見毛人鳳，五十五分辭去。即見上海市府秘書長茅以昇，十七時辭去。即見劉安祺，十七時十分辭去。即見袁守謙，三十分辭去。即見黃珍吾，四十五分辭去。即見江杓，五十五分辭去。十八時十五分乘車外出，至萬國公墓，向宋氏墓園致敬。嗣循東平路，回顧昔日舊居後，於十九時返。並電告夫人，有日內離滬之意。二十三時見林蔚，三十五分見陶希聖，五十五分林、陶辭去。	陰雨	上午記事後修正答李書，致敬之轉達之函稿，頗費心力。以桂系之卑劣性行，害國叛黨，徒為其軍閥個人發展私欲，寡廉鮮恥，再不可為伍，應決然斷絕關係，不復有所希冀。故彼之來穗與否，皆可置之不顧，以黨國被其敗壞至此，再害不過如此，故不留餘地，予之盡情訓斥。如彼獠果能悔改自悟，當亦黨國之幸也。下午約見鴻鈞、席德懋，商談中央存美外匯處置辦法，預防美政府之凍結也。

6	命經國赴中山醫院，訪視顏惠慶病情。十一時五分見谷正綱、方治，二十五分辭去。即見湯恩伯，五十五分辭去。即見前總統府局長陳希曾，感其生活清苦，致贈補助生活所需。十二時十五分見毛人鳳，二十五分辭去。三十分見林蔚，五十分同進午餐後辭去。午後五時，於駐留上海十一日，為激勵駐軍士氣，指導加強防務措施後，率同隨行人員離別上海市登招商局所有之江靜輪，夜宿船上。
晴	朝課後重檢何函稿，再加修正後即命謄正記事。十一時約見正鼎、希孔（方治）談上海經濟社會宣傳組織各事，嘉勉之。唯此二幹部在此窮困時期尚能奮鬥聽命，不肯離棄，殊不多得也。與恩伯研討上海防務與戰爭決心，並告其要旨與現金數目，對於中央銀行人員應特別注意與聯絡，對青島決心撤守也。正午囑蔚文擕何函飛粵，對於白崇禧扣械、劫款、抗命、違調等事，不提其名而僅敘其事也。

1949年5月1日在上海復興島居所接見湯恩伯等駐軍107位將領，並致詞勗勉。

四
增防舟山

1949.05.07

∫

1949.05.16

日期	侍從所記日程	天氣	蔣介石日記摘錄
7	晨六時，江靜輪自上海復興島啟碇，出吳淞口岸。乘風破浪，向大海邁進。午偕陶希聖、江靜輪船長徐品富、輪機長孔信貴、俞濟時、蔣經國同進午餐。十七時三十五分船抵定海。十九時四十五分見衣復恩；二十時十五分偕同蔣經國晚餐，二十時五十分衣、蔣辭去。晚仍宿船上。	晴	昨日經國往訪顏惠慶，請其遷臺灣，並為其預備飛機與住屋，不料彼反為共匪宣傳，其意似勸經國不必懼共反共，殊所不解。乃知匪之迷惑人心，其技術高明與欺詐手段之害人，即使狡獪巨滑亦將墮其奸計，何況軍閥小丑之李、白乎？難怪其然也。上午六時江靜輪船由滬出發，在船上獨自遊目騁懷，眺望汪洋，意態適然，甚想專心建設臺灣為三民主義之省區也。批閱臺灣幣制改策方案。
8	十時二十五分見王叔銘，十一時二十分辭出。十二時五十五分偕王及蔣經國午餐，十三時二十五分王辭去。十七時見海軍巡防處長丁其璋、海軍陸戰隊第一師長楊厚綵，十七時二十分辭去。即偕陶希聖、蔣經國、俞濟時、沈昌煥、周宏濤、曹聖芬，同進晚餐。十七時三十五分均辭出。晚仍宿輪上。午後曾命周宏濤隨王叔銘飛上海，赴中央銀行訪林崇鏞局長，為支付閩北構築工事之費用事宜及訪湯總司令，對真茹國際電臺應即破壞，免為敵所利用。		一、美國會已發動調查美對華政策運動，其國務院無論如何設計阻止援華與破壞助蔣，惡意中傷，顛倒是非之陰謀毒計，只要忍耐持久，終有一日水落石出、虛實大白於天下，決不至沉冤莫白也。馬歇爾誤美害華之罪，雖第二次世界大戰勝利之功勳，猶不能掩其鑄成第三次世界大戰貽害人類無窮之孽耳；二、湖南唐生智等發起湘省自救會，一面降共，一面制桂歟？三、籌思三民主義實施方案，再加一番研討，而以臺灣或定海為實現區也。

9	船於晨間抵大穿山口外之大榭山暫停。九時五十分乘汽艇外出，至關帝廟登岸。至後沙城之後山，瞭望形勢；再登東北城角視察。嗣徒步至穿山碼頭，即登輪啟碇。至瀝港登岸，再駛至岑港。時已薄暮，未復航行，船泊岑港過宿。	晴	六時由定海啟碇，七時半抵大穿山口外之大榭山，北渡燈塔附近。朝課後乘汽艇至南渡西岸之帝亭登岸，徒步里許到後所城之後山，瞭望形勢，再登東北城角視察大榭與穿山周圍，山海形勝皆瞭若指掌矣。入龍睡宮稍憩。由宮徒步至穿山碼頭，未入其市街即登艇，還江靜輪後啟碇，一時至瀝港，三時登岸，由南碼頭經街中到天后宮視察。巡視後向村西外緣到北碼頭，登艇還船。六時到岑港，即岑港泊也。據報德鄰昨已到穗，略慰。
10	接美國魏德邁函，陳述中美關係，感其道義深情，隨即函覆致謝。晨七時三十分啟碇，沿金塘村至東沙角，有住戶四千餘，為岱山之重要魚場。十二時船至南浦，為岱山鹽產中心，有鹽戶三萬餘；岱山為定海富庶之區。嗣船經京沙角、倒斗嶴，十四時四十分見黎玉璽，四十三分辭去。近五時船到普陀，未登岸，在船上視察形勢。晚仍在江靜輪住宿。	晴	七時半，船由岑港啟碇。八時前到東沙角，居戶約有四千家，其地有內港，適於魚船避風。十時船到南浦，其居戶不過二百家人，而其西北方之搖星浦，乃為岱山產鹽之中心區。下午一時到倒斗嶴，乃衢山之魚商場也。空軍高級幹部十餘人來見，似由至柔令他來見，表示其：一、臺灣行政希望交空軍負責；二、語意中不信仰王叔銘，而擁戴周至柔為空軍領袖。余斥其驕矜自大，表示對空軍悲觀，而以訓勉作結論。至柔行動不正，甚為可憂。
11	偕隨行人員於九時五十分離船乘汽艇登普陀遊覽。步行登三聖堂，直上佛頂山慧濟寺，再登菩薩頂燈塔。嗣回寺用膳，東行下山，至古佛洞，先赴梵書洞，復赴天福庵。途經		原缺

日期	侍從所記日程	天氣	蔣介石日記摘錄
	羼提庵，在千步沙之左，過法雨寺，遇雨，再抵天福庵。此皆　蔣公當年侍母舊遊客住之地。離庵出南天門，已午後四時半返船。晚十九時五分偕徐品富船長暨陶希聖、周宏濤、曹聖芬、沈昌煥、蔣經國等同晚餐；二十時十分均辭去。晚，船仍泊普陀。		
12	晨八時啟碇離普陀。經珞伽山、朱家尖、登步島諸地。十時後，遙見桃花島、蝦崎島。午近六橫島邊緣，復經大小尖倉山，轉向西北航行。午後二時餘航抵定海，下碇。午偕陶希聖、徐品富午餐。十四時四十五分見空軍將領胡偉克及徐煥昇等，對國事、人事表達意見；十七時二十分辭去。晚船泊定海，仍宿船上。		原缺
13	午前在船上思考黨政問題，並對軍中政工及組訓有所策劃與安排，晌午十一時二十分見自寧波前來之周嵒主席；十二時十五分加見八十七軍軍長段澐，示以舟山群島地勢良好可與臺灣、福建形成反共根據地。嗣並偕同	上晴 下雨	周奉璋〔周嵒〕主席與段澐軍長由甬來見，指示其定海防務與建設為民生主義實驗區之要旨等。定海軍對內地防務必須確保大榭與梅山兩島，因之必須穿山之後所城，經門浦官莊，而至廓〔霩〕衢所城，即崎頭山之三角地帶也。晚課後，再與周、段商討防務。餐後觀海軍

	蔣經國、陶希聖、王叔銘、沈昌煥、周宏濤、曹聖芬及甫自臺北前來之孝文等同進午餐，十三時均辭去；留見王叔銘，十三時二十分加見空軍地面警衛司令萬用霖，三十分萬先辭出；三十五分王辭出。十九時二十分見周喦、段澐；四十分偕同陶、蔣、沈、周、曹及孝文等晚餐。餐後並同觀軍事訓練電影短片，晚宿船上。		學習電影。〔按：後所及廓衢所的所，係明代衛所兵制所留下的遺跡，明代兵制裡常有前後左右中五軍的編制，後所城即其中後所的駐紥之地。〕
14	晨七時見俞濟時，命安排飛赴臺灣澎湖馬公事宜。十時啟碇，十一時三十五分至霩衢海面停泊，午膳後於十二時三十五分乘小砲艇至梅山島對岸之獅子亭道頭登岸。岸有方門，循堤防北行，經官山觀海亭、大度塘而至霩衢。入吉安門，登城垣而觀形勢；實為海防要地。嗣出南門，經舊堤岸回方門，登艇至梅山鎮，返船後巡視西南角上下道頭，回航仍經霩衢，於十八時四十分返定海。十九時五十分偕黎玉璽等同進晚餐。	晴	十時由定海啟碇，約一小時半，至霩衢所城前海面停泊。午餐後，換小砲艇至梅山島對岸獅子亭道頭登岸，其地有放水閘曰方門也。由方門循堤防向北經官山之觀海亭、大度塘，而至霩衢所城入吉安門，登城址，瞭望形勢。其地三面環山，惟東面臨海，其周圍平面約有三四華里，實為海防要點。回艦後巡遊至梅山鎮西南角上下道頭，此為第二渡海地點也。其兩岸相距僅六百至一千公尺而已。以水淺不能再進，乃即回航，經霩衢返定海。
15	鑒於上海情勢日益危急，命經國赴上海瞭解實況，翌日返後即手書湯恩伯、周至柔、桂永清三總司令有所指示與激勵；並示輸送物	陰	朝課後，派經兒飛滬參加黨務聯絡會報，及轉達意旨於湯、周各將領。接滬電始知十三日夜共匪已向上海楊行等處正攻矣。下午在金塘島南岸大浦口道頭登陸，經安

日期	侍從所記日程	天氣	蔣介石日記摘錄
	資赴援。 上午八時三十五分見浙省建設廳長柳際明，九時三分辭去。十時十分啟碇，十一時三十分船抵金塘，午餐後登岸巡視防禦工事，十五時十五分返輪回航。十九時四十分偕黎玉璽、徐品富晚餐。是晚仍住宿於江靜輪上。蔣公多日巡視舟山各有關島嶼，督導防務及指示加強防禦外，並以該地可作上海物資疏運與國軍後撤之中間站，亦可作為反攻大陸之跳板。因而曾命擴建定海機場，以期發揮效用。 武漢今撤守。		瀾亭、大象地至柳巷，入普濟寺後門，忽見果如和尚塑像在其東廳，仰觀其匾額亦為果如所題，乃知此即雪竇寺之下院也。離寺時，民眾皆來歡迎，途為之塞，其歡欣之情實出至誠，使內心為之感慰不置。
16	在船上於十一時三十分見毛人鳳，十二時四十五分辭出。十三時二十分復偕毛及陶希聖、衣復恩、黎玉璽、太康艦長張仁耀、侍衛官周國成、徐錫鴻、蔣治平等同進午餐。四十五分均辭出，五十分張先辭去。即見毛人鳳，十四時十分辭去。十九時四十五分偕陶希聖及侍衛人員呂德彰、裘伯芳、余永壽、劉永堅、陳衡同進晚餐。	雨	經兒自上海回來報告，滬情戰況尚佳。但南匯、川沙二縣城已失。浦東兵力與部隊較弱為慮耳。毛人鳳來報告滬情，稱高級將領雖有決戰之決心，但皆無固守到底之信心，乃致函湯、周、桂三軍總司令激勉之。並指示其運輸物資。下午致劉安琪〔祺〕、湯恩伯，督促青島撤防事宜。準備明日赴馬公島諸事，甚願在定海與普渡作常駐之計也。

1949年5月15日巡視舟山之金塘防禦工事情形垂詢。

五
保衛臺灣

1949.05.17

～

1949.07.09

日期	侍從所記日程	天氣	蔣介石日記摘錄
17	飛離定海抵澎湖馬公。 因風雨受阻，於午後始靠岸離江靜輪。十三時十五分車抵定海機場，三十分起飛，沿途俯瞰三門灣、海門、樂清、雁蕩山區、永嘉、平陽、三都澳以及浙閩兩省交界山地與海岸，瞭解各地形勢。十六時四十五分飛抵澎湖馬公機場。車至市郊海濱招待所。十七時三十分駐軍四十軍軍長李振清及參謀長李鳳鳴、馬公要塞參謀長劉遠翔及王叔銘等來見以申迎迓之意。三十五分李、李、劉三員先辭去；王於十八時五分辭去。 九江陷落。	上雨 下晴	朝課後以氣候不良，不能如期起飛。聞川沙海岸砲戰甚烈，上海航道大受威脅，焦慮之至。午餐後天晴，即由江靜輪登岸起飛，沿途視察三門灣、海門、樂清、鳶〔雁〕蕩山、永嘉、平陽等城，對於閩浙交界之山地、海岸以及三都澳皆瞰視甚詳，勝於遊覽一月旅程矣。自一時半起飛，至四時五十分到馬公島降機，即至馬公城外賓館駐地。其地形實為平灘，應名澎湖洲，而非海島，毫無山地，氣候頗熱。
18	在馬公。 午後十六時五十五分見俞鴻鈞，研商臺幣改革事宜。十九時四十五分同外出附近散步。二十時五分同返。十五分偕同周宏濤等晚餐；嗣同乘涼，並指示周，定海應有出版報紙，以廣宣導事宜。二十一時十五分俞氏辭去。	晴	昨晡在賓館附近沿海遊覽，瞭望對岸之漁翁島，其地石城質甚大，無論動植物皆不易生長，而且颱風甚多。惟其地位重要，實為臺灣、福州、廈門、汕頭之中心點，不惟臺灣之屏障而已。 朝課後，以對臺灣電報話皆不通，福州情報始終未能明瞭為慮。甚以青島部隊能否安全撤退為念。下午研討國軍現有數量與紀錄。對臺灣將來財政與軍費概算極思有

一個三年計畫與具體方案也。鴻鈞由臺北與經兒來訪，研究臺灣幣制政策之報告，甚詳。

19 晴

晨命經國飛赴福州，訪福建省主席朱紹良，傳示激勉之意。上午八時十五分乘車外出，巡視海軍碼頭，九時二十五分返。十時十五分見陶希聖，四十五分辭出。十一時四十五分見王叔銘，十三時偕王暨俞鴻鈞、陶希聖同午餐。二十時十分偕俞鴻鈞及甫自福州歸來之經國晚餐。三十五分同外出步行散步，五十五分同返。夫人來電關懷國內政情及軍事現況。即條舉簡復，期能保密。

朝課後驅車至測天島，即海軍防務處所在地瞭望，馬公附近全境瞭若指掌矣。回時已九時，與希聖、叔銘分別談話甚久。午餐後，經國由福州回報，南平果已於三日前為地共所陷，福州動搖不安，乃決令朱設法恢復。由閩、浙交界處敗潰將領張雪中、李延年、侯鏡如等各自逃竄於閩東各縣，毫無秩序，紀律蕩然，尤其劉汝明部到處搶劫，以致共匪跟蹤入閩，痛心極矣。

20 晴

八時三十分偕經國同車外出巡視，先至孔廟，原為文石書院，為馬公唯一古蹟。嗣經東街、潭邊、中墩、鎮海、赤崁、後寮至通樑，後寮山上築有砲臺與破落營舍，未加管理。嗣於十一時四十分依原路返歸。十二時五十分偕俞鴻鈞、黎玉璽、蔣經國午餐，十三時十五分辭出。十六時十五分見黎玉璽，二十分辭出。五十五分外出附近散步。二十

朝課後，即驅車遊覽文石書院，現改至聖廟。此為澎湖唯一之古蹟乎。到後寮（崎金山）要塞，營房寂不見有人守衛。房舍本甚堅實，因無人管理，破落不堪，但尚易修理。觀此更覺一般軍政幹部之誤國，而余之領導無方，管教不嚴，制度不立，以致勝而復敗，愧悔幾無地自容。

文石書院為乾隆年間三水縣進士胡建偉所創立，乾隆卅一年之臺澎分府也，有碑記尚存。

日期	侍從所記日程	天氣	蔣介石日記摘錄
	時二十分偕俞鴻鈞、蔣經國、周宏濤晚餐，四十五分均辭出。 今西安撤守。		
21	上午十時四十分外出赴要塞司令部及四十軍軍部巡視，十一時十五分返。十三時十五分偕俞鴻鈞、蔣經國午餐，三十分辭出。十六時四十分見甫自廣州參加會議後返臺途中至馬公之蔣鼎文、李良榮、陳誠及俞鴻鈞，二十時十分同進晚餐。命經國飛赴上海，對湯恩伯傳達意旨及處理物資疏運事宜，因機件二度故障而折返。	晴 風	朝課後，寫恩伯、至柔各函後，令曹秘書轉達意旨於蔚文、辭修，屬其不可拒絕政府運金出臺，但有三原則：甲、此金必須用於剿共之軍費；乙、此金應仍為改革幣制之基金，不宜過於分散；丙、運存地點必須比臺灣更為安全，切勿為匪所劫奪或送解於匪耳。此外決不准對其運出也。
22	八時四十分見陳誠、蔣鼎文、李良榮、俞鴻鈞，十時辭出。十一時見陳誠，商談臺灣軍政要務，十二時辭出。三十五分偕陳誠、俞鴻鈞、蔣經國午餐，十三時均辭出。十六時十分見陳誠、俞鴻鈞，四十分辭去。即見廣州市警察局長黎鐵漢（前侍衛人員），四十五分辭去。二十時三十分偕蔣經國、蔣緯國及李大為晚餐，二十一時辭出。十分外出海	晴	昨午餐後，辭修與銘三（蔣鼎文）忽由穗飛來相晤。聚談約三小時之久，以敬之已表示辭院長職，一因財政困難；二因白崇禧無恥弄權而無法安置也。要余指示其方針。關於運用存金，亦以曹秘書三原則，決予以支持，勿使其為難。對於白題，余不主張其為行政副院長，只留其國策顧問委員會主任之職，亦已足矣。但余並不堅持己意。本（廿二）日朝課後，再與陳、蔣等談政局，與對桂政策。記事，再與辭修談臺灣軍政要務，彼仍不

	濱散步，四十五分返。魏德邁將軍來函，建議對上海不必堅守以避免無謂之流血，應在臺灣建立防衛體制之意見。		能務實為慮，尤為可痛。
23	上午十時三十分見黎鐵漢，五十分辭去。十二時三十分見李振清、黎玉璽、馬公巡防處長汪濟，四十五分偕同王叔銘、黎鐵漢同進午餐；十三時五分均辭出。八分再見王叔銘，三十分辭去。即見裝甲兵司令部第四處處長李大為，三十三分辭去。十九時二十五分外出附近散步，五十分返。二十時五十五分晚餐。是日南昌失陷。	晴	朝課後，連寫恩伯三函，為青島部隊運輸工作之指示，以濟時與經國運艦數目大錯，幾誤大事，痛憤之至。又寫周、桂二總司令各函及上海師長以上各將領之獎函數十封。正午約汪濟、李振清等聚餐。下午批閱檔，對〔胡〕適之、〔顧〕維鈞、魏德邁、皮宗敢各函與報告，詳加研批作覆。
24	命經國飛往福州，訪朱紹良傳示構築防禦工事。事畢返馬公。上午九時車赴白沙巡視，十一時二十五分返。十三時偕陳誠、聯勤總司令郭懺及財政部長劉攻芸自臺北飛來馬公，即同進午餐，並商決廈門存金處理及分配使用問題，暨臺幣改制問題；十四時十分均辭去。二十五分	晴	朝課後，與濟時視察東部地形。先到虎頭山，再轉到北寮，以車夫誤路，僅在北寮村青山館後海濱極處瞭望奎壁山而已，再轉良文港隘門、林投各處而回。見臺灣光復碑與抗戰勝利碑，不勝慚惶之至。回館。劉攻芸、郭懺、陳辭修等已到，乃與談下月軍費之提用，及今後金融幣制之改革辦法。何、劉等終想廈門僅有之現金完全運出，作無益之消費為快，而劉之言行前後不誤，尤為

日期	侍從所記日程	天氣	蔣介石日記摘錄
	見黎鐵漢，三十分辭去。二十時十分附近散步。		可痛。
25	離馬公飛抵高雄。 晨命經國飛赴上海，傳達對湯恩伯指示。途中獲悉上海江灣機場已不能降落，折返定海。 八時五十五分見李振清，九時五分辭去。九時十分車離招待所至馬公機場，九時三十五分飛赴臺灣。十時四十分降岡山機場，十一時三十分乘車抵高雄壽山要塞司令部駐節。十三時三十分偕王叔銘午餐，五十分辭去。十五時二十分見高雄要塞司令呂國楨，十六時二十分辭出。十七時三十分見聯勤財務署長吳嵩慶，四十五分辭去。二十時五十分晚餐。二十一時三十五分附近散步。 上海撤守。	晴 風	朝課後，指示經兒赴滬面告恩伯縮短原定戰線後，再圖安全撤退，但余意如能固守，仍應不撤也，並告其撤運武器與物資如來不及，亦應設法毀滅，總不使落匪手為其宣傳，此比戰勝更要也。九時與李振清司令談話後起飛，在澎湖上空瞰察一匝，其形勢更為瞭然，而其南面之望安島、將軍澳實重要之據點也。下午見呂司令國楨與吳司長嵩卿〔慶〕，研討高雄地形與下月軍費收支要領，忽見經國回來報稱，在機上得信上海機場已不能降機。
26	晨附近散步。十三時十分見俞鴻鈞，三十分加見郭懺，並同進午餐。五十五分加見吳嵩慶；十四時十分俞、吳先辭去，二十二分郭	晴 風	朝課後，與經兒登西側觀察所，瞭望高雄市全境，歷歷可數，瞭若指掌矣。派經兒飛定海傳達意旨，記雜錄後，修正致魏德邁覆稿，再將其來函研究一回。此函必

辭去。十六時五分見高雄市長劉翔，二十分辭去。十八時見陸軍訓練司令孫立人，四十分辭去。二十時五十分晚餐。

核覆魏德邁將軍函，希魏促成美國對我人才培訓之協助，並盼魏能來華合作。

非偶然，當係其政府所授意，要求與余洽商援華方法試探之函也。與初觀時之感想大不同，可知余觀事閱書粗心，不能深入而主觀太深也，應切戒之。哺知閻、于等已到臺南要求晤面，殊不樂聞，但仍允其晤面，以彼等為中間人而非桂系也。

27

閻錫山、于右任、吳鐵城、朱家驊及陳立夫等，承李代總統之命，以黨中央執行委員會議決：推派六人，攜李代函商談國事，期命駕去穗主持大計事，昨抵臺南市。

九時三十五分乘車赴臺南；十時四十五分抵空軍招待所。十二時二十五分見閻等及陳誠六員會談。仍表不再聞問政治之決心，面告閻等，惟於大局有益，當隨時赴穗與李代會晤。十三時二十五分同進午餐。十四時五十分均辭去。十六時三十五分見陳誠，十七時十五分辭去。十八時十分離臺南，十九時二十分返抵高雄壽山。

接駐日代表團長朱世明函報前指示事項，承辦情形。

晴

九時半起程，乘車赴臺南市。閻、于與立夫、鐵城、騮先五人十二時半方到，相晤道候，默坐無語者片時，乃由伯川先言，應李之託來見請示，並對其前日談話錄表示錯誤。綜核五人所談，對李所出告民眾書及政策及其致余之函，余不擬作覆。蓋此等軍閥不可再與共事矣。最後表示只要於大局無害，而余隨時可赴廣州晤李，但決不願其來晤，徒作為宣傳之資料，以增加余之罪愆，並表示余仍將覆李函，但今日因在旅中，不及作覆耳。

日期	侍從所記日程	天氣	蔣介石日記摘錄
28	十三時四十分午餐。十五時四十分見陳良、方治、谷正綱、石覺等上海最後撤離人員，十七時五十分辭去。	晴	青島撤防尚無確息，不勝繫慮。下午三時經兒由定海回報，並接恩伯函，乃知上海主力安全撤退為慰。聽取谷正綱、陳良、方治、石覺等面報青島〔應作上海〕戰經過，與黨政軍社有秩序、有計畫後撤出，對於地方毫未驚擾，為中外所稱許，殊為可慰。乃寫辭修、恩伯、至柔各函，處理臺灣駐軍地點等事。至柔與陳尚爭意氣，悲痛之至。
29	九時五十分見王世杰；十時四十五分加見孫立人。十一時二十分孫先辭去；二十五分王辭出。十三時五分午餐。十五時十五分見李良榮，四十五分辭去。即見毛人鳳，十六時辭去。十七時十五分見王世杰，十八時辭出。二十時三十分偕王同進晚餐。	晴	雪艇攜稚老〔吳敬恆，稚暉〕函來，談對時局、對桂系包容，勿宜決絕。乃囑雪艇擬李覆函稿後，批閱文檔。閱報英國對於遠東共禍已漸積極，知所防範，提倡太平洋防共盟約。其各報亦紛紛提議矣。下午寫夫人長函，與雪艇談大局及臺灣防務。晚課後，再與雪艇討論外交問題。午前以孫立人不願上海撤退之部隊來臺，令其設法代籌駐地，及讓出若干該部營房，彼設詞搪塞，並多說無謂攻訐之語，令人更覺悲傷矣。
30	七時三十分見毛人鳳，八時十五分辭出；四十分再召見，八時四十八分辭去。即見徐復觀，九時三十分辭去。四十三分見朱國材，十時十五分辭去。十一時三十分見毛人鳳，	晴	朝課後，約見徐佛觀〔復觀〕、毛人鳳，派其飛粵，送李覆書，與阻止居案。正午與黃仁霖、李大為聚餐，談對美外交與宣傳事，託大為帶夫人等函回美。晚課後桂李電到，乃與雪艇研究對策，一面覆電，不能贊成提居

日期	記事	天氣	備註
	三十五分辭去。十二時五分見黃仁霖、李大為同午餐，並交李攜送覆魏德邁函，送請夫人轉遞；四十分辭去。十九時五十五分見王世杰，二十時十分同晚餐。		任行政院，一面派曹秘書長〔聖芬〕飛粵，通知立法院中黨員以此意。
31	九時五十分見駐菲律賓公使陳質平，十時三十分辭出。即見黃仁霖，四十三分辭去。十二時三十分見前行政院新聞局長董顯光，五十分加見王叔銘及陳質平同進午餐。十三時十分董、陳辭去；四十分王辭去。十六時二十分見孫立人，十七時五分辭去。即見王世杰，二十時十分同晚餐，四十分辭出。	雨	約見陳質平公使，談菲律賓武器購買辦法。又約董顯光談對外宣傳事。聚餐畢，與叔銘談定海軍事及轟炸京滬船舶方針。晚課後，約雪艇來談中央政局及臺灣保建方案。
6月 1	十時見前上海市長吳國楨。十五分加見任顯群，三十分辭出。即見張道藩，十二時三十五分偕張及吳、任同進午餐；五十五分均辭去。十四時三十五分見前南京警備司令張耀明，五十分辭去。即見廣州綏署副主任黃鎮球，十五時十五分辭去。即見傘兵總隊長張緒滋，二十五分辭去。十七時十五分外出巡視要塞砲臺，十八時三十分返。十九時見袁守謙，二十時十五分加見王世杰，並同進晚		朝課後記事及記組織要領，接見吳國楨與任顯群。又見張道藩報告李、白在中政會議揑造中央銀行假數，指余藏匿美金有一億餘萬之多，當時幸有前財長徐堪與央行總裁明白宣布，其央行所有各種現款只有二億七千萬美金，並未如李、白所報有四億之多，更無七千萬美金之逃避，於是會中更覺李、白之用心害陷及其人格之卑劣，居、于之投桂賣黨更為可恥。

日期	侍從所記日程	天氣	蔣介石日記摘錄
	餐；四十五分袁先辭去，二十一時十五分王辭出。何應欽辭職行政院長昨獲准，李代提居正繼任，今在立法院行使同意權，因一票之差未獲同意。		
2	今為端陽佳節。研究臺灣整軍、防務及軍政問題。十一時二十五分見陳大慶，三十五分辭出。十一時五十分見谷正綱，十二時二十分辭出。十二時四十分偕袁守謙、黃鎮球、谷正綱、陳大慶同進午餐。十九時五十分見萬耀煌。二十時二十五分偕萬氏及王世杰、袁守謙同進晚餐。五十分萬、王辭出，二十一時三十五分袁辭出。即復見王世杰，二十二時辭去。廣州中常會決議：改推閻錫山繼任行政院長。翌日經立法院投票通過。	大雨	昨晚餐後得閻伯川已允出任行政院長消息，內心為之略慰。本（二）日見陳大慶談上海作戰經過，砲兵幾乎全失、戰車亦失四分之三。湯始報為全部撤出，完全謊妄，將領怯弱不勇，可痛。下午寫敬之、蔚文各函，研究臺灣整軍防務、軍政等問題之組織與人選；見萬耀煌，陳述其大局意見，頗有見地。晚課後約袁守謙與王雪艇談話，據報中常會已通過閻任行政院長，今後政策與人事應與之切實明言之。
3	十時見俞鴻鈞、劉攻芸、嚴家淦，商臺幣改制問題；十二時辭去。十二時二十分偕劉攻芸、蔣經國午餐，四十五分辭出。十六時四	上午大雨	朝課後手擬當前政府應取之政策及用人行政方針，計八項，準備與閻面商之。鴻鈞、攻芸、嚴家淦來見，報告外匯頭寸及廈門存金之支配，並提撥臺灣銀行基金共計

	十五分見王世杰，十七時三十五分辭出。十九時見嚴家淦，三十分辭去。四十分偕經國同車赴左營海軍軍港巡視，二十時十分同車返。十五分見俞鴻鈞，三十五分加見嚴家淦，並同晚餐；五十分均辭去。青島撤守。		五千萬美金，此乃最重要之政策，得以強勉實施為慰。下午與雪艇商談非常委員人選及行政改組時應注意問題。接洪蘭友秘書長報告，李、白在上周中政會之對余攻訐、誣衊以及當晚九人小組所說各語，彼之欲毀滅黨國及陷害於余之心事，已明目張膽，毫不掩飾矣。
4	九時四十分見湯恩伯，十時十分加見李延年、第二編練司令張世希、黃珍吾、第九十二軍軍長侯鏡如、第三編練司令張雪中，十一時三十分均辭出。十二時三十五分偕湯恩伯等將領同進午餐，十三時三十五分辭去。十七時十分見俞濟時，十五分辭出。二十分見湯恩伯，十八時十五分辭去。十九時五十分見谷正綱，二十時十分加見湯恩伯、張道藩，十五分同進晚餐；五十分均辭去。	晴 午雨	朝課後研究臺灣防衛準備事項與閻貢獻大政方針八條。十時後召見恩伯、李延年、黃珍吾，侯鏡如、張世希、張雪中等，聽取其各部隊在福州會議之報告與部署，並訓示之約二小時。下午研究自共匪渡江以及上海失陷後我軍被消滅者足有十一軍之多，統計在東南瓊、臺、定三島為基礎，可編並成軍者尚有十五個軍。批閱公文後約恩伯來談，彼欲在臺訓練部隊，此乃與立人工作衝突矣。晚課後約正綱、道藩來談黨務。
5	九時二十分偕陳誠同車赴高雄港務局白局長官舍，會晤已經立法院同意出任行政院長之閻錫山，商談組閣後之施政方針，示以軍事、財政、外交與政治各項要旨七則，及提交非常委員會委員名單：為李宗仁、孫科、	晴	訪閻伯川，商談其織織行政院後之施政方針及外交財政國防各部長人選。余聞其稱李薦邱昌會為外交部長，不禁失笑，彼仍不知外交與國勢之嚴重而以國事為兒戲也。余明告其軍事財政、外交與政治各項要者共七條，並囑其參考之，並交非常委員會名單，囑其與李洽商之。

日期	侍從所記日程	天氣	蔣介石日記摘錄
	于右任、居正、閻錫山、何應欽、吳忠信、吳鐵城、朱家驊、張道藩、王寵惠、鄒魯、陳立夫、王世杰、黃少谷等十五人，供其參考；十一時二十分返。十二時二十五分見閻錫山、王世杰、陳誠，四十分同進午餐；十三時三十分辭去。十五時四十分見湯恩伯、桂永清；十六時十分桂先辭去，二十分湯辭去。即見前陸軍官校第三分校主任沈發藻，四十分辭去。即見陳誠、王世杰，十八時辭去。十八時五分見第八兵團司令劉汝明，二十分辭去。即見前第十集團軍司令王敬久，三十五分辭去。即見吳嵩慶，十九時五分辭去。即見廈門警備司令石祖德，十五分辭去。二十時二十分見王世杰，二十五分同進晚餐；二十一時五分王辭去。		下午召見劉汝明、王敬久、沈發藻、桂永清、湯恩伯等各將領，再與辭修、雪艇商談臺灣防務，將領意見日深，對余亦有妄加干涉之怨，周至柔來函表示更為顯露，痛心罔極。
6	九時二十八分見湯恩伯及前上海市警察局長毛森；四十五分毛先辭出，十時五分湯辭去。十二時見王叔銘，三十分加見桂永清，五十分同辭出。十三時十分偕湯、王、桂及孫立人、呂國楨及淞滬要塞司令胡克先、吳	乍雨	朝課後閱周至柔致經國函中有「總裁亦有直接統御幹部，使空軍統帥權有分裂之勢」，閱之不勝悲痛。余以為周之不願來臺者與辭修有怨隙之故，不料其對余亦有爭權之疑忌，殊為匪夷所思。人心至此，革命尚有何望？但余因此更應積極起而負責，不能為此消極，任其

日期	記事	天氣	備註
	嵩慶、石祖德等同進午餐；三十分均辭去。十六時乘車至高雄港第三碼頭，黎玉璽陪同登永興艦出海，沿海岸觀察柴山地形，駛至左營軍港第一碼頭登岸，巡視海軍總部後，十八時十五分車返壽山行館，二十時五十分晚餐。撤自青島部隊，部分調海南島，部分調至臺灣，今十餘艘運兵船到基隆。		所為，使革命斷種也，故表示對臺灣軍政不能不負責監理。下午與黎玉璽司令乘永興艦由高雄海關碼頭出港，沿海至左營軍港視察，到海軍總部巡視，再由陸路乘車回高雄。
7	十時二十五分見湯恩伯，四十五分辭去。十二時四十分見王東原、董顯光、曾虛白、湯恩伯及劉玉章等，同進午餐；十三時四十分，除王東原外，均辭去。四十五分加見前北平市府秘書長溫崇信；十四時四十分王、溫均辭去。十六時見江杓，十五分辭去。即見林蔚、周至柔，十七時辭去。二十時見劉安祺、趙琳軍長、胡家騁軍長、臺灣軍區參謀長李汝和、周至柔、湯恩伯、孫立人、林蔚、李良榮、桂永清等十將領，商談加強臺灣防務及改進軍事、政治等事項；五十三分同進晚餐。並致函陳誠，指示加強臺灣防護事宜；由林蔚轉達。	雨	朝餐畢，手草致辭修對臺灣防務緊急措施函，約二千餘言。午餐畢，見溫崇信，聽取其北平共匪葉劍英接收市府時之言行以及共匪動態與社會之心理。香山慈幼園已為共黨總部所在之巢穴，當注意之。下午見江杓談購械與整頓物資事，在此失勢之時，江忠勤如故，殊為難得！心竊慰之。蔚文、至柔自穗來見，報告其對臺灣軍政組織之意見，周對黨與領袖之領導皆設辭躲避，余乃諒而忍之。

日期	侍從所記日程	天氣	蔣介石日記摘錄
8	十一時十分見十八軍軍長胡璉，十二時十分辭出。即見李汝和，二十分辭出。四十分見王東原、溫崇信；五十五分偕王、溫及胡璉同進午餐，十三時十五分辭去。十五時十八分再見李汝和，二十分辭去。二十時三十分見胡璉，四十五分辭去。即見董顯光、劉梓皋，並同進晚餐；二十一時十五分辭去。	風雨	召見胡璉，研討粵贛閩邊區進剿與掌握要旨，聞贛南民眾純良恨匪仇共之心未息，為慰。下午批示廈門工事催築及其指示後，〔曹〕聖芬由粵回報閣對各部長只擬名單而未接洽，且其所擬者多不能參加其內閣者，乃彼徒憑主觀之擬議而不問對方與環境如何，未知何日可以組成，又以桂李制肘甚恐流產也，乃不避忌一切，電示人事可否以促其速成也。三電〔鄭〕彥棻並電〔胡〕適之，勸其不辭外交部長。晚課後約顯光商宣傳事。
9	十二時四十分見江蘇省主席丁治磐。十三時十分偕丁及蔣經國午餐；三十分丁辭去。批定由經國等研擬進呈之「幹部政策與訓練要旨」。今後以此為革命組織之標準。		朝課後記事，批閱文件，審閱幹部與訓練要旨，殊為欣奮，此乃希望經國等在定海舟中所研究而得者，閱不忍釋卷，今後革命組織當以此為標準也。下午再研談要旨，加以批示，又審查現有陸軍基本部隊番號及人數，已得其概要，此亦最近重要之工作耳。本日兩大工作甚為自慰，正在無聊挹悶之際，強勉自持而竟獲此進益，可知困窮時當強勉行之耳。
10	十一時見陸軍訓練司令部副司令賈幼慧，三十分辭去。三十五分見臺灣省警務處長王成章，十二時十分辭出。四十分見招商局輪船公司經理徐學禹，十三時五分偕王、徐暨蔣	雨	朝課記事，記錄訓練要旨，與賈幼偉談話。正午約徐學禹與青島代理市長等聚餐，徐實人才也。下午續錄訓練要旨後，與陳麓華、張佛千談話，彼等對於共匪之認識甚淺，但可教也。希聖自香港來，談港人皆希望與匪區

經國及青島市黨部主委殷君采、青島市代市長孫繼丁、第十一綏署秘書長李懋同進午餐後均辭去。十六時十五分見陳麓華，四十五分辭去。即見陸訓部政工處長張佛千，十七時十五分辭去。三十分見陶希聖，十八時十五分辭出。二十時十五分偕陶晚餐，三十五分辭出。

11

廣州舉行之中常會，推定 蔣公、李宗仁、孫科、居正、于右任、何應欽、閻錫山、吳忠信、張群、吳鐵城、朱家驊、陳立夫等十二人為中央非常委員會委員。同日閻錫山組閣完成，以朱家驊為行政院副院長、李漢魂為內政部長、胡適為外交部長、閻兼國防部長、徐堪為財政部長、劉航琛為經濟部長、杭立武為教育部長、端木傑為交通部長、張知本為司法行政部長、關吉玉為蒙藏委員長、戴愧生為僑務委員長；張群、吳鐵城、陳立夫、徐永昌、黃少谷、萬鴻圖、王師曾為政務委員；賈景德為院秘書長、倪炯聲為副秘書長。

十二時五分見王東原，廣州綏署副主任羅卓

通航，忽聞天津來港之船檢查極嚴，且有已登船而被扣捕者，以及上海金銀存兌消息，則又畏懼，本來由滬逃港者多想回滬，因此又不敢回滬矣。晚課後研究〔胡〕宗南由陝退康道路，與希聖聚餐，談宣傳事。

朝課後批示文電，對於臺灣軍事會議要目等重要案件之決定，清理積案。蔚文、辭修、至柔、永清等自臺北來見，報告其臺灣軍事機構組織之洽商經過及辦法，出示我幹部政策失敗之自反錄，令彼等研究。晚課後再約彼等聚餐畢，訓示周〔至柔〕之觀念與思想之錯誤與危險，說明余之革命領袖權力並不關於總統名義職位之存否，尤其無總統職位不有法律之限制，故今日對革命軍隊有絕對無上之權力也。

日期	侍從所記日程	天氣	蔣介石日記摘錄
	英，九十九軍軍長胡長青，十三時五分見俞濟時，並同進午餐；三十五分均辭去。十六時見陳誠、周至柔、桂永清、林蔚，十七時四十五分均辭出。二十時二十分復偕陳、周、桂、林等同進晚餐並會商要務，二十二時十分散會辭去。		
12	九時三十分見林蔚，十時加見陳誠，三十五分辭出。即見桂永清、湯恩伯，五十五分辭出。十二時五分見陳誠，三十分辭去。即見孫立人，三十五分辭去。即見湯恩伯、周至柔、林蔚、桂永清，並同進午餐，十四時均辭去。十六時二十五分見劉安祺，五十分辭去。即見九十九軍軍長鄒鵬奇，十七時十分辭去。即見第十一綏署第三處處長張國英、四處處長宋紹椒，二十五分辭去。十七時四十五分見中國銀行經理陳恭藩，五十五分辭去。即見補給第三分區司令邱耀東，十八時辭去。十九時四十五分見陳誠、湯恩伯、林蔚、劉安祺；二十時十分偕王東原等同進晚餐，四十分均辭去。	乍雨	朝課後記事，自九時至十四時召見蔚之、辭修、至柔、永清、恩伯、立人等將領，分別談話，決定臺灣軍事指揮機構及東南戰鬥序列，仍以委員制改為長官制，但長官公署之下仍設軍事會議以調節周、湯等之意見。對任用孫立人為臺灣防衛司令亦頗費心力，此乃用人政策，囑辭修信任之。對至柔單獨談話後，其所存恐懼之心理與疑忌不安者，亦已消失大半，自覺昨晚怒斥之非，不必如此也。下午約見安祺、鄒鵬奇等。

13

九時三十五分見中央委員雷震，十時五分辭去。即見中政會秘長洪蘭友，十五分辭去。即見林蔚，三十分辭去。即見國防部第三廳副廳長許朗軒，三十七分辭去。即見毛森，四十五分辭去。五十五分見吳嵩慶，十一時二十分辭去。午餐後乘車外出南遊，十五時二十五分偕洪蘭友、蔣經國同抵恆春四重溪，進住景福旅社。四十分見高雄縣恆春區長康玉湖，四十五分辭去。十七時四十五分外出附近散步；十八時二十分返。三十五分偕洪、蔣晚餐，五十分辭出。夜宿景福旅社。

乍雨

朝課後記事，手擬電稿數通，洽商非常委會副主席人選，接鄭電桂李逼閻非任白為國防部長不可之勢，彼桂與共匪合以謀我益急，必使我黨僅餘力量徹底毀滅為止也。見雷震、蔚文、蘭友、許朗軒、吳署長等，解決各種問題。午餐後與蘭友乘車由公路經屏東社邊至四重溪（共計三點十分時間），入景福旅館休息後，遊覽村中至光復橋而回，乃沐溫泉甚適度也。

14

八時四十五分乘車赴墾丁、鵝鑾鼻遊覽，十一時四十五分車返。十二時二十五分偕洪蘭友、蔣經國及康玉湖午餐，五十五分康辭去。十六時二十分見洪氏，四十五分辭出。十七時四十分乘車外出，由四重溪經石門至牡丹鄉，視察山地居民生活情形，十九時返旅舍。二十時三十分偕洪、蔣晚餐，二十一時十分洪、蔣辭出。國軍在陝西展開反攻行動獲捷，振奮人心士

乍雨

朝課後記事。九時與蘭友、經國等往鵞鑾鼻遊覽。回途過墾丁牧場略憩參觀，多已廢頹矣。回館午餐。康區長〔玉湖〕常識甚豐，可造之才也。五時後遊覽石門古戰場，其地險惡，形勢雄壯，進至石門村，觀高山族婚禮歌舞畢，乃回。

日期	侍從所記日程	天氣	蔣介石日記摘錄
	氣頗巨。		
15	久經研究，臺灣省政府今宣布改革幣制，發行新臺幣。使軍民生活得以安定，而臺灣經濟建設得以日趨繁榮發展。晨八時五十五分偕洪蘭友、蔣經國及黎玉璽同進早餐。四十五分乘車啟程離四重溪，十一時四十五分返抵高雄壽山。十三時偕洪及蔣午餐，二十分辭出。即見林蔚，十四時辭出。十六時三十分見魏景蒙，四十分辭去。即見江杓，十七時辭出。十八時十五分再見江氏，二十分辭去。三十分見孫立人，三十五分辭去。二十時十五分見魏景蒙，三十分偕同洪、蔣及魏同進晚餐；四十六分均辭出。	晴	空軍內部不睦，甚憂也。朝課後與經兒談空軍安定，使之積極奮鬥，以挽目前散漫消極之頹勢，甚以自身不能實踐寬溫深重、燥急輕浮危也。九時前由景福旅館出發，沿途左海右山風光清秀，若無風季、雨季，則此地實為住家理想之地。十二時前回高雄，接閱妻函二封，為美國外交及臺灣地位甚憂，以美國確有收回臺灣與承認共匪之可能，國際信義與世態炎涼益難為懷矣。
16	八時四十分車赴鳳山，主持陸軍軍官學校成立二十五周年紀念會，致詞勉勵；十時四十分車返。十一時十五分見財長徐堪，十三時偕徐氏及袁守謙、前吉林省主席梁華盛、前漢口市長徐會之、前戰地觀察第四組組長羅	晴	朝課後九時到鳳山軍校訓練班參加建校紀念典禮，回寓審閱電文後，約徐可亭（堪）談話財政金融二小時之久，決定其為財長兼中央銀行總裁。正午約賀衷寒等十餘同學聚餐畢，聽取主計長報告財政收支現狀。下午批閱公文後約集袁守謙等軍校同學會前往各省慰問軍校同

奇、前軍務局高參何志浩、立委賀衷寒、前南京市黨部主委蕭贊育、國防部新聞局長鄧文儀、前六十六軍軍長阮齊、前安徽省府委員徐中岳等十一人同進午餐。四十分除徐財長外均先辭出，徐氏於十四時二十分辭去。十六時四十分再見袁氏等十人，十八時四十分除袁氏外均辭去；十九時四十五分袁氏辭去。二十時見陳誠、林蔚，二十五分同進晚餐。談擴大沿海港口封鎖事，並命周宏濤電告中央鄭彥棻秘書長轉陳閻院長於三日內實施。二十一時二十五分均辭。接李代、閻揆希臨穗〔廣州〕主持大計函。

學者十餘人，討論時局與指示擁護閻伯川之方針，約二小時餘後，約辭修、蔚文聚餐，指示急務畢，已二十二時矣。

17

上午赴鳳山陸軍第四軍官訓練班，主持畢業典禮。十七時見吳忠信，以中常會議決，非常委員會應迅即成立，特來臺面報，請早日臨穗主持事；十八時三十分辭出。即見王世杰，十九時四十分辭出。二十 時偕吳、王二氏同進晚餐。

晴

下午批閱公文，至劉斐與吳鐵城談話記要，乃知去年以來對余之誹謗謠諑果皆出諸其口所製造，而三年來對中央軍各將領間之挑撥離間與譭謗中傷者，亦皆由其一手所造成，而為桂系作有計畫倒蔣之內間，此乃余信人不疑，人之以可疑而余乃毫不之防，竟陷其陰謀而不測也，戒之。禮卿自廣州來，接李、閻電，要求余赴穗指導，此乃出於閻之誠意，而桂李所願也。復與雪艇商談臺灣地位與對美態度，未能決定。

日期	侍從所記日程	天氣	蔣介石日記摘錄
18	九時二十五分見黃仁霖，囑攜致夫人函及魏德邁將軍函，四十分辭去。即見吳忠信，商談赴穗方針，明示短期可成行，十時十五分辭去。五十分見王世杰，十一時三十五分辭去。即見陸大校長徐永昌，十二時五十五分同進午餐，十三時二十分辭去。十八時見高雄港務局長白雨生，五分辭去。即見前侍從秘書羅時實，十分辭去。即見保密局監管張學良之專員劉乙光，二十時辭去。即見黃仁霖，五十分辭去。二十時四十分見闞漢騫，四十五分加見王世杰、徐永昌，並同進晚餐；二十一時三十分闞、徐先辭去，二十二時三十分王辭出。 近日臺灣地位問題以及由聯合國託管謠言甚盛。蔣公仍持堅決主張，以必死守臺灣，確保領土，決不交歸聯合國，對外強烈表示。	晴	臺灣主權與法律地位，英美恐我不能固守，臺灣為共匪奪取，而入於俄國勢力範圍，使其南太平洋海島防線發生缺口，亟謀由我交還美國管理，而英則在幕後積極慫恿，以間接加強其香港聲勢，對此一問題最足顧慮。故對美應有堅決表示，余必死守臺灣，確保領土，盡我國民天職，決不能交還盟國，如其願助我力量共同防衛則不拒絕，並示歡迎之意，料其決不敢強力收回也。
19	九時五十五分見孫立人，十時十五分辭去。四十分見郭懺、吳嵩慶；十一時十五分吳先	晴	朝課後記事，審閱要電，見郭悔吾、吳嵩慶解決應解之款，聽郭據劉斐面告之語，其來為說李、白降共無疑，

辭去，五十五分郭辭去。即見八十軍軍長唐守治，十二時二十分辭出。即見海總副參謀長宋諤、三署署長王天池、副署長劉義光，三十分辭去。十三時偕郭懺、吳嵩慶、江西省主席方天及蔣經國、俞濟時同進午餐，三十分均辭去。十五時七分乘車赴臺南市，訪市長官舍後即趨謁延平郡王鄭成功祠、赤崁樓，嗣至安平古堡，再至臺南市政府巡視，並經市長官舍後，於十九時十五分返抵壽山。二十時四十分見王世杰，五十分同進晚餐，二十一時王辭出。

宜昌撤守。

彼稱李、白以黨國歷史關係，不願投共，此乃詭語，誰其信之？正午與方天談話，全為孩兒氣態，不願回江西主席任，可歎。下午與經兒遊臺南古蹟，先謁鄭成功祠，再入孔廟，轉遊赤坎樓。見鄭真像嚴正魁偉，仰慕不置，最後到安平堡憑弔承天府遺跡。

20

是日有颱風。

九時二十分見王世杰，十時五分辭出。十時十分偕俞濟時、蔣經國、憲兵司令張鎮、毛森、毛人鳳、前中統局長葉秀峰、前內政部次長唐縱、侍從秘書周宏濤、曹聖芬等舉行會議，研商改革情報機構事宜；十二時四十五分會議中停。五十分見黃珍吾，十三時偕同黃氏及午前與會人員午餐；十四時餐畢均辭出。十五時四十分見張鎮，五十五分辭

晴

朝課後記事，發朱世明轉麥克阿塞〔瑟〕電，接子文、適之來電，主張各黨派人士及軍政長官聯名通電表示團結一致反共到底之決心，閱之甚慰，乃囑雪艇籌擬辦法。十時主持情報重整會議至十二時半止，下午繼續會議。約雪艇聚餐後商討聯名通電辦法及顧問會組織人選後辭去。本日以封鎖各海口案未見明令，又海空軍皆未準備，任令海船在上海出入自由，辦事延誤，不勝愁急，但愁急何益？只有盡我心力而已。

日期	侍從所記日程	天氣	蔣介石日記摘錄
	去。即賡繼上午會議，十六時二十五分散會。先後分別接見張鎮、葉秀峰、黃珍吾後均辭去。十八時五十分偕經國晚餐，二十時四十分辭出。 是日駐日代表團電陳：「盟軍總部對臺灣軍事頗為憂慮，並有將臺灣由我移交盟國或聯合國暫管之擬議。」即電囑朱世明團長，應即向麥克阿瑟元帥鄭重表示我政府之立場，以及對麥帥期望與協助我政府確保臺灣之瞭解。 政府明令宣布實施封鎖共軍控制下之沿海港口。		
21	十時十三分見湯恩伯，二十五分辭去。即見八十軍副軍長滕傑，三十五分辭去。即見彭戰存，四十三分辭去。十二時三十八分見桂永清，十三時十五分辭去。二十分見毛人鳳、唐縱、黃珍吾、毛森、張鎮、葉秀峰、蔣經國、曹聖芬繼續研商改進情報機構問題，並同進午餐，十四時十五分均辭去。唐	晴	發子文、適之及彥棻等徵求聯名通電之電，見封鎖匪區各港口令甚慰。見巴黎四國外長會議對奧國與柏林問題有一妥協決議，美國政府引為最大奇蹟，殊不知此為俄國預定之糖衣陰謀，美國適中其計而不自覺，其幼稚至此，能不為俄英所玩弄與竊笑乎？正午與桂總司令談話後，再與情報會議人員決定組織綱要。三時後由高雄出發至岡山上機，約一小時到桃園機場，辭修夫婦來迎，

日	行程	天氣	日記
	縱延至三十分辭去。四十分見毛人鳳，十五時五分辭去。即見高雄市劉翔市長，十五分辭去。二十五分乘車離壽山要塞司令部，十六時四十分抵岡山機場。十七時二十五分乘機飛抵桃園大園機場，十八時十五分車抵大溪中山堂招待所，二十分附近散步，三十分返。十九時二十五分見王叔銘，五十五分辭去。二十一時五分晚餐。 本日午後離高雄壽山遷居桃園大溪。 南昌撤守。		到大溪駐公會堂，風景甚美也。
22	八時四十五分附近散步，九時返。十時十五分見吳忠信，決定下月初，親赴廣州成立非常委員會，並將前往重慶等地巡行，十一時五十五分辭出。即見洪蘭友，十二時四十五分偕洪及吳忠信、蔣經國同進午餐，十三時二十分均辭出。十六時五十五分見周至柔，十七時五十分辭去。		朝課後記事，約禮卿談聯名通電反共與非常委會副主席一人或二人問題，囑其徵求廣州各同志意見再定。對於桂系，仍應設法諒解合作，以維護今日政府〔李〕德鄰之地位，彼亦以為然。正午約蘭友來談。五時與至柔談話，公開檢討其觀念錯誤之點及對叔銘誤會各點，彼或更能冰釋疑慮也。談英國商船「安其色斯號」被我空軍轟炸事，余囑其立即承認此事，但並未見有英旗，自出誤會，想無大事。
23	九時二十三分見俞大維，十時十五分辭去。四十分見劉汝明，五十五分辭去。十三時十	晴	朝課後餐畢遊憩，俞大維來訪，談辦公室組織顧問會事，彼又不贊成，彼總以為害余者乃本黨黨員與組織、

日期	侍從所記日程	天氣	蔣介石日記摘錄
	分偕經國午餐。十七時四十五分見緯國，十八時三十分辭去。二十時四十分偕經國晚餐。		而愛戴信仰者乃全民與非黨員而余所不認識之人，故其一提組織必加反對，可歎！記事，擬訓詞條目，下午研究匪我兩方勝敗優劣之所在，整理要目約二小時以上，思慮頗切也。哺緯兒來見後，晚課畢，晚餐記事。
24	八時四十四分乘車離大溪，經桃園抵臺北，出席東南區軍事會議致詞後，趨訪吳稚暉，於十三時十分抵草山第一賓館。十三時二十分偕張其昀、丁治磐、王叔銘、蔣經國等同進午餐，十四時均辭去。十六時見沈昌煥，三十分辭去。十七時三十分見吳國楨，十八時十分辭去。十九時五十分見臺大校長傅斯年，二十時五分同進晚餐，二十一時辭去。本日離桃園大溪，進住臺北縣草山第一賓館。		朝課後整理講稿條目，九時與經兒乘車由大溪出發，十時前到臺北介壽堂。對軍事會議訓話約一小時十五分乃畢，自覺幸無大差。會議召見悔吾、蔚文等畢，閱畢，正午往訪稚老〔吳敬恆〕先生。彼雖年高八六，而對於政治外交觀察研究皆能深入，決非任何人所能及，而其詼諧譬喻，尤能引用入扣，殊令後輩敬仰，自愧無已。到草山入第一招待所，實比第二招待所幽勝多矣，與張其昀、丁治磐、王叔銘聚餐談話。
25	十時五十五分見國防部第三廳廳長侯騰，十一時五十分離去。即見李石曾，十二時四十五分偕李氏、張其昀、侯騰、三十七軍軍長羅澤闓、蔣經國等同進午餐；十三時李氏先辭去，四十分侯、羅辭去。十六時四十五分	陰雨	朝課後記事，我海軍在上海口外用砲擊阻止埃及貨船行駛，檢查後放行，各國認為驚異，不敢再派船駛滬，此乃最近時局沉悶中霹靂，略可振奮人心。見侯騰談情報現在工作及英法關係，下年度法國軍費預算為十一億美元之多，更證明英法備戰之急矣。正午約李石曾談話，

見臺灣省參議員蔣渭川，十七時三十分辭去。即見立法委員王新衡，五十分辭去。二十時五分見王世杰、林蔚，並同進晚餐；四十分林氏辭去，二十一時二十五分王氏辭去。

決定成立總裁辦公室，並派定各組組長及設計委員之人選。

下午聽羅澤闓滬戰經過與脫離匪手之經過，恩伯指揮無方先自離滬，其信用盡失矣。晚課畢，約蔚文、雪艇聚餐，聽取會議報告情形，並談英美外交。

26

八時四十分見湯恩伯，五十分辭去。即見董顯光，九時辭去。即乘車赴臺北介壽館（即今之總統府），出席東南長官公署之總理紀念周。致詞革命十次失敗之經過，勗勉記取歷史教訓，充實反攻準備。十二時十五分車返草山。三十分見中央社長蕭同茲及陳訓悆，四十分辭去。即偕傅斯年及前北大化學系主任錢思亮、前中央青年部副部長鄭通和、臺灣大學醫學院院長杜聰明、前中央大學教授薩孟武、林霖、前臺大教授彭九生、前中山大學教授陳振鐸、蘇薌雨、復旦大學教授王師復、前清華大學教授蕭公權、劉崇鋐、鄭學稼、暨董顯光、蔣經國等同進午餐；十三時三十五分均辭去，董氏則延於五

晴

朝課後約董顯光、湯恩伯來見，對湯滬戰撤退以前慌忙圖遁而未能充分準備，且未及時通知各將領，致被陷、被俘者大半，聞之痛憤，未知其將何以見來者。九時半到臺北介壽堂見客，紀念周致詞一小時半畢，召見正綱、樵峰〔俞飛鵬〕等，後與〔張〕其昀同車回草山，談編輯總理與本黨史略及余之年表。回寓又見〔陳〕訓悆與〔蕭〕同茲，談宣傳事。下午與顯光、昌煥談對美宣傳及對其國務院將發表中美關係之聲明。

日期	侍從所記日程	天氣	蔣介石日記摘錄
	十分辭去。十八時十五分見桂永清、王叔銘；桂氏於四十分辭去，王於五十分辭去。即外出賓館附近散步，十九時返。二十時十分見黃少谷、張其昀，十五分見劉紀文，三十分同進晚餐；五十五分張氏辭去，黃、劉二員於二十一時十五辭去。三十分見林蔚，二十二時二十分辭去。 李代與閻揆又來電催赴廣州。另立委一百八十餘人聯名促駕赴穗主持危局。		
27	九時十一分見湯恩伯，二十五分辭去。十三時五分見國防部第五廳廳長吳鶴雲、福建綏署代表王為天、第一兵團代表萬成渠、澎湖防守司令李振清、副司令梁棟新、第六軍軍長戴樸、二〇七師長王啟瑞、九十二師長李毓南、九十九軍軍長鄒鵬奇、五十四軍軍長闕漢騫、第八師師長楊楚材、九十九師師長鄧親民、定海警備副司令趙靄輝、第六軍副軍長蘇時等十四人，並同進午餐；十四時八分均辭去。十六時見俞飛鵬，十分辭去。四	晴	朝課後對湯恩伯浮躁荒妄、不知職責、欺上棄下，予以訓斥，所部將領如此惡劣，令人悲傷絕望，不知革命前途究如何結果矣。見顧墨三、徐可亭，聽取其財政計畫之報告，一言以蔽之，要求動用基金而已。王方舟（陵基）主席來報四川近情，對岳軍（張群）利用熊克武等中間路線，為通匪之準備，甚為可慮。

	28
十五分見黃少谷，十七時二十分見顧祝同、徐財長堪、龐主計長松舟，十八時二十分加見四川省主席王陵基；三十分同進茶點，四十分客均辭去。二十時三十五分偕八十軍軍長唐守治、團長傅伊仁、二〇六師師長邱希賢、五十二軍軍長劉玉章、二十師師長郭永、二十五師師長李有洪、二九六師師長劉梓皋、通信兵團團長彭應唐、臺灣警備旅旅長任世桂、國防部第十三戰地觀察組長李樹正、參謀長武泉遠、通信指揮官顧厚壂、工兵指揮官王民寧、浙江省建設廳長柳際明、一九八師師長楊中藩等十五人同進晚餐；二十一時十五分餐畢均辭去。二十四分見林蔚，二十二時辭去。	八時四十五分見王陵基，同進早餐；九時二十分辭去。十二時二十五分見聯勤副總司令郗恩綏，四十分辭去。十三時偕郗及張秉鈞副總司令、兵工署長楊繼曾、通信署長黃褚彪、軍醫署副署長盧致德、要塞司令劉翼峰、戰車一團團長鮑薰南、二團郭東暘、三團張廣訓、裝砲兵團長駱競渡、裝甲
	上晴 下雨
	朝課後記事，約見王方舟，聽取其川情之報告，甚覺岳軍在川之不宜，惟對方舟仍有以慰之。囑其對川中有功抗戰之將領皆應設法安置之。研究徐〔堪〕提財政計畫，指示其外匯運用次序之要領與方針，不必動用存臺基金也。正午約軍事將領十餘人聚餐。下午整理明日講稿要目，後約見左舜生、黃季陸與可亨，解決幣制基金及財政問題。晚課後約海空軍將領聚餐畢，再準備講稿

日期	侍從所記日程	天氣	蔣介石日記摘錄
	兵學校校長蔡廣華、兵團司令劉汝明等十四人同進午餐；四十五分餐畢均辭去。十六時四十四分見前農林部長左舜生，十七時五分辭去。八分見四川大學校長黃季陸，四十八分辭去。五十二分見徐財長，十八時三十分辭去。十九時見吳嵩慶，三十分辭去。二十時三十分偕空軍總司令周至柔、副總司令王叔銘、空總一署署長魏崇良、二署署長李懷民、三署署長毛瀛初、四署署長劉炯光、五署署長石隱、訓練司令劉牧群、政工主管簡樸、六署署長張之珍、副參謀長劉國運；海軍總司令桂永清、海總一署署長黎永年、二署署長歐陽寶、四署署長劉慶生、交通通訊署長林春光、六署署長許孝焜暨參謀次長林蔚等十八人同進晚餐；二十一時六分餐畢均辭去。二十二時見林蔚，十分辭去。		要目。
29	八時三十分乘車赴臺北介壽館主持會議，十二時三十分返。五十分赴第二賓館，偕張道藩、胡健中、方治、張厲生、柳克述、王世	晴 下午 雨	朝課後與經兒到介壽堂開會，訓話足有二小時卅分之久，精神與體力皆不覺甚倦也。正午約客，以臺灣銀行改革幣制有儲金兌現辦法，甚不合理，可歎。下午見李

杰、谷正綱、余井塘、雷震、顧祝同、賀衷寒、嚴家淦、趙志垚、祝紹周、蔣鼎文、萬耀煌、孫連仲、胡長青、吳國楨、王東原等二十人同進午餐；十三時二十分均辭去，三十分返一賓館。十六時十五分見臺灣省黨部副主委李友邦，二十五辭去。即見前第八軍軍長李彌，十七時十分辭去。十九時五十分偕王世杰、俞大維、張道藩、俞鴻鈞、吳國楨、胡健中、余井塘、雷震、任卓宣、谷正綱、王東原、董顯光、陶希聖、唐縱、黃少谷、張其昀、俞濟時等二十人晚餐，並談總裁辦公室之意義；二十一時客均辭去，即赴二賓館觀賞紀錄片電影。

友邦與李彌後，修正講稿，未畢，晚課後召開辦公廳組織設計會談，徵求參加者之同意也。晚觀秋瑾《碧血千秋》影劇後，再與蔚之談商會議決議要旨。

30

八時四十分見林蔚，五十五分辭去。九時二十分車赴臺北空軍新生社，對空軍官兵講話。十時返草山。十二時五十五分偕孫立人、海總副參謀長馬紀壯、第八師副師長謝志雨、二〇一師師長鄭果、臺灣警備副總司令彭孟緝等同進午餐；十三時四十五分均辭去。十六時四十五分車赴臺北介壽館後至牯嶺街訪何應欽，復經中山堂後於二十一時返

晴　晡大雨

朝課後往訪居正，其形態似有一種難為情，甚不自然之表示也。回寓接美國不承認我政府封閉共匪區各港口之報告，但其語氣尚委婉，其理由為不在我政府控置之下也，應斥覆之。正午約馬紀壯等聚餐，下午晚課（提早）後到軍事會議致閉幕詞畢，往訪敬之。到中山堂，劉瑞恒帶夫人與適之各函來見，召宴開會將領百餘人餐畢，回草山，拆閱夫人來函及新聞記者問答稿。

日期	侍從所記日程	天氣	蔣介石日記摘錄
	草山。 美政府繼英國二次抗議之後，對我封鎖匪區港口，突表示不承認我有權封鎖之態度。我政府仍貫徹初旨，堅決執行。		
7月 1	確定總裁辦公室設立於草山第二賓館，其組織除設九個組辦事外，另聘定王世杰、俞大維、張道藩、俞鴻鈞、吳國楨、胡健中、方治、余井塘、雷震、端木愷、任卓宣、葉公超、徐柏園、羅時實等為設計委員。委員會分黨務、政治、經濟財政、軍事、外交及文化宣傳六組。 八時三十分見居正，九時十五分辭出。十一時十分見董顯光、沈昌煥，三十分辭出。即見何應欽，五十分加見顧祝同，十三時五分加見黃少谷，並同進午餐；黃於二十分辭出，何、顧於十三時五十分辭去。二十二時五分見湯恩伯，十分辭去。	晴	英美反對我封閉匪區和港口，正式照會不承認我封閉命令，彼等賣友助敵，擬以余個人名義予以斥責。英美照會無異侵犯我主權，干涉我內政，而且毀滅其聯合國之憲章。西面反共，東面助共，一面援助民主，一面毀滅民主，不惟違反道義，而且自毀法紀，今後如有在我國違反我法令、侵犯我主權者，其所受之不良後果當由其本國之政府負其全責。中華民族決不屈服於強權侵凌之下也。
2	接駐菲陳質平公使電陳——菲律賓總統季里諾擬請早日赴菲，面商遠東大局。	晴	朝課後記事，手擬斥責英美反對我封閉匪港，以及美國以耶爾達〔雅爾達〕密約，移轉歐洲之共禍於東方，賣

	十二時五分見董顯光、王世杰，二十分加見黃少谷、張其昀，五十分同進午餐。十三時加見沈昌煥，五十三分均辭出。十六時二十分見黃少谷，十七時五十五分辭出。十八時四十五分見王世杰、黃少谷、董顯光、沈昌煥，續商訪菲事宜；十九時三十分辭出。二十時十五分見桂永清、徐復觀、周至柔、林蔚等四人並同進晚餐；二十一時五分徐氏先辭去，餘於五十分辭去。政府公布銀元券發行辦法。		禍於沿太平洋之各國，約長千餘言，交設計會研討。正午研究對美記者問答文稿，下午批閱公文，研討問答稿，決定對英美暫不斥責。研討赴菲與赴穗計畫。晚課後與蔚文、至柔、佛觀〔徐復觀〕等談話。
3	九時四十五分見黃少谷，五十分辭出。十時五分乘車經臺北，於十一時二十五分抵大溪休息。十二時三十五分午餐。二十時五分晚餐。	晴	朝課後記事，交少谷以聯名電稿，準備七七發表。下午閱毛制《中國革命戰略問題》，頗有所感，應研究今後剿共之戰略思想，務使我全軍將領對於戰略思想能求得統一也。美國務卿艾氏問顧〔維鈞〕大使與甘介侯何以不用臺灣存金，是其有意挑撥我內部，毀損我威信，示意反對派對余之攻訐。又其對顧明示其援華白皮書不能不出之態度，此美國政府教唆桂系反蔣之又一姿態也。
4	八時三十分離大溪，九時五十分返抵草山。十時十分見王世杰，二十分見黃少谷、董顯		為接見美國赫斯聯繫報記者與霍華特系報記者同時接見問題，起了一個難以解決之爭持，最後仍同時接見，此

日期	侍從所記日程	天氣	蔣介石日記摘錄
	光、陶希聖、張其昀、沈昌煥；十一時二十五分董、沈先辭出，四十八分餘均辭去。十二時二十分見陳立夫，三十分加見董顯光、沈昌煥；三十五分董、沈辭出。四十分偕陳立夫午餐，十三時十分辭去。十四時五十分見沈昌煥，十五時十分辭去。十六時三十五分赴二賓館，接受美國國際新聞社遠東總經理韓德曼及霍華德系報遠東特派員范智華之訪談，認為「中國反共戰爭，如不能獲得及時之支援，民主國家將付出代價」。十七時二十五分返。即見徐永昌，四十五分辭去。即見李樹森，十八時十五辭去。即見柯俊智、蔣勻田，三十五分辭去。十九時三十分見顧祝同、林蔚，二十時十分加見何應欽、湯恩伯、蔣鼎文、俞飛鵬、桂永清、周至柔，二十五分同進晚餐；四十分加見陳誠，二十一時五分均辭去。	晴	乃董顯光之感情作用，必欲為霍華特爭取時間，而未計及夫人臨時特約赫斯系之特效，恐得相反作用。董之為人誤事，往往如此，應加注意。 朝課後由大溪回草山，協定對記者接見方式與問答語意，修正後核定，並覆菲總統約電赴菲訪問，決於本月十日成行。下午四時三十五分，在第二賓館接見記者。
5	七時五十六分自草山第一賓館乘車赴湖底路察看台糖招待所房舍，八時二十五分返。九時五十三分見孫立人，十時五十分辭出。十	晴	朝課後，與經兒往後草山視察住屋，並為覺生代覓較寬住屋也。餐後記事，批閱軍事會議決議總報告，專心審核時，覺生不期來會，令人紛擾。難怪辭修等討嫌也。

一時二十五分見居正、李子寬，四十五分辭去。十二時十分宴同濟大學校長丁文淵、英士大學校長鄧傳楷、師大教授黃金鰲、政大教授劉季洪、中央大學教授戈定邦、暨南大學校長李壽雍、復旦大學校長林一民、中正大學校長黃如林、政大校長顧毓琇、上海法學院教授朱勗春、華北大學教授王韋修、同濟大學教授王成樁，由黃少谷、張其昀暨前中央青年部長陳雪屏陪同用餐，十三時四十五分均辭去。翌日與政學界人士發表聯合反共通電。十六時三十五分見新任命駐韓公使邵毓麟，五十五分辭去。十七時三十分見上海市黨部有關人員：陳保泰、談益民、徐鳴亞、江繼五、吳寅伯、姚寅、鍾儒達、朱當本、陶亦明、方治、谷正綱、曹貞、康謳、趙仰雄、黃福燕、譚維熙、謝嵩林、張少文、張先啟、陳雪屏等二十一人，加以慰勉，並同進茶點，十八時十五分辭去。二十分見湯恩伯，三十分辭去。十九時五十分見顧祝同、林蔚、陳誠，並同進晚餐。據葉代外長公超陳報，美國務院有意發表白皮書，辯護其以往對華政策。

正午約由各處來臺之大學校長教授丁文淵、朱勗春等二十人談話，頗得益也。下午召見上海退來黨員忠實者二十餘人，談話慰勉之。另見侯騰、恩伯等畢，審核對記者問答中文稿至八時前方完。略息後，晚課約墨三等聚餐，談廣州保衛意見計畫，督導行軍會決議各案。

日期	侍從所記日程	天氣	蔣介石日記摘錄
6	上午在草山第一賓館，九時二十分見周至柔，二十五分辭去。十時二十五分見王世杰，十一時辭去。三十分見江杓、楊繼曾，五十分辭去。即乘車離第一賓館，十二時四十五分抵大溪招待所，十三時二十分偕經國午餐。十七時五十五分見邵毓麟，十八時辭去。二十時十分偕經國晚餐，三十分附近散步，四十分返。二十一時見吳嵩慶，三十分辭去。致函韓國大統領李承晚，商與菲組反共聯盟事。	晴	最足悲痛之事，即左右幹部幾乎皆神志昏昧，利害倒置，莫過於近日董顯光之拙劣，失卻常識，甚至朝報、晚報究屬何種緊要而不顧，忘了其宣言職責，無異拋棄其主官而討好其美友霍華特系之報館，致預定宣傳計畫被其消失而適得相反之後果，此種愚拙而好自用之幹部，思之只有悲憤，不得不加以痛斥怒責，事後仍覺其愚可誅而不如恕也。晚課發表聯名反共通電。孫科與蔣夢麟皆不簽名，可怪也。
7	七七抗戰紀念日，領銜與李代總統、閻院長暨各友黨領袖及社會賢達人士，發表「反共救國共同宣言」。上午在大溪，十二時五分見顧祝同、林蔚、袁守謙，三十五分加湯恩伯，十三時十分同進午餐；二十分湯先辭去，五十分餘客均辭去。十六時十分乘車返草山，十七時十五分抵二賓館。即見美國人民團體對華政策委員	晴	朝課後，為「七·七」紀念默禱。墨三與蔚文來見，為東南長官公署與組織，辭修各種刁難，不顧大體，悲憤之至！湯恩伯來見，為福州軍事亦加以斥責。見袁守謙，餐畢，辭去。決派砲兵增援福州，以期恢復延平也。下午到草山接見美友柯爾白，其對援華，與為余設法策劃，甚誠摯也。晚還後草山，接閱陳質平來電，菲總統已對余歡迎準備一切矣。

會主席柯爾白，其對我國現狀頗表誠摯關切；吳國楨、黃少谷陪，沈昌煥譯，十八時十分均辭。即車赴後草山湖底路，進居台糖招待所。二十時二十分見王世杰、黃少谷，二十一時五分同進晚餐，二十二時辭去。

8

上午在後山招待所行館，十時三十五分主持商討有關黨務改革問題會議，決定總裁辦公室組織大綱；十四時十分散會，三十分偕與會人員午餐，十五時十五分與會人員辭去。二十時十五分見陳立夫，三十分加見谷正綱、張道藩、黃少谷，商黨的改造籌備會人員名單，五十分同進晚餐，二十一時三十二分均辭去。

晚籌劃訪菲事宜，並指定隨行人員。

晴

昨晡接夫人三電，皆言在美宣傳及進行情形似皆已有轉變較佳之勢。昨日發表團結反共通電，不料哲生拒簽，殊為可痛。晚課後，王、黃洽議訪菲辦法甚久。

朝課後指派赴菲同行人員，約吳國楨、張其昀同行。十時召開整黨會議，討論改造方案。余力主本黨性質為革命政黨而不能為純粹民主政黨，並應將縣市以下基層黨部改為秘密組織，而切忌公開，大體已經決定。晚課後，再與立夫、正綱、道藩、少谷等商談改造籌備會名單。

9

飛赴福州巡視。

九時在草山見孫立人，三十分辭去。即見林蔚，四十五分辭去。即見王東原，五十五分辭去。即見張耀明，十時五分辭去。十分乘車至臺北松山機場，十二時飛抵福州機場。十五分即在機場空軍補給站出席軍政會談，

晴

十時半由臺北飛福州，正午即在空軍補給站召集團長以上官長，約五十餘人會議。聽取其各軍長報告後略憩。再行訓示約一小時畢，聚餐後，與逸民（朱紹良）談閩省軍政與人事。甚以李良榮好用左派人士為可慮。對福州附近各部隊本月份伙食及辦公與草鞋等經費親自籌發，以慰軍心。四時後即乘原機由福州飛回臺北，經平

日期	侍從所記日程	天氣	蔣介石日記摘錄
	與朱紹良主席研討閩省軍政問題，並召見團長以上幹部五十餘人致詞勗勉；十四時三十分散會。四十分偕朱紹良、湯恩伯午餐。經巡視慰勉，軍心大定，有助福州局勢。十六時二十五分至機場，飛經平潭島上空；十七時飛返臺北松山機場，十八時車返草山。十五分見國防部三廳廳長郗恩綏，二十分辭去。二十時五分見王世杰、黃少谷，三十分加見何應欽、陳誠、沈昌煥、陶希聖等同進晚餐；二十一時三十分辭去。		潭島，未尋得其縣城所在地為憾。

六
訪菲律賓

1949.07.10

～

1949.07.12

日期	侍從所記日程	天氣	蔣介石日記摘錄
10	飛赴菲律賓訪問。晨四時五十分起床，六時二十分早餐。四十五分乘車赴臺北，七時二十分抵松山機場，接見西北馬步芳司令之代表馬紹武後，即登中美號專機，十一時三十五分飛臨菲國國境，十二時三十分降白沙機場，駐菲陳質平公使及菲國防部長江良迎接。即轉乘菲國專機續飛，降落碧瑤機場，因菲總統等歡迎人員，均在預定之三佛南部機場，以致向隅。改搭華僑車輛趕赴菲總統夏宮，季里諾總統親自迎迓，並接受儀隊歡迎儀式。嗣在菲總統陪同進入休息，並進行歡迎餐宴；餐畢進駐迎賓館。十六時二十分接見旅菲華僑代表十六人，並合影留念，三十分辭去。四十五分偕菲總統同車外出遊覽山城街市，十七時三十同返迎賓館，即與菲總統同進茶點，並舉行座談，十九時四十分散會。二十時三十分宴請菲總統及有關官員，二十一時三十分辭去。	臺晴 碧瑤陰雨	五時起床朝課畢，與經兒乘車至臺北機場，起飛已七時三十分。機至菲國邊境，菲機一隊來迎。十一時到白沙機場，即時換機至碧瑤機場。菲總統紀利樂〔季里諾〕在門首親迎如禮，一望而知其為老練政治家也。四時後紀〔季〕總統陪余巡遊街道，我僑胞特在市口搭紮牌坊，熱烈歡迎為感。五時後即在總統辦公室正式商談開始，至八時半方畢。紀〔季〕之老練精神自為傑出之才。其政治經驗與國際常識亦甚豐富，談話詳情另記。

此行隨同人員為王世杰、黃少谷、吳國楨、張其昀、俞濟時、沈昌煥及侍衛人員周國成、張京雲等。

11

在碧瑤。

六時十分起床，七時二十分外出花園散步，八時返。九時三十分與季里諾總統舉行第二次會談，對如何發動組織遠東國家反共聯盟問題，進一步商討後，獲致協議。嗣以初不便以在野之身發表聯合聲明，惟為菲總統所提議而為之；十二時散會。十二時二十分偕菲總統在萬松賓館花園野餐，仍作會談；並分別接見華僑百餘人，並與僑領二十餘人談話、合影留念。十四時二十分返行館，十五時五十分至花園散步。十六時返，三十五分見陳質平公使，四十分辭去。即見王世杰，十七時辭出。即接見菲國防部長江良，十五分辭去。三十五分見財政部長巴杜沙，十八時辭去。即見王世杰，十分辭出。即見俞濟時。二十時三十分出席菲總統晚宴，二十二時十分返，五十分安寢。

晴

朝課後，囑雪艇草擬宣言稿，其要旨在聯合遠東各國，共同反共，成立遠東聯盟，而不主張用太平洋或亞洲之聯盟名義，以太平洋英國集團，決不贊成我中菲所發起之聯盟，而且英國必從中破壞此一聯盟計畫也。至於東太平洋沿岸中南美各國，又唯美國馬首是瞻，亦必不願加入此一聯盟。故中、菲所發起之聯盟只可先稱為遠東聯盟，即以中、菲、韓為主體。先由三國自動組織，一俟有效再行逐漸擴充，成為太平洋聯盟也。初以紀〔季〕總統主張本為太平洋聯盟在前，今日協商結果仍照余所提之遠東聯盟定名也。

日期	侍從所記日程	天氣	蔣介石日記摘錄
12	自菲返臺。 五時十分起床，六時三十分見陳質平，四十分同往花園散步，七時二十分同返，二十五分同進早餐。四十五分加見王世杰、黃少谷、沈昌煥、吳國楨、張其昀等會商；八時四十分均辭出。即與季里諾總統晤談，五十分畢，即隨季氏同車赴碧瑤機場握別。九時二十五分專機起飛，經馬尼拉上空，十時十五分降白沙機場，檢閱儀隊歡送儀式。即登中美號，十一時五分起飛，十四時四十分飛返臺灣臺南機場，十五時車抵臺南市南門路空軍招待所休息，並見隨行王世杰等五員，十分均辭出。繼見空軍八大隊大隊長張培義，十五分辭去。二十時三十分再見王等五員，四十五分同進晚餐；二十一時二十三分辭出。是晚住宿臺南招待所。	晴	昨上午十時，即在園內草亭中正式商談。首先即將我方所擬宣言稿（單獨宣言）提出討論。彼方猶以我國政府失敗為慮。余告以現在我剿共實力並不劣於共軍，只要美國等不承認即將組織之共產政權，則余可保證我國政府決不致被共匪消滅。如果政府當局即使降共或崩潰，則余必繼起領導反共到底。彼乃釋然，表示發表共同聯合宣言。余本擬各自發表宣言，以余在野之身也。今彼既自動提議，故不便推辭，因之亦可知余雖下野，而友邦各國仍以當政之元首視之，愧怍之餘猶堪自慰。
12		晴 臺南 九十 五度	（注：此頁為另冊所記） 六時起床，朝課在萬松宮周圍遊覽一匝，陳公使隨行陳述菲國各政黨領袖人物性行頗詳。八時與雪艇等討論回程前應商各事，彼等皆以為此來之收穫比預料想者為優

也。八時半與菲總統敘別，約談十五分時，乃同車抵碧瑤機場送行如儀。余即起飛到馬尼拉上空遊瞰一匝。在白沙河換機。十一時廿分起飛，發廿一炮送行，覺甚慚惶。十四時前到臺南入行館休憩，下午閱報，審核各方文電，對於菲行，全國人心為之一振也。

1949年7月10日飛抵菲律賓碧瑤，季里諾總統陪同檢閱儀隊。

7月10日第一次座談後，在迎賓館前合影。

七
蔣李會商

1949.07.13
︴
1949.07.31

日期	侍從所記日程	天氣	蔣介石日記摘錄
13	在臺南空軍招待所。九時三十五見與日方聯繫志願來華參與軍事訓練人員之曹士澂，十時二十五分辭去。即見江杓，五十分辭去。十二時十分見石祖德，三十分辭去。即見桂永清，四十分辭去。十五時三十三分見周至柔、張玉男等三人，商談購買菲之軍火事，十六時辭去。十六時三十三分見江杓，四十五分辭去。十七時十分見曹士澂，十八時辭去。二十一時見王世杰、沈昌煥、黃少谷，二十二時七分辭出。即第三度見曹士澂，十二分辭去。	晴	朝課後，召見江杓與曹士澂〔通「澄」〕，聽取其對日本調查之報告，運用日本人才擬定具體辦法，勿使稍有浪費也。對於李良榮好用左派人士，其實皆為共匪之周邊，不勝憂慮之至。下午召見至柔，商討購辦菲律賓剩餘炸彈事。再與曹士澂談駐日代表團內容，及運用日人辦法甚詳。 昨（十二）日由菲回臺南。下午審核各方文電，對於菲行，全國人心為之一振。
14	為應李代總統、閻院長暨中央委員、立法委員一再敦促，由臺南飛赴廣州。 晨五時四十分起床，七時五分離招待所，二十五分抵臺南機場，十時二十分飛抵廣州天河機場，三十五分車抵穗市梅花新村二十二號陳濟棠寓所，即驅車往訪失迎向隅之李代總統，晤敘後即返陳寓。即見顧祝同、余漢謀，嗣偕顧、余同車前往綏靖公署巡視後，	臺晴 粵陰	七時半由臺南起飛，入粵境後氣候不良，因之十一時方到廣州天河機場，預定秘密不宣，惟叔銘與經兒迎接，到東山梅花村，借伯南〔陳濟棠〕家為行館。略憩，後即驅車與墨三、握奇〔余漢謀〕往訪李〔宗仁〕、閻〔錫山〕、于〔右任〕、薛〔岳〕等同志。回寓，與常委諸人敘談，與李、閻在寓午餐。下午接見來訪諸同志，審核消息稿件。晚課默禱如常。初到廣州，萬感交集，腦筋微覺刺痛。

	趨訪閻院長、于院長。返後未幾，李代、何應欽、鄒魯來訪晤談；即偕李代、閻、何、鄒同進午餐。		
15	晨八時閻院長來訪。九時行館接見西南軍政長官張群。十時孫委員科來訪。十一時李代總統來訪、晤談，並聽取閻院長當前軍事發展趨勢。午後十五時二十五分鄭彥棻陪同趨訪孫科、吳鐵城、李文範及鄒魯四位於寓所。返後，接見陳濟棠等。嗣於十七時在行館以茶會招待在穗之中央委員。並致詞強調：「祇要黨內同志團結一致，便可轉敗為勝，轉危為安。」李代、閻揆等均出席與會。	陰雨	九時見岳軍，聽取西南各省之報告後，與鐵城商談哲生應否任非常會副主席問題。十時與哲生談話，贊成其出洋，暗示其不就副主席為宜。十一時與德鄰談話。下午與彥棻往訪海濱〔鄒魯〕、君佩〔李文範〕、哲生、鐵城諸同志，表示對粵省老同志之敬意。五時約中央委員百餘人茶會，相聚甚歡。
16	在廣州。晨間驅車赴黃花崗七十二烈士墓行禮致敬。九時主持中常會及中政會聯合會議，發表蒞穗觀感，並報告訪菲經過暨力主保衛廣州之必要。隨即討論通過非常委員會組織條例及十二委員人事。午後分別於十五時十分接見徐永昌，十五分	陰晴	朝課後與伯陵〔薛岳〕往黃花岡烈士墓致敬。回寓，便訪伯南、敬之。九時後召開中央常會致詞約一小時。對於粵省走私與煙賭公開不法之惡政，特加申誅，責成改革；主張保衛廣州，以期由此轉敗為勝也。通過參加遠東聯盟案及非常委會副主席與分會等案，皆為重大之事。會後見葉次長公超，聽取外交報告。下午會客六、七人後，召開非常委會第一次會議，討論閻提扭轉時局

日期	侍從所記日程	天氣	蔣介石日記摘錄
	辭去。即見劉士毅參軍長、前山東省主席秦德純及王世杰，三十分辭出。即見總統府二局局長邱昌渭，四十分辭去。即見端木愷、張中寧、憲兵司令張鎮、兵團司令李彌等人，十六時十五分均辭去。十六時二十分主持第一次非常委員會議，討論通過「扭轉時局方案」等重要議題。並提出「黨的改造」案；十九時三十分散會。二十時二十分至黃埔港，即乘汽艇，四十分至黃埔公園行館。二十一時十五分見鄭彥棻及程鵬，並同進晚餐；二十二時辭去。夜宿黃埔。		案，原則通過。
17	九時見鄭彥棻，二十五分同進早餐，四十分辭去。十時赴東征陣亡將士紀念碑致敬，並巡視墓園後返。十三時見西南軍政長官張群、太康艦長崔之道，二十分同進午餐；四十分崔先辭出，十四時二十分張氏辭去。十六時十分見華中軍政長官白崇禧，十七時四十五分辭去。五十分見吳嵩慶、洪蘭友；五十五分吳先辭去，十八時三十五分洪辭去。	晴	與彥棻商談明日紀念周應否參加問題。有鑒於廣州情形複雜，軍警鬆懈，人心動搖，昔日不能滿足其欲望者，今皆思圖報復與公開叛變矣。故決定留埔，不參加紀念周，餐後即趨東征軍陣亡將士公墓。其沿江墓坊已經建立，已比二十五年來時壯觀矣，為之略慰。謁公墓、默禱畢，乃循平岡街道至舊日玉虛宮前之洋房（波斯產），與伯川敘談大局，與今後軍政方略約一小時。

即見黎鐵漢，五十分辭去。二十時十五分見何應欽，二十分同車外出散步，二十一時十分同車返，並同進晚餐；二十二時三十五分辭去。

18

九時三十五分見何應欽，即同車外出；十一時二十五分同抵梅花新村行館。即加見王世杰，十二時十七分見鄭彥棻、張道藩、谷正綱；十三時同進午餐，二十五分客均辭去。十四時四十分見張群，五十五分辭去。即見孫科，十五時五分加見吳鐵城、賈景德、朱家驊，十分加見陳濟棠；三十五分賈、朱、陳先辭去，十六時五分吳氏辭去。十六時十五分主持二〇四次中常會，通過所交議之「本黨改造案」。晚應李代邀出席歡迎宴會；二十三時十二分返抵黃埔行館，零時二十五分安寢。

行政院今院會決議設置東南軍政長官公署，轄江蘇、浙江、福建、臺灣及海南五省區，任陳誠為東南軍政長官。

晴

朝課後記事，與敬之在黃埔對同學會幹部致詞。回梅花村已十二時，會客，約見岳軍。彼以余有派敬之指揮西北、西南軍事，接替其重慶職務，未予明言為疑，言行皆表不滿。余乃慰之。其實彼乃自願如此耳。下午會客十餘人，四時召開中央常會，討論改造黨之方案。至七時後方得結論通過，此亦來粵一大事也。八時應德鄰之宴。至十時宴畢。在東山乘船到黃埔，宿也。

日期	侍從所記日程	天氣	蔣介石日記摘錄
19	七時三十分離黃埔，十時二十分抵梅花新村。二十三分見吳忠信，三十分辭去。即見陳濟棠，四十分辭去。即見行政院秘書長賈景德，五十分辭去。即見立法院長童冠賢，五十五分辭去。即見王世杰，十一時辭去。即見中央委員香翰屏，十五分辭去。即見中委程思遠、總統府局長黃雪邨，二十分辭去。即見府副秘書長許靜芝，二十五分辭去。即見貴陽市長何輯五，三十五分辭去。即見美駐華大使館參事克拉克，十二時辭去。即見前徐州剿匪總司令劉峙，五分辭去。即見蒙藏委員長李永新，十五分辭去。即見廣州市長歐陽駒，三十分辭去。五十分見張群，十三時十分同進午餐；十四時五分辭去。十五時三十分見民社黨魁徐傅霖，十六時五分辭去。即見李翼中，十分辭去。即見湖北省主席朱鼎卿，二十六分辭去。十六時十分同時見俞鴻鈞、劉攻芸及農民銀行代總經理趙葆全；趙十四分先辭，俞、劉分別於二十六、四十分先後辭去。二十六分見央	晴	朝課後，與經兒回梅花村會客，審核韓國李承晚總統邀請訪韓之覆電稿。以其意懇切，而且其國勢與處境危難不能不有此一行，故決定應邀。見美國公使克拉克，明告其美國放棄其領導遠東之責任，故余等不得不自動起而聯盟耳。正午約岳軍聚餐，告以余暫不赴渝，先回臺灣之意。彼自稱亦不辭職，余竊自慰。德鄰本約其五時半相見，直至六時方來，出示其對整軍原則四條，余表示同意，彼乃辭去也。

行業務局副局長吳長斌，三十分辭去。三十分見監察院秘書長狄膺，三十七分辭去。即見黃季陸，五十分辭去。即見劉健群，十七時辭去。即見立委覃勤，五分辭去。即見葉秀峰，十分辭去。即見黃杰，二十八分辭去。即見立委曾擴情，三十三分辭去。即接見桂林綏署參謀長甘麗初、河南警備司令李鐵軍、一〇九軍軍長鄧春華，四十二分辭去。即見廣東保安第三師師長黃保德，四十八分辭去。即見立委江一平，五十分辭去。即見前杭州市長周象賢，五十三分辭去。即見前黃埔軍校教官涂思宗，五十六分辭去。十八時五分李代總統來訪談，同意所陳整軍原則四條，三十五分辭去。即見王叔銘，五十五分辭去。即見立委倪文亞，十九時二十分辭去。即見青海省府委員馬紹武，二十五分辭去。四十五分離梅花新村，二十時三十五分返抵黃埔行邸。四十分見顧祝同、余漢謀、許朗軒、國防部三廳處長賴成樑、參謀次長蕭毅肅。二十一時三十五分加見盧福寧，四十分辭去。二十一時四十五分加見黃

日期	侍從所記日程	天氣	蔣介石日記摘錄
	鎮球，二十二時十五分辭去。先後聽取接見人員分別作軍事情勢報告，繼續商討保衛廣州計畫；二十一時五十分同進晚餐，二十三時二十五分先後辭去。今接韓國李承晚總統邀請訪韓來電，遂作訪韓之準備工作。		
20	九時三十五分見王叔銘，四十分辭去。四十分見廣東省主席薛岳，十時十五分辭去。即見吳忠信、陳立夫、張道藩、谷正綱、鄭彥棻、黃少谷、洪蘭友、沈昌煥等八人會商；十一時四十分辭去。十一時二十五分見余漢謀，十二時四十五分偕余同外出，至海軍造船所碼頭，迎接閻揆來訪，商談軍事情勢，嗣偕閻院長午餐；十四時十分返行館。十六時五分見二十六軍軍長余程萬，三十五分辭去。即見徐堪，十七時辭去。即見中央委員程天放，五分辭去。即見前九十四軍軍長鄭挺鋒，七分辭去。即見西康警備部高參劉大元，十分辭去。即見陸戰隊二師師長周	晴	見握奇，即余漢謀。問其對保衛廣州之意見，彼認以為百不可能，詳述各種理由。余力加斥責，明告其交廣東於彼，望其能建立反共基地，而今竟成為保庇共匪之淵藪，其現狀之腐劣實為民國十五年來所未有，何以對總統與先烈，何以對黨國與職責。余決以死亡保穗，如你不願聽命保衛此革命唯一根據地，則余願出而親自任保衛戰之指揮。彼乃折服聽命，但極強勉，余亦強為自慰，以其尚有良心也。

雨寰，十五分辭去。即見徐永昌，三十分辭去。即見戰略顧問唐式遵，四十分辭去。即見察、綏駐穗辦事處人員焦如喬、楊慎五，十八時辭去。即見吳鐵城，四十五分辭去。即見郭懺，十九時二十五分辭去。即見甫自國外歸來之于斌主教、益世報發行人潘朝英、顧祝同、非常委員會秘書長洪蘭友、王叔銘、廣州綏署主任余漢謀、十一綏區司令劉安祺；二十時五十分辭去。二十一時十分見黃少谷，四十三分偕黃氏及沈昌煥、蔣經國同進晚餐；二十二時辭去。五分離黃埔行館，三十五分登華聯輪。四十分見張鎮，五十分辭去。零時三十五分安寢。

21

在華聯輪上。

八時三分見吳忠信、顧祝同、余漢謀。十五分李代總統趕來送行。三十分見吳、顧、余及薛岳、鄭彥棻、黃少谷，三十五分辭去。即見李及蘭，五十分辭去。座輪即啟碇開航，並由太康艦護航。十二時五十分偕黃少谷、周宏濤、沈昌煥、俞濟時同進午餐；十三時五分辭出。二十時二十五分晚餐，二十

晴

朝課畢致岳軍與伯川各函，八時後德鄰、禮卿、墨三、伯陵、握奇、彥棻來船上送行，與李單獨談話，自動明告其此時提白為國防部長，尚非其時。但余亦以白任部長為宜，一俟相宜時機，余可提其為國防部長也。彼雖不能如願，但亦無詞可對，只有默認不便再提矣。此為余來穗對桂系唯一要案，不得不作最後坦白之表示，以免伯川為難也。

日期	侍從所記日程	天氣	蔣介石日記摘錄
	二時十五分安寢。		
22	華聯輪駛抵廈門鼓浪嶼。繼月初九日飛赴福州，與朱紹良主席商談閩省軍政問題後，今十一時復乘船抵廈門。十一時五分見湯恩伯、憲三團團長莫中令、黃鎮球、二十二兵團副司令唐雲山、工程署駐廈門主任孫貽興、福建省政府秘書長萬成渠；五十分辭去。十二時三十五分與黃少谷同進午餐。十七時三十五分見黃少谷，四十五分辭去。十八時四十五分見李良榮，十九時四十分辭去。四十五分登小艇至鼓浪嶼。二十時五分抵日光岩路二十九號黃奕住寓所住宿。並即見李良榮，十五分辭去。	晴	上午批閱公文，清理積案數十件。十一時船抵廈門，展望鼓浪嶼風光，不勝三十年前之感懷。下午審閱閻著保衛臺灣與瓊島各方案，甚為感佩其對民眾組訓已成為專門科學之研究，實有心得也。經兒由粵飛廈，面報離穗後一般情形，認為此行收穫極大也。七時後舍舟登鼓浪嶼，寄住王玉柱（黃奕住）家中。
23	登華聯輪離鼓浪嶼。 七時三十五分偕蔣經國外出散步。經中德路、日光岩路、雞山、三有堂、內厝澳、黃家花園、維新路、安海路、永春路後，循原路於八十時三十分返歸。九時四十分見湯恩伯，五十分辭去。十二時十分見福州綏署主		朝課後，召見恩伯，商福建省主席事。批閱文件，對廣州警備司令之調換尚未發表為慮。岳軍今已回渝任，喜懼交感，不知川事如何變化矣。桂系強戰雲南，志在必得，而彼又想利用中央廿六軍與滇盧衝突，以坐收其利也，可鄙之至。正午朱主席來談，聚餐畢，辭出。下午菲律賓駐廈領事約少谷、昌煥等茶點，聞其意至誠，可

任朱紹良，十三時十分同進午餐，二十五分辭去。十六時見黃少谷，二十分辭出。十七時見朱紹良等二十三人：東南軍政副長官湯恩伯、福建省主席李良榮、廈門警備司令石祖德、二十二兵團副司令唐雲山、參謀長萬成渠、軍官團團長方先覺、第五軍軍長高吉人、四十五師師長周中樑、二〇〇師師長葉敬、第九軍軍長徐志勗、一六六師師長葉會西、二五三師師長李牧良、第一二一軍軍長沈向奎、三二五師師長呂省吾、三五〇師師長黃建墉、空警第二旅旅長勞聲寰、廈門要塞司令胡克先、副司令黃幼勉、八兵團司令劉汝明、副參謀長李誠一、五〇軍軍長曹禮林、軍長劉汝珍等駐閩南各軍長等開會商討防衛方略；十八時五十五分均辭去。十九時離鼓浪嶼行邸，三十分登華聯輪，二十時四十分啟航，二十時偕黃少谷、沈昌煥、俞濟時、蔣經國、夏功權同進晚餐；二十五分辭出。華聯輪航向臺灣。

感。五時召集閩南各軍師長以上高級將領開會，並各別談話。七時後登華聯船。

日期	侍從所記日程	天氣	蔣介石日記摘錄
24	乘華聯輪返臺。十二時四十五分在船上與黃少谷、蔣經國同進午餐。十四時船抵基隆港，十分上岸乘車。十五時十五分返抵草山行館。十八時三十五分見周至柔，十九時辭去。十五分見隨護之太康艦艦長崔之道，二十五分辭去。二十一時十分見林蔚，二十二時五分辭去。	晴	閱毛匪在中共廿八年紀念文，驕慢狂妄，不可一世，彼以消滅共黨，消滅階級，進到大同，為其理論，是無異消滅人類為其目的。多行不義必自斃，其自取滅亡之日必不在遠矣。閱其新政協籌備會演詞，則以人民民主以掩飾其共產專政，而且彼以民主專政自認矣。正午船抵基隆口外，二時靠岸，即登車，與辭修直赴草山行館。約見至柔等商討空軍與海軍事。
25	在後山行館。十一時五分見張其昀、黃少谷，四十分加見王東原，十二時均辭去。五分見郗恩綏，二十五分辭去。三十五分見王世杰，十三時三十分偕王及黃少谷、蔣經國同進午餐；五十分辭去。二十時四十五分見陳誠，五十分同晚餐，二十二時辭去。	晴 申雨	朝課後，續閱毛制〈戰略集中兵力〉一章，乃料其現階段集中全力在長衡戰區，而對福州無力同時並攻乎？又據匪廣播稱其所謂聯合政府定於十月一日成立，是其必欲於九月內侵佔廣州為第一目標，此乃其以過去廣州不設防、不抵抗之情狀而言，自可作此如意算盤。但自余到粵後，堅主守穗設防，恐彼不能不增加其準備與延長其時間，甚或改變其方針。以美通過北大西洋公約之後，俄國對華之戰略，以其空間與時間論不能不重〔新〕考慮乎？
26	十時二十二分見監察院副院長劉哲，三十二分辭去。十一時十五分見桂永清，四十三分辭去，即見前裝甲兵司令徐庭瑤，五十分辭	晴	朝課後，閱報，見劉哲及桂總司令等，研究訪韓航程及保衛長山島計畫。正午見樵峰與學禹，聽取其定海視察報告。到第二招待所開設計會議，檢討在粵工作之得失

去。十二時四十分見招商局董事長俞飛鵬，十三時加見該局經理徐學禹，並與俞、徐同進午餐；二十五分俞先辭去，四十分徐辭去。十五時五十分見吳國楨，十六時偕吳外出，赴二賓館主持會議，決定成立「革命實踐研究院」及決定選訓幹部標準、期間及課程等，十八時五分返。二十一時見林蔚，並偕黃少谷、蔣經國同進晚餐；三十五分黃、蔣先辭出，林於二十二時十分辭去。（夜宿後山空軍新生社，因招待所備為李代總統居住）

與對毛匪八月一廣播之駁斥等問題。聞美國務院今日發表其《對華政策白皮書》事，實全為反蔣而作，此心泰然，毫無憂懼，以其所欲詆毀者皆早已絡續間接宣布。而此書為其政府掩護政策失敗之過，盡人皆知也。

27

仍居新生社招待所。
九時三十分見俞濟時，三十三分辭出。十三時二十五分赴松山機場迎接李代總統來臺，十五時四十五分返後山。十八時三十五分見李代總統、陳誠，五十五分辭去。二十時五十分偕黃少谷進晚餐，二十一時十五分辭去。

晴，下午雨大霧

昨晡晚課後約蔚文來談辭修就軍政長官事畢，商接待德鄰事。
午餐後與經兒至松山機場，迎德鄰由榕（福州）來臺，約等五十分時方到，乃與之同車入臺北賓館，即舊日總督官邸也。七時三刻，晚課前德鄰來訪，觀其情狀至快，但其不自然之形態仍不能免除耳。晚閱民國三十一年與三十二年日記中關於英、美外交之經過，不勝痛惜，外交本如此也。

日期	侍從所記日程	天氣	蔣介石日記摘錄
28	在後山行館。 十時四十五分見江杓，十一時十分辭去。即見黃少谷、王世杰；三十五分黃辭去，五十分王辭去。十七時十分見黃雪邨、謝耿民，十五分辭去。即見張廷禎、顧貞元、汪中芝，二十分均辭去。十九時四十分見李代總統、王世杰，五十分加見居正、桂永清、陳誠、傅斯年、周至柔、俞飛鵬、黃少谷、黃朝琴，二十時十五分同進晚餐，另加蔣經國；二十一時三十分客均辭去。三十五分見黎玉璽，五十分辭去。	陰雨，七十，夜颱風	失言輕諾，必有後悔，而況於越分賣情乎？對西北二馬之處理運用皆此，不應言之過早，而反失威信也，戒之、慎之。 朝課後重閱毛制圍〈剿與反圍剿〉章完。手擬剿匪理論根據之要目。下午，批閱公文，會客入浴。補記日記，晚課畢，宴德鄰等。聞茶陵之匪已向東撤退云。晚研究赴韓海、空各路行程。
29	在後山行館。 十時三十分見羅澤闓，四十分辭去。即車赴前山第二賓館巡視總裁辦公室各項設施後於十一時四十五分返後山行館。十三時四十五分與黃少谷同進午餐，十四時三十五分辭去。十六時四十五分見吳忠信，十八時同進茶點，二十分辭去。	晴	十時半訪德鄰於草山第二賓館，約談三刻時，彼仍以白任國防部為主題，外交部長胡適之問題亦略提及。余囑其親電適之，敦勸之。對國防部問題，余告以應研究制度，軍政與軍令，如今日由國防部一人負責，則前方各部隊長必極不安。如白此時出任，恐於團結不利，而且於白個人前途亦甚不利之意詳道之，彼乃無言。但余仍告以對白任部長，待適當時期，余可提名以期解決也。

30

在草山空軍新生社。九時四十分見李代總統，十時四十分辭去。即見居正，十一時十五分辭去。十二時四十分偕蔣經國午餐。十三時同車赴松山機場送李代總統返穗，十四時三十分返行館。十六時五十分見教育部長杭立武，十七時十五分辭去。即見中信局長沈熙瑞，五十分辭去。即見國防部二廳副廳長曹士澂，十八時三十五分辭去。十九時二十五分散步，五十分返。二十時四十分晚餐。

晴

朝課畢，德鄰來見，約談一小時，甚融洽。彼未再提白任國防部長事為慰。午餐後，往臺北為德鄰送行。至機場後回來，察彼形態與心神，此來似已減少其往日不自然之言行矣。下午約見杭立武、沈熙瑞、曹士澄〔士澂〕，聽取其教育部、信託局與日技組用等問題頗詳，亦甚感興趣。甚歎各大學校長不為共匪威脅者十之一二，甚至竺可正〔竺可楨〕與陳裕光亦受其欺詐，不願出來，殊可怪哉。

31

分別接見毛人鳳，並與王世杰、黃少谷、沈昌煥等研商總裁辦公室有關事宜。復召見林蔚、周至柔，並同至後山公園野餐。午後見十五綏靖司令霍揆彰，嗣集體見臺灣警備司令部人員李立柏、林秀欒、張柏亭、蘇紹文、周懷勗、及曹士澂、國防部視察官陳永立等。復接見寧夏省主席馬鴻逵。

閱報記事，約見雪艇等，商訪韓準備，並手擬陳質平轉告菲總統訪美時特應注意之點要電一通。正午與蔚文談話，知辭修堅不就長官職。其慮在怕余干涉其職權。余以其病態甚深，擬聽之。下午修正覆韓國會議長電稿。召見曹士澄〔士澂〕等日本留學生八人，準備組織聯合參謀團也，批閱公文，晚課手擬邵毓麟覆電及陳明仁指示，對長沙守衛與撤退方針，以程潛與唐生智昨日潛回長沙，陰謀降匪，殊堪憂慮也。

1949年7月中旬，蒞臨廣州，經常往返於黃埔途上，在碼頭所攝。

1949年7月17日至東征陣亡將士紀念碑致敬。

八
出訪韓國

1949.08.01

〜

1949.08.23

日期	侍從所記日程	天氣	蔣介石日記摘錄
8月1	八時五十五分見王世杰，指示準備訪韓事宜，九時三十分辭出。十二時十分見吳國楨、黃少谷、張其昀、沈昌煥，談總裁辦公室有關事項，並聽取訪韓之工作報告；三十分辭去。五十分見王雲五，十三時同進午餐，四十分辭去。十六時十五分見空軍大隊長衣復恩，二十五分辭去。即見唐縱，四十五分辭去。五十分見董嘉瑞，五十七分辭去。十八時第三度見馬鴻逵，商談人事、防務及支援事項；十八時四十五分辭去。五十分見林蔚，十九時三分辭去。二十時二十五分偕黃少谷、蔣經國晚餐。 中國國民黨總裁辦公室今正式成立，設於臺北草山第二賓館。 部分政府機構，今自廣州遷重慶辦公。	霧陰六十七度	朝課後雪艇來談訪韓諸事，決於三日內由臺直飛漢城，並電朱世明知照麥克阿塞（瑟），以時間關係不能順道訪麥，表示歉意也。約集辦公室各組長及主任商討訪韓應注意各事，特別注意宣傳也。正午約王雲五談話，乃知上海商務印書館完全為共匪統制，其財產亦皆被其利用。下午召見董嘉瑞與衣復恩，研究飛韓航路，以防俄機或其潛艇之陰謀也。 本日總裁辦公室在草山正式開始辦公矣。革命實踐研究院地點猶未決定也。
2	上午電湖南省主席陳明仁，勉其堅定信念，共同奮鬥。陳於四日終隨程潛投共。	晴陰七十	朝課後批閱公文，致邵毓麟手書，令其準備招待事，愈簡愈好，並定明日飛朝鮮，不再改期。上午閱報，知印度已約達賴之兄赴印。其政府又聲明尼赫魯並未赴藏之消息。是印度欺矇英國侵藏之陰謀如故。可知尼之短視

			與無識，不禁為亞洲民族長歎息。西藏問題只可暫時置之，此乃國家不幸，如余不下野，當不致公然背離，即印度或亦不敢驕橫荒唐至此也，可痛。
3	上午赴總裁辦公室處理公務。十二時十五分返行館，即午餐。四十分離草山，十三時十分抵松山機場，十五時三十分飛抵定海機場，即見浙江省主席周嵒，五十五分同車至港口，乘永寧軍艦，十六時十五分啟碇開航，二十時十五分偕顧問人員王世杰、吳國楨、黃少谷、王東原、張其昀及周主席嵒等會談近況並同進晚餐。二十一時四十分抵普陀文昌閣。王等五員隨同，均留宿文昌閣。另隨行者為蔣經國、俞濟時、曹聖芬、沈昌煥及周宏濤，尚有中央社記者李宜培以及侍衛人員共二十人。此行原定本日巡行飛韓，昨深夜接邵大使緊急電陳，以韓方準備不及，堅請延後四十八小時往訪。因已為報章報導，故改變行程，先至定海盤桓兩日。	晴	昨夜接邵毓麟電稱，李承晚總統務望遲延四十八小時到韓，以彼非親赴其鎮海等籌備不可也。余乃決改期到韓，但仍定明日出發，從對美菲關係，余訪韓必須在菲總統訪美出發以前為宜也。本晨朝課後修正對韓民聲明文稿。批閱文電，另覆陳明仁電與各顧問洽商，決定下午一時起飛，在定海落機，往遊普渡，擬休息一、二日後，再飛韓。三時後到定海，即轉乘永寧艦赴普渡也。
4	八時二十分離文昌閣，遷居天福庵。早餐後於九時五十分外出赴珞珈山等地視察，十二		朝餐後，約各地顧問會談畢，客去余乃與經兒及奉璋〔周嵒〕主席往遊圓通、梅福、靈石各庵，參觀梅福之

日期	侍從所記日程	天氣	蔣介石日記摘錄
	時二十五分返。四十分見周嵒、丁治磐，同進午餐；十三時二十分辭去。十四時四十分見暫一軍軍長董繼陶，五十五分辭去。十七時十分至百步沙散步，十九時三十分返。二十時四十分偕王世杰、黃少谷、王東原、吳國楨、張其昀、沈昌煥同進晚餐；二十一時二十分均辭出。夜宿天福庵。	晴	佑靈洞、不夜天。在靈石登磐陀石之說法臺，經二龜聽法石、大佛頭金剛觀音洞，未至芥瓶庵、寶蓮庵而入普慧庵。順遊磐陀庵，其門前洗心池清澄浩蕩可愛也。惜兩庵皆為軍隊駐紮，污濁可歎也。正午回天福庵，與江、浙丁、周二主席同餐，以丁〔治磐〕主席司令部即在文昌閣也。
5	七時二十分偕經國散步至百步沙，八時十分同返。早餐後，復自天福庵步行至附近各庵遊覽，於十三時三十分返。十七時三十分復外出至紫竹林附近各廟參訪並遊潮音洞、觀音跳後，於十八時五分返。二十時二十五分偕王東原、吳國楨、張其昀、沈昌煥同進晚餐；二十二時十分辭出。夜宿天福庵。 美政府發表對華政策白皮書，對我民心士氣頗受影響。 湖南陳明仁、程潛投共，長沙失陷。	晴	今日美國發表對華白皮書，實為我抗戰後最大國恥也。 昨下午見董繼陶軍長，五時出遊，先上法華洞，登法華樓，經過北側茅蓬過妙峰庵下山。回天福已七時一刻矣。略憩，晚課畢，約各顧問同餐，笑談彼等為國運求籤，得第二籤上中；同時另一同人亦得同籤，認為靈驗，剿匪必成。 本晨六時起床，體操、讀經、誦贊畢，與經兒往百步沙浴日觀潮。九時半約各顧問及經兒同遊珞伽山，乘砲艇半小時，即到其麓。
6	由定海飛赴韓國鎮海。 七時三十分離天福庵，五十五分抵普陀碼	晴 九十五	朝課後，經兒以廣播消息即白皮書大意，及北韓共匪已向南韓全線進攻，與陳明仁降匪等報相告，余閱之並不

頭，即乘砲艇，八時三十分抵沈家門，即乘車於九時五十分抵定海機場。十時三十分偕周喦、王世杰、沈昌煥、黃少谷午餐。十一時二十分專機起飛離定海，十四時五十分飛抵韓國鎮海機場，李大統領親臨歡迎，並同車於十五時十分抵鎮海海軍司令部行館，李氏晤談後辭去。十九時十分赴李大統領行邸拜會，並出席歡迎晚宴，宴畢與李大統領伉儷同乘遊艇，遊覽鎮海軍港，二十二時五十分返行館。抵韓後，發表訪韓談話。

韓國鎮海

驚異，而且心神安恬異常。十時前到定海機場，聽取長山群島無異狀之報告後，乃即擬議對美國白皮書我國之宣傳方針與要旨，以指導黨政宣傳機關。十一時一刻由定海起飛，下午二時三刻即到韓國鎮海機場，李承晚總統來迎如禮，其親切至於含淚，並言其見面說不出，無限情緒熱淚赤忱。余亦不禁含淚道慰，默然無聲。

7

在鎮海行館。八時偕隨行人員赴李大統領行邸拜訪，八時三十分由李陪同檢閱海軍部隊，九時返行館。三十分偕兩國重要人員與李大統領舉行正式會議，就反共聯盟事項交換意見，十一時四十五分散會。十二時五分與兩國參加會議人員同午餐，十三時畢。十七時三十分在行館見中韓兩國有關人員李範奭、申翼熙及邵毓麟大使、劉馭萬、許紹昌並同進茶點。二十時偕李大統領及兩國高級人員共進

晴

九時訪問李承晚總統，約談半小時後與李檢閱其海軍部隊畢，同到余行館開會。自十時廿分至十二時三刻正式會議結論。一、推菲國紀〔季〕總統為遠東國家聯盟召集人。二、共同發表中韓二國參加遠東國家聯盟聲明，雙方派員起草，並電紀〔季〕總統知照此次會議結果。一如碧瑤會議之完滿達成訪韓最大之目的。惟聯盟名稱尚未決定，究為遠東或太平洋，抑亞洲之聯盟，尚待籌備會議之決定。余亦不欲堅持，只將遠東聯盟名稱之經過與理由加以說明而已。

日期	侍從所記日程	天氣	蔣介石日記摘錄
	晚餐。		
8	由韓返臺。七時四十五分赴李大統領行邸辭行，並發表聯合聲明。八時五分返行館。十時二十五分李氏陪同，車赴鎮海機場，十時四十分專機起飛離韓。十五時返抵臺北松山機場，四十分抵後山行館。結束訪韓三天之行。自韓返臺後，於十七時五十五分赴一賓館沐浴，十八時五十分返。十九時十五分偕王叔銘晚餐，聽取日前奉命隨同徐永昌赴西北視察，並連絡各有關軍政首長之情形；二十一時十分辭去。	韓國鎮海 晴 臺北 陰雨	八時三刻往訪承晚總統辭別。此次訪韓僅談聯盟事，而未及兩國經濟、軍事、文化等合作問題，乃特提及海上與空中兩國空中交通應先建立。以我國不乏海空交通之器材，對於空軍之訓練，亦願協助。但應顧慮到美俄兩國之疑忌也。彼亦以我國革命應注重喚起民眾，挽救民心，對於顯官富豪，避往外國置產者，應加嚴處，以收拾民心。彼又言革命者就是扶助被壓迫之平民，而推倒其特殊階級，以提高其生活與信心。余聞此甚感其言之懇切，發於至誠，非泛泛之國交可比，乃特致真摯感佩之忱，彼此共推為知交也。
9	十四時十分見蔣鼎文，三十五分辭去。十六時四十五分見桂永清，十七時辭去。即見徐永昌，報告視察西北情況，十八時三十分辭去。即見中央社記者李宜培，四十分辭去。即見王叔銘，十九時辭去。二十時四十分見俞鴻鈞，並同晚餐；二十一時十分辭去。政府任命黃杰為湖南省主席。	陰晴	朝課後補記七、八兩日日記，自覺邪思妄念未能消除，而且有復萌之勢，若不克制淨盡，何以立德，何以治人。應以肅清此心中之賊為第一急務為要。閱報研究美國對其政府白皮書之輿論，甚至英國各報皆不直其所為也。批閱公文，研究巡視西南時機，聽取蔣銘三（鼎文）點驗報告。

10

陰雨 晴霧

十時二十五分見居正，四十五分辭去。即見曹士澂，十一時辭去。即見前京滬杭警備部二處處長劉宏德，五分辭去。即見孫立人，二十五分辭出。即見俞鴻鈞、中國銀行總經理霍寶樹，三十五分辭出。十三時十分偕孫、俞、霍三人午餐；二十五分鈞辭去。十六時五分見許念真，十分辭去。即見總裁辦公室副組長張師，十二分辭去。即見鮑嘉謨，十三分辭出。即見李澤劍，十四分辭出，兩人均為組員。即見組長唐縱，十五分辭。十六時十五分赴第二賓館開會，十九時五分返。十分見黃仁霖，二十五分辭。二十時三十分見顧總長祝同、吳鐵城及許朗軒三人；吳進呈所攜李代函件，為國防部長人選，仍屬意於白崇禧；五十分同進晚餐；許二十一時三十分先辭去，餘二十二時均辭去。

非常委員會臨時會通過以王世杰、張厲生、張道藩、陳誠、吳國楨、蔣鼎文、周至柔、谷正綱、桂永清及林蔚為第二分會委員，並以黃少谷為秘書長。

馬歇爾、艾其生〔遜〕因為要掩護其對華擁護中共遏制政府政策之錯誤與失敗，不惜對中美兩國國交之基本澈底毀滅，辱中國打倒蔣某以快其心，而不知其國家信義，與外交應有軌儀亦被彼等掃地盡淨。馬、艾無知不德全為其私情所蔽，不足為異，而其堂堂領導世界之美國總統杜魯門竟准其發表此失信鮮恥之白皮書，為其美國歷史遺留莫大之污點，不僅為美國羞，而更為世界前途悲，此種毫無自主之智慧而全為美國政策所控制，將來中美之關係與太平洋上之影響，思之但有寒心而已。

日期	侍從所記日程	天氣	蔣介石日記摘錄
11	十時二十分見顧祝同、林蔚、周至柔，研商防衛廣州軍事機宜；十一時四十分辭去。十二時見第三編練司令梁棟新，十分辭去。即見陳誠，十三時五分同進午餐；四十五分辭去。十五時四十分見俞鴻鈞，四十五分辭去。即見徐永昌，十六時五分辭去。即見湯恩伯，十五分辭去。即見黃仁霖，三十五分加見吉星文；吉四十分辭去，黃於十七時二十五分辭去。十九時二十分見江杓，三十五分辭去。二十時五十分見黃少谷，同進晚餐；二十一時三十分辭去。	陰晴	昨（十）日朝課後召見曹士澂、孫立人、霍亞民（寶樹）等後，核定本黨改造籌備委員會名單，甚費心力。四時半在第二賓館開會研討訪韓經過情形及對美國白皮書研究對策及宣傳指導要領。晚課後見墨三，攜其反攻計畫請示，可知廣州心理皆為白皮書與程潛降叛所威脅，乃出此孤注一擲之所為，不勝為之憂慮，乃知白皮書對於我國內政治影響之惡劣，比之俄史侵害我國，制我死命之毒計，為更惡也。
12	八時三十五分見梁棟新，四十分辭去。四十五分見吳鐵城，九時十分辭去。即見顧祝同、林蔚，談衡陽與廣州兩地之防務；二十五分辭去。十時五分見蔣夢麟，二十五分辭去。十一時十分見經濟部長劉航琛，二十五分辭去。即見第二編練司令沈發藻，二十八分辭去。即見江杓、楊繼曾，十一時五十五分辭去。即見毛人鳳，十二時二十二分辭	晴	昨（十一）日十時約墨三等談戰略。余實不能贊成衡陽決戰而致廣州防衛撤空，使廣州基本重地隨時動搖也。長沙叛降人心叵測，更覺此次改設衛戍總部與集中兵力一著之難得而不可再行放棄也。正午與辭修談話，見其體弱面瘠，不勝憂慮，而心理病態多疑不決，以致諸事延誤，尤其福州軍事緊張，而東南長官部拖延不就更為著急，故訓斥之，未知其果能覺悟否？下午令恩伯赴福州指揮軍隊，及示要旨，聽取黃仁霖美國報告。

去。十五時五十五分見王世杰，十六時四十五分辭去。五十分見湯恩伯，十七時辭去。二十時二十五分見吳忠信、王世杰、張其昀、黃少谷、沈昌煥，四十六分同進晚餐，五十五分加見吳國楨；二十一時三十分均辭去。

13

十時十分陳誠、周至柔、王世杰、桂永清、張厲生、吳國楨、林蔚、張道藩、蔣鼎文等十人舉行非常委員會第二分會成立會；十一時散會。五十二分見蔣鼎文，十二時五分辭去。十六時五分見李良榮，十七時辭去。即見陳良，十分辭去。四十分見羅堅白、毛人鳳，十八時十五分辭去。二十時三十分見葉公超、洪蘭友陳述昨非常委員會討論美白皮書之聲明事。五十分偕同黃少谷、沈昌煥同進晚餐，二十一時三十分加王世杰；二十二時四十五分客均辭去。

夫人來電告，擬應馬歇爾夫婦之邀，前往紐約州北部避暑，以維既有情誼。

晴風

昨（十二）日朝課後，致朱逸民手函，十時約見墨三，告以辭修言行病態，令人憂憤。余受內外侮辱欺凌，忍痛茹苦，已勿能勝，如欲再受一般幹部之凌辱與抗拒，為人所譏刺，則余年越六旬，決不能忍受。如欲余在臺而不預聞軍政，亦決不可能。余今正欲發奮圖強，矢志雪恥之時，如其真不願就東南長官職，應即實告，俾可另選，切勿延宕時間，敗壞公事之意轉告之後，得消息稱決於十六日就職云。

日期	侍從所記日程	天氣	蔣介石日記摘錄
14	九時十五分見湯恩伯，三十五分辭去。十時外出，二十五分返。三十五分見蔣鼎文、李良榮，五十五分辭。十一時四十五分見唐縱，十二時辭去。即見張其昀，三十分辭。四十分見王東原、張其昀，五十分辭。五十五分偕蔣經國、孝文、孝章等六人外出至頂北投省府招待所野餐；十四時十五分返。十六時見湯恩伯，十五分辭。十九時十五分外出至空軍總部祝賀空軍節後，於二十時三十五分返。二十一時三十五分見洪蘭友、葉公超、黃少谷、王世杰、沈昌煥，仍商對白皮書聲明，因部擬文字，經非常委員會討論、修正，內容仍空泛不切實際，決定在未有詳細有力反駁前，決定先發一聲明，表示強烈抗議。二十三時四十五分客均辭去。	晴	美國白皮書未發表以前，彼以神秘方式為威脅余之唯一武器，人之從此為憂懼。今其既已發表，則神秘性完全喪失。彼再無更大法寶制我之死命。而且此一白皮書發表，雖於我內政、人心之影響不甚少。但實際上根本反於我利多而害少。此無異其國務院自授余以精銳之武器，應緊握其柄而不可輕發。奈何政府急求作答，圖速了案耶？無奈太卑乎？
15	八時四十五分見林蔚，九時辭去。十時四十五分見吳國楨，十一時十分加見洪蘭友，五十五分加張其昀，十二時十分加黃少谷、沈昌煥、葉公超，十五分加董顯光；十二時二	晴	昨晚約雪艇等研討對白皮書答案至十二時方畢。約今午再談。本晨五時半醒後起床，先將昨日答案親自修正後，約一小時再作朝課。此為第一天之破例，以十餘年來每日必先朝課完畢，而後再從事工作也。十一時召集

十分偕客及蔣經國、周宏濤同進午餐，續商談對美發白皮書之回應事；五十五分均辭去。十五時十分至一賓館沐浴，五十分返。十六時五十分見徐培根，十七時辭去。即見葉秀峰，二十五分辭去。即見楊蔚、李葉，三十五分辭去。即見毛人鳳及交警總隊長馬志超，五十分辭去。即見臺灣警備總司令部政工處長童平山，五十五分辭去。即見銓敘部長沈鴻烈，十八時五分辭出。即見王東原，十分辭去。二十時四十分宴沈鴻烈、中央委員張貞、立法院副院長劉健群、前湖南省議長趙恆惕、前遼寧省主席王鐵漢、前長沙綏署副主任劉膺友、前興安省主席吳煥章、前黑龍江省主席韓俊傑、前遼北省主席徐梁、前安東省主席董彥平、前合江省主席吳瀚濤，黃少谷陪；二十一時二十五分辭去。四十五分見馬步芳、胡宗南，請示西北軍政事宜；二十二時四十分分別辭去。臺灣實施三七五減租。東南長官公署今成立。晚接朱紹良主任福州告急電報。

外交人員研究對白皮書簽字之定稿。自覺比較完整，總不予美國朝野，仍以我有求援示弱之意也。晚馬子香〔步芳〕長官來訪，約談一小時，見事果決，見理明澈。彼對果守蘭州甚有決心也，甚慰。

日期	侍從所記日程	天氣	蔣介石日記摘錄
16	八時十五分見周至柔，談空軍增援蘭州事，二十五分辭去。九時見胡宗南，陳報西北及陝西情況與今後戰略；十五分同進早餐，十時四十五分辭去。十一時見湯恩伯，十分辭去。即見吳忠信，五十五分辭去。十二時二十分宴西北軍政副長官馬紹武及馬朝野、馬全欽、馬子香〔步芳〕、馬繼周、郭學禮、王叔銘、謝慈舟、胡宗南、吳忠信等十人；十三時均辭去。十七時十五分見前浙江省黨部主委李樹森，二十分辭去。即赴第二賓館主持會議，十九時五十分返。是日福州撤守，扼制華北各港口之長山八島陣地亦轉移。	陰晴雨霧	昨夜與馬子香談話後，方接朱逸民〔紹良〕福州被圍之報，其勢危急，不勝憂慮。本晨朝課後約至柔談空軍增援蘭州，以鼓勵子香保衛蘭州之決心。約宗南來朝餐，報告其西北及陝南情況與今後戰略。彼甚有決心且毫無頹唐之色。此乃幹部中之麟角也。余示以共匪與俄國之關係，及其內容之惡劣，乃在我等想像之上。此時唯患我軍之無力，不患共匪之不敗於吾人之手也。禮卿來談西北、西南與桂系之近況。
17	九時四十分見王世杰，四十五分辭去。即車赴介壽館，對出席東南軍事會議人員訓話；十二時五十分返。十三時十五分見陶希聖，並同進午餐，十四時十分辭去。十七時五分見兵團司令李延年，三十分辭去。即見福州綏靖副司令吳石、訓練處長董嘉瑞及軍長唐	雨	朝課後，手擬講稿要領，九時後到介壽堂對臺灣整編會議訓話約一小時半，不覺疲乏，可知身心加強矣。下午批閱文電，清理積案，閱三十五年外交記錄，甚有所感。五時後召見李延年、唐守治等，彼等仍自私自欺，不守信義，不能聽命令，可痛。與于斌等談外交，彼對美國白皮書持論甚平也。今日甚感辭修之病態可痛，與

日	記事	天氣	備考
	守治，十八時十分辭去。三十分見于斌，十九時二十五分辭去。二十時二十五分外出散步，二十一時十分返。		將領之罔信自私，負上欺下為更可痛也。
18	九時四十分見張其昀，五十五分辭去。十一時十五分見吳忠信，二十分辭去。十二時三十分見蔣鼎文，四十九分加見朱紹良，十三時二十分同進午餐；四十分辭去。十五時見孫立人，四十五分辭。十六時三十分見黃仁霖，五十五分辭去。即見徐復觀，十七時十五分辭去。即見黃珍吾，三十分辭去。即見段澐，三十五分辭去。即見黃正成，四十分辭去。四十五分見何應欽，十八時三十分辭去。十九時四十分外出，二十時三十分返。即見王世杰、張其昀、王東原、徐培根、萬耀煌、陶希聖、黃少谷、蔣經國、張道藩等九人，商談訓練幹部事宜；四十五分同晚餐，二十二時二十五分客均辭去。	大雨	一、將領不顧部下只下命令，不能負責監督，先自撤退，無異放棄所部，獨自逃亡，信義全失，廉恥道喪，湯之行動屢戒不改，殊為可痛。二、明知其所部員警通匪，不敢主動逮捕肅清，唯恐其自將退卻，彼警發覺，為其所俘。故福州重要公物皆不敢事先移動，安之若常，名為穩定而實怕囚，最後臨時脫逃，一無所有，此朱之性行，聞之可痛。三、福州失陷，臺灣如此危急，而辭修事事消極，表示不負責任，更為痛心。四、福州閩安鎮之失是匪由海上乘船偷襲，七十四軍勞冠英部漫無邊際不察覺，任匪襲取閩江出口之要隘，使福州部隊後路完全杜絕，幾乎全軍覆沒。部隊如此腐敗，將領如此惡劣，何以革命？言念前途不勝傷悲，幾乎無地自容，半年以來，今日為最痛心之一日也。唯有聽之天命，盡我職責而已。
19	十一時二十分見張道藩，十二時五分辭去。即見毛人鳳，十六分辭去。十三時至第二賓館，十五時三十分返。十六時五十分見中宣	雨	朝課畢，批閱文電，與道藩談電影事業重整計畫。見毛人鳳來報告制裁叛逆事。正午召宴駐臺高級將領，聚餐訓話，宣布整編計畫與官兵待遇辦法，訓示約一小時之

日期	侍從所記日程	天氣	蔣介石日記摘錄
	部長程天放，十七時五分辭。即見前內政部長彭昭賢，十五分辭去。即見內政部勞動司長陸京士立委，二十分辭去。即見衡陽軍運指揮官蔣鋤歐，五十分辭去。十八時四十分至一賓沐浴，十九時三十五分返。二十時二十分見林蔚，三十五分同晚餐，五十五分辭去。二十一時見王世杰，十五分辭去。		久。辭修最後致辭，表示其以往過錯與悔悟之誠意，聞之大慰。
20	十二時見空軍第三軍區作戰科長梁寅和，三十五分辭去。十三時十五分見毛人鳳，二十五分辭去。即見劉健群，三十五分同進午餐，十四時五分辭去。十六時三十五分見嚴家淦，四十五分辭去。即見三十七軍軍長羅澤闓，五十分辭去。即見考試委員張默君，十七時五分辭去。即見余紀忠，十分辭去。即見廣東省黨部主委韓汗英、前漢口市長張彌川、前山東綏署主任李玉堂、前南京市長滕傑、立委劉志軍及辜鐵華等；四十分辭去。四十五分見張道藩、臺灣士紳許丙、中宣部職員羅克典，十八時十六分辭去。即見駐教廷公	晴	朝課後記事，批閱文電，手擬研究院（即學院）人選辦法。正午約人鳳與健群談話。下午召見許丙、謝壽康等十五人。李宗黃對滇政甚關切也。滇盧問題實為一西南根據地之根本問題，不能不早有準備與決定也。晚課後約徐堪談話，彼以中國銀行不肯接受其財部命令為恨，且怨院長可慮，應教戒之。

使謝壽康，二十五分辭去。五十五分赴一賓沐浴，十九時四十五分返。二十時二十五分見徐堪，五十分同進晚餐；二十一時二十分加黃少谷，五十分均辭去。
是日李宗黃曾來見，談滇省情況，使有所瞭解與準備。
贛州失陷。

21

十時二十六分見孫立人，十一時辭去。即見彭孟緝，十五分辭去。十二時二十五分見蔣鼎文、林蔚，五十分辭去。即見吳鐵城，談赴東京訪晤麥克阿瑟元帥，有關堅拒託管臺灣之事；十三時十分同進午餐，五十五分辭去。十八時二十五分赴一賓沐浴，十九時二十分返。二十時四十分偕黃少谷、陶希聖、唐縱、張其昀、吳國楨、胡健中、端木愷、程天放、方治、雷震、蔣經國、張道藩、余井塘、曹聖芬、彭昭賢等會談並同晚餐；二十一時五十分均辭去。

晴申雷雨

朝課後記事，召見立人報告其視察廈門海陸軍毫無互信，陸軍間對友軍視若路人，道德紀律完全掃地，憂痛之至。召見彭孟緝，令其準備招待日人事務。正午約銘三、蔚文來談閩江口及定海群島守備方針畢，聽取鐵城報告。下午修改研究院教育宗旨，幾費三小時之久也。又審核對白皮書宣傳要旨與黨改造委員人選。晚課後約設計委員等聚餐，討論宣傳及改造委會，此時發表名單是否相宜問題，決先從運動著手也。

22

九時見徐堪，三十五分辭去。即見吳鐵城，十時十五分辭去。十二時見劉汝明，十分辭去。十三時四十見黃少谷，五十分辭去。十

晴

朝課後批閱文電，記事，召見可亭、鐵城，商討財政與廣州保衛事。正午接劉安祺電，乃知該部調防北軍，祝同欺我至此，痛憤極矣。廣州軍事今後只可聽天矣。

日期	侍從所記日程	天氣	蔣介石日記摘錄
	六時五分見周至柔，十五分辭去。即見李敬齋，二十五分辭去。即見張鈁，五十分辭去。即見毛人鳳、壽維新、劉侃如，五十三分辭去。即見滕傑，十七時辭去。即見萬福林〔麟〕，十分辭去。即見石覺，十五分辭去。即見徐笙，二十分辭去。四十分赴一賓沐浴，十八時五十分返。即見王叔銘，十九時辭去。二十時十五分見王東原、陳誠、蔣鼎文、徐培根、張其昀、林蔚；三十五分同進晚餐，二十一時四十分均辭。即見董顯光，二十二時辭去。		下午記雜錄後會客，嚴令至柔對定海大榭島踞匪施以大轟炸，與海軍截斷其水上接濟，使其無法立足，必驅之回竄陸上為唯一制匪之道。並命叔銘親往指揮。晡晚課後，再修正教育宗旨，約籌備研究院者晚餐，指示要務，認此為今後革命成功唯一之道也。
23	為關切廣州情況，第三度由臺北飛至廣州。上午九時二十分見張道藩，三十分辭去。即見王叔銘，四十分辭去。即見石覺，四十五分辭去。即見袁守謙，五十分辭去。即見段澐，五十五分辭去。十時十五分由草山乘車外出，五十分抵臺北松山機場。十一時專機起飛赴廣州，十四時十五分抵廣州，至達道路街八號，住歐陽駒市長別墅。即見閻錫	晴	十時後由臺北起飛，下午一時三刻方到廣州，見白、余等已到機場，未知何以泄此消息也。假東山達道路歐陽駒同志別寓住宿，會客後往訪德鄰與伯川後，以心緒紛煩，乃往梅花村舊寓非常會樓上避囂，與立夫、彥棻等閒談，復約劉安祺、顧墨三面詢部署實情，告顧以太不負責與急令改正，勿使劉部再北調為要，未知其能聽命乎？經此更覺往日舊幹部之愚劣與不忠，至此更知高級將領皆已離心背馳，不勝慚惶。

山、白崇禧、洪蘭友。三十分偕閻院長訪李代總統，十五時十二分返。十五分復外出，至梅花新村，出席會議，商討保衛廣州戰略，並對運用劉安祺兵團兵力表示意見；十九時四十分返。二十時三十五分見薛岳，四十五分同進晚餐，二十一時十五分辭去。二十分見李代總統、閻院長；二十二時三十分李代先辭去，二十三時閻辭去。即至花園散步，十分返。即安寢。

1949年8月6日飛赴韓國鎮海，李承晚大統領親臨迎接。

8月6日李大統領設歡迎宴。

九
坐鎮重慶

1949.08.24
∫
1949.11.13

日期	侍從所記日程	天氣	蔣介石日記摘錄
24	飛赴重慶。 七時二十分見劉安祺、李及蘭、郭懺，八時辭去。即見余漢謀、顧祝同，二十五分辭去。即見閻錫山，四十分辭去。即見賈景德，九時辭去。即見李漢魂，三十五分辭去。即見黃鎮球，十時五分辭去。即見歐陽駒，七分辭去。即乘車赴廣州天河機場，中美號專機起飛。十二時三十分飛降重慶白市驛機場，十三時十五分抵林園行邸。居花園即見張群、錢大鈞、楊森、徐永昌，商準備召見西南軍政人員事宜；五十分辭去。十六時十五分見徐永昌，二十三分辭去。十七時二十五分外出，十八時三十五分返。四十分晚餐。十九時四分見張群，二十五分辭去。夜住林園行邸。 抵渝發表書面談話。	晴 晚雨	七時半起召見劉安琪、余漢謀重要將領十餘人，再叮囑墨三、握奇澈底改正其已往之部署，未知其果能實施否？九時後由穗起飛，正午十時半到達重慶白市驛機場。岳軍、子惠〔楊森〕等來迎，同入林園後院之屋。申刻〔四時〕與經兒巡遊園內與正屋，展謁林〔森〕主席陵墓。行至紫薇廳。即在廳樓上與岳軍談話，召集西南軍政人員來會辦法。晚餐後再與岳軍談軍事政治等問題。彼並未再提辭職之事。
25	十時五十分在行邸附近散步，十一時返。十分見黃少谷、陶希聖，二十分辭出。十二時七分見警察二總隊長彭斌，十一分辭去。十		朝課記事後遊覽前院，欣觀紫薇，與少谷等談話時，見報載甘介侯對美白皮書之聲明，內容離奇無稽，不可想像。德鄰竟派其為駐美私人代表，必敗國事，乃即令少

六分見黃少谷、陶希聖，二十分辭出。即見楊森夫婦及竺培風之女友冰，三十分同進午餐，十五時辭去。十七時二十分見黃少谷，二十五分辭去。即見錢大鈞，三十五分辭。即見四川省主席王陵基，十九時辭去。十九時五分至附近散步，二十時返。二十一時晚餐。

上陰
下晴

谷、彥棻糾正其荒謬，以免被俄國駁斥牽累國格也。正午約子惠帶孫甥女〔竺〕友冰來見，其相一如培甥〔竺培風〕，已能言行，不禁悲歡交集，含淚暗傷，如培風同來則喜何如之。

26

十時二十分見黃少谷、陶希聖，十一時二十分辭出。見衣復恩，三十分辭出。十三時見四川綏靖司令孫震，十四時十分偕孫氏、王陵基同進午餐，二十五分辭去。十七時五十分見第六編練司令李彌，十八時辭去。即見第七編練司令羅廣文，四十分加見張群；十九時羅先辭去。即見第六編練副司令余錦源、第七編練副司令郭汝瑰、潘華國、四四軍軍長陳春霖、參謀長趙秀崑；十五分辭去。即見一一〇軍軍長向敏思及趙德樹，二十分辭去。三十分偕張群茶點，二十時辭去。五分至花園散步，三十五分返。二十一時二十五分與蔣經國晚餐。電令浙省主席周嵒，轉知各軍對船隻之管制與處理。

晴

朝課後與少谷、希聖談宣傳與中央社電稿多不妥當，編輯更無人負責為慮，並談對滇康方針後，批閱檔時接蘭州已於昨晚撤守，電信中斷之報。此乃意中之事，然猶望匪之錯誤而焉能幸勝也。徒呼奈何。正午留孫德操〔震〕聚餐，彼乃一公忠之將領也。下午修正空軍學校二十周年紀念文，召見李彌、羅廣文、向敏思等各將領六、七人，並與岳軍談戰局，蘭州撤守以後，四川軍略應重新作全盤之打算也。

日期	侍從所記日程	天氣	蔣介石日記摘錄
27	七時四十分起床，十時二十分早餐。十一時花園散步，十二時五分返。十三時三十五分見王纘緒、向傳義、黃季陸、劉雨卿、宋希濂、唐式遵、嚴嘯虎、曾擴情、黃少谷；十四時同進午餐，十五時二十分辭去。十七時四十五分召見西南長官公署所屬團長以上人員訓話，十八時三十分辭去。三十五分乘車外出，經山洞至沙坪垻（壩）南開中學訪張伯苓先生。嗣經小龍垻、化龍橋、上清寺、兩路口、復興關、大坪、孫家灣、義橋山洞，於二十時三十五分返林園行邸。二十一時二十五分見羅廣文，四十五分偕蔣經國同晚餐；二十二時十分羅辭去。二十三時三十分見馬步芳，二十四時辭去。 駐日代表團曹士澂組長報陳，籌組日本軍事顧問事，在日方由岡村寧次負責。將來集中廈門，並為之運用港口，作軍事部署。 蘭州撤守。	晴	朝課後記事，朝餐遊覽園中，與宋希濂談話，聽取其川鄂湘邊區軍事報告。正午約川中向育仁〔傳義〕、王治易〔纘緒〕等聚餐，談其四川自己委員會與省府經過之糾紛約一小時餘，擬設法為其調解，並告其本黨黨員組織鬆弛，凡有一會議，最後必為共匪摒入利用，尤以態度不可不明也。下午召見重慶附近各團長，訓示。據報，傅作義已到包頭，其必為匪來包，說服其舊部降匪，未知其脫離匪巢後果能恢復其志節否？應設法勸導之。

28

八時三十分起床，十時二十五分早餐。三十五分見黃少谷，十一時五分辭去。即見宋希濂，聽取川、鄂、湘邊區軍事情勢報告；十一時三十分辭去。十二時三十分花園散步，十三時十分返。即見黃少谷，十五分辭出。即見貴州省府主席谷正倫，聽取滇省政情報告。十四時加見谷正綱、黃少谷、十九兵團司令何紹周、第八軍軍長劉伯龍、保安司令韓文煥，以瞭解黔省近情，並同進午餐；三十分辭去。十六時五十分見曹天戈、第八軍副軍長柳元麟，十七時辭去。十分外出散步，二十五分返。即見西北副長官胡宗南，對西北今後部署與協調有所指示；二十時三十分辭去。即外出赴曾家岩張長官群公館晚餐，二十三時二十分返。

朝課後記事，批閱文電。與宋希濂談話後，遊覽園中，甚愛紫薇花色，瀏連不忍去也。與少谷談對川政策，其複雜情形，思之可痛可厭。正午與谷紀常（正倫）談滇黔政情。彼對滇局之處理意見與我實同也。下午召見宗南研討川陝戰局，與西北今後戰略有二小時之久，更覺四川可以穩定，不慮陝甘共匪來侵犯，但必須加倍努力。晚課後應岳軍之宴，在曾家岩舊寓，其味津津，實近年來所不能常嘗之珍饈，但其餐並不豐也。

29

八時十分起床，十時二十分早餐。三十分乘車外出，至西南長官公署，出席作戰會議，檢討各方情勢，拒共軍於川境之外，以隴南、陝南為決戰地區。午後派俞濟時赴昆明訪盧漢主席，命其來渝（重慶）晤談；十六時十五分車返。十七時三十分見李彌、卓

晴

朝課後記事，十時到長官公署，開會。除盧漢未到，其他川、黔、康各省主席與川、陝、甘及川、鄂、湘各邊區將領，宗南、希濂等皆到會檢討與指示，直至十三時後方畢。決定拒敵於川境之外，以隴南與陝南為決戰地帶也。下午召見李彌所部各師長，准其編成三個師，召見渝市黨部各委員點名，詢問與訓示畢，孫震、宗南等

日期	侍從所記日程	天氣	蔣介石日記摘錄
	立、孫進賢、李德元、石建中、李彬甫、辜承燧等；十八時二十分辭去。即外出散步，十九時返。四十分赴林園禮堂出席會議，二十時十五分返。二十一時十五分見劉文輝，三十五分偕同王纘緒、鄧錫侯、向傳義、鄧漢祥等同進晚餐；二十二時四十分辭去。即赴林園禮堂參加晚會，零時二十分返。		來要求常川駐渝坐鎮，婉言慰之。晚課後約劉自乾〔文輝〕、鄧錫侯等晚餐，皆攻擊王方舟，殊為難也。
30	八時三十分起床，九時五十分外出散步，十時十分返。二十分早餐。十四時二十分午餐。十六時三十分見黃少谷，十七時五分辭出。二十分見胡宗南，二十八分辭去。即見第一綏靖總指揮王陵〔淩〕雲，四十五分辭。即見曾擴情，五十五分辭去。即見潘文華，十八時二十分辭去。即見四川省議會議長向傳義，十九時辭去。即外出散步，四十分返。二十時三十分外出散步，五十五分返。二十一時二十分晚餐。四十分見楊森，二十二時五十分辭去。即見何紹周，二十三時五分辭去。	晴	朝課後記事，批閱文電，下午約見宗南、育仁〔向傳義〕等。而方舟對育仁又驕矜不禮，毫無政治作用，省參議會對省府又取敵對態度矣。巡遊林園二次，憂心悄悄，不能自解。晚課後約子惠談川局，屬其設法勸王謙和，轉變作風，未知有效否？見何紹周後，就寢。

31
八時起床，十時二十五分早餐。三十五分見楊森，四十五分辭去。即見胡宗南，十一時五分辭去。八分見谷正倫，三十分辭去。五十五分見空軍第三軍區司令晏玉琮，十二時辭去。十二時五分見貴州綏署副主任陳鐵，十五分辭去。即見八軍軍長劉伯龍，二十分辭。五十分見貴州省保安副司令韓文煥，十三時五分辭去。即見俞濟時，呈報奉命赴滇晤見盧漢，促其來渝之經過，四十分辭出。五十分午餐。十四時十分見滇省秘書長朱源泉、民政廳長楊文清，三十五分辭去。四十分見何紹周，五十五分辭去。即見徐煥昇，十五時十分辭去。十七時四十分見孫震、孫元良，十八時十分加見宋希濂、湘西暫一軍軍長王育瑛、暫二軍軍長張中寧；四十分張先辭去。四十五分加見邱淵、袁進機、錢大鈞、劉宗寬、徐遠華、陳永福；十九時宋氏先辭，十九時十五分均辭去。三十五分見毛人鳳，五十分辭去。即見唐儀，二十時七分辭去。十分外出散步，三十五分返。二十一時四十五分見張群，五十五分同晚餐，二十三時十五分辭去。
晴
朝課後，與楊子惠談調解要旨後，宗南來辭行。記事後約見谷紀常，決提其為滇黔剿匪總司令。指示對滇部署與要務。復見黔省各將領。正午俞局長由滇回報，盧果不來，乃派其朱秘書長與楊文清為代表，示其已為龍雲所部與共匪所包圍，復以其本人不明利害、不識大體，玀玀之習性，不能感化，乃不得不作斷然處置，以保全西南而回復興之基地。下午約見盧之代表，婉悅接待，三時後，致季常〔紀常〕函指示具體辦法。

日期	侍從所記日程	天氣	蔣介石日記摘錄
9月1	重慶林園行邸。 七時五十五分起床，九時十五分花園散步，五十五分返。十時十分早餐。十一時十五分見楊繼曾，商軍火增產事宜；四十五分辭。即見張羽翔，五十五分辭去。即見宋希濂，十二時十五分辭去。二十分見美籍記者勞爾，十三時辭。五十五分偕賀國光同進午餐，十四時四十分辭去。十六時四十分見俞濟時，五十分辭出。十七時五十五分見吳允周，十八時十六分辭去。即見朱鉅林，二十二分辭去。即見劉文輝，四十五分辭去。五十五分見龍韜，十九時十分辭去。即見李放之，十四分辭。即見滇省盧漢主席代表朱麗東，說明盧未能奉召來渝之原因；二十五分辭。即見徐永昌，談赴綏訪傅作義經過；三十五分偕同在花園散步，二十時十分同返，四十分辭去。二十一時二十五分偕蔣經國晚餐。五十分花園散步，二十二時五分返。三十分見劉龔德，四十五分辭。	晴	朝課後記事，約見希濂等研討武器增產與滇南軍情，對希濂切戒其浪漫自私，教其剿匪戰術要領。正午手題林園各廳樓堂匾額，此乃抗戰時之所思而未完成之事，今始了此心願。下午批閱公文會客，至晡七時次辰來報傅作義來包綏後動態與言論，更明其為共匪妥協主持西北而來也。晚課後巡遊園內一匝。

2

晴風向不定，悶熱非常

七時四十五分起床，九時四十五分見張羽翔，四十七分辭去。十時五十五分見谷正綱，十一時辭。即早餐。十分見徐永昌，三十分辭。十二時五十分花園散步，十三時五十五分返。即見徐永昌、馬鴻逵，瞭解西北處境；十四時二十分同進午餐，十五時十分辭去。十七時三十五分見重慶參議會議長范眾渠，五十分辭去。即見內政部次長何彤，十八時辭去。即見楊森，二十分辭去。三十分見錢大鈞，四十分辭。二十時外出散步，二十分返。二十一時三十分見王陵基，並同晚餐，二十二時五分辭去。重慶市區大火延燒十餘小時，災民達四、五萬人之多，至表哀痛。三十分外出至電臺廣播，以安定民心，零時十分返。

上午修正廣播「九三」勝利紀念對重慶民眾文稿後，與日人根本博談話，討論組織反共義勇軍事。正午約馬少雲與徐次辰聚餐，談商寧夏部隊今後行動之方針與傅作義之態度。聞其將發表政治主張，殊為駭異，切囑少雲部隊自主的決定計畫，毋以傅之態度為轉移也。下午又修正廣播稿，會客，督促羅部向川北移動，及其行軍日程之規定。晚課後約方舟〔王陵基〕聚餐，指示其對各方謙和合作，勿為眾怨之府，而對張長官與向議長尤應恭順毋忽。

3

陰

七時五十五分起床，九時四十五分早餐。五十分見黃少谷，十時十分辭去。即見徐永昌，四十分辭去。四十七分見江防艦隊司令葉裕和，五十五分辭去。即外出，十一時三十分返。十三時三十分見空軍地區司令晏玉琮，四十分辭去。即見李彌，四十五分辭

朝課後囑少谷調處川中內部，令經兒慰問火災區，以本黨名義賑捐五萬銀圓。延燒八千餘戶，死傷數百人，實為重慶空前之火災。上午約見次辰等畢，復見根本博，決定組織新軍方案。指示要旨後即令回廈。手書湯函十餘紙，詳示組軍應準備事項。下午召見馬繼援，不料其部五萬餘人完全潰散，只留騎兵兩團，而彼隻身飛渝，

日期	侍從所記日程	天氣	蔣介石日記摘錄
	去。十四時二十五分午餐。十七時見馬繼援，查詢寶雞戰事失利情形；十五分辭去。二十五分見黃少谷，四十分辭去。十九時五十分外出散步，二十時返。四十分見向傳義、黃少谷，並同晚餐；二十二時二十分辭去。 本日及昨（二）日曾見日人根本博，談組織反共義勇軍及組織新軍案。		避不來見，可歎，西北從此無法矣，奈何。
4	七時五十分起床，九時二十分外出散步，十時返。十時二十分見張群，商西南局勢，並關注滇局勢；十二時辭去。十二時十分見劉兆藜，二十分辭去。即見任星炳，三十分辭去。即見傅秉勛，四十分辭去。十四時午餐。十六時四十分外出，於十八時三十五分至黃山官邸進住。十九時三十分附近散步，二十一時四十分返。即偕國防部次長蕭毅肅同進晚餐，二十二時十五分辭去。夜宿黃山官邸。	晴	朝課後得盧漢昨夜致岳軍電，其自動欲來渝晉謁。又得粵電稱，李今日召集臨時非常會將提國防部長之更換，及追究西北與福州失敗之責任，及至會畢皆未提及以上各事，是其必為滇事先求解決，並強欲以魯道源為主席也。上午與岳軍談滇盧事甚久，另見三人。經兒送向議長飛成都以了結省府與議會之糾紛。下午，與黃少谷商談盧事畢，即乘車經九龍坡、聽江亭遊覽，唏噓約半小時，聽取火災詳情，死約千人，慘痛極矣。

日	行程	天氣	記事
5	七時四十分起床，九時十五分花園散步，見張群，十一時同返，並進早餐，五十分辭去。十二時在黃山見谷正綱，二十二分辭去。三十二分見甘麗初，四十分辭去。十三時四十分赴雲峰參觀中正福幼村學校情形，並參與會議；十四時十五分返黃山。三十分見陳文淵，並邀亞洲之聲主編山德司夫婦等；三十五分同進午餐，即席表示反共必勝信念；十五時十五分辭去。四十五分車離黃山，十七時四十分抵九龍坡行邸休息。旋即車赴西南長官公署，以茶會招待渝上各界人士；十九時離，二十時車返林園。二十一時十分偕蔣經國晚餐，三十五分附近散步，二十二時返。	晴 氣壓甚低極悶	蕭毅肅由粵來，告桂系對滇對顧之目的，必欲取而代之。而薛岳為其個人權利之爭，不遂其所欲，乃竟與桂李合流，明為攻顧而實為反蔣，必欲將中央所有軍隊供其在粵作無謂之犧牲，消滅盡淨而後快也。本日丑初即醒，考慮滇事應以對桂方針如何為基準，而以盧事如何處理為附件，乃決允桂之所求，委魯主滇以顧全湘粵之戰線。故決去盧之方針以處置一切。
6	七時二十分起床，十時十分早餐。十一時見黃少谷，二十分加見錢大鈞及第七編練副司令王錫鈞、參謀長趙秀崑；三十五分均辭去。即見張群、黃少谷，十二時三十分另見何紹周，十三時五分辭去。四十五分張、黃辭出。十四時五分復同午餐，黃於四十分	雨	昨上午與岳軍商談滇事之處理，決令盧漢中止來渝，乃派其代表楊文清返滇，明示方針，進與退皆賦予具體辦法，任其自定也。約見正綱，報告余程萬軍情形，再約甘麗初，告其對滇事考慮後再覆白也。本日朝課後，聞盧漢決於下午來渝，此事又生波折，恐更不易處理。乃約岳軍研討滇事，仍待盧到再定一切。

日期	侍從所記日程	天氣	蔣介石日記摘錄
	先辭出，張於十五時十五分辭去。十八時四十分見盧漢，張群陪同，十九時三十分辭去。三十五分花園散步，五十五分散步返。二十一時五十分復偕盧漢、張群、黃少谷、俞濟時、蔣經國同進晚餐；二十三時除張群外均先辭出。即見滇省秘書長朱麗東、省黨部代主委裴存藩，二十五分加見谷正綱；五十五分均辭去。盧並留宿林園招待所。		約見何紹周與王錫鈞等。下午盧果到渝會晤，略談。彼流淚至再表示其苦衷與精誠也。
7	八時三十分起床，十時五分早餐。三十分見陸軍總司令關麟徵、陸軍官校校長張耀明，三十五分辭去。四十五分花園散步，十二時返。十二時五分見張群、盧漢，作個別最後之談話；十四時十五分同進午餐，三十分辭去。十六時十五分見盧之代表朱麗東，四十分辭。即見湖南省主席黃杰，十七時五分加見蔣伏生，十五分辭去。即外出散步，二十時十五分返。二十一時三十五分見張群，五十分加見閻錫山、徐永昌、盧漢、黃少谷，並同進晚餐；二十三時三十分辭去。	雨	復見岳軍、少谷、毅肅商討對盧方針，僉主予以合理之接濟，與增加兩軍之番號，表示信任與全權授之，但此不能為政府明言，否則反對者，尤其桂系必以余為獎惡欺善，更增其誹謗之口實。十一時至十二時，與盧懇談二小時之久，申之以道義，動之以利害。談話結果，彼似皆領受意旨。下午閻院長自粵飛來，奉李命囑余扣留盧漢，勿使回滇。余明告其不可之意，不惟道義應如此，即利害亦應令回，否則滇事即將為龍雲與共匪乘機而得，更難解決。

8	七時五十五分起床，十時十分早餐。二十四分見朱麗東，三十分辭去。四十五分見張群、蕭毅肅；十一時二十分蕭先辭，三十分張辭去。即見徐永昌，五十五分辭去。即見黃杰，十二時五分加見蔣伏生，十分均辭去。即見裴存藩，二十分辭去。五十五分赴曾家岩老官邸，偕同閻錫山、徐永昌、盧漢、黃少谷、朱麗東同進午餐；十五時二十五分返林園。即見何紹周，二十五分辭去。十八時四十五分見閻錫山，商解決李代有意以魯道源替代盧漢主滇事，決定委請張群赴穗斡旋；二十時十五分辭去。十八時外出散步，二十五分返。二十一時四十分赴老官邸，偕閻錫山、徐永昌、谷正倫、谷正綱同進晚餐。嗣偕谷正倫同返林園，二十三時二十五分谷辭去。	上雨 下晴	朝課後與岳軍再談滇盧事。昨夜已擬定肅清滇中共匪與反動分子，令稿四通。聞已表示其實施之決心，乃發其剿匪經費一百萬銀圓，以堅其心志，未知其回滇後是否仍為其環境所阻為念。寫李、徐各函後，到閻寓聚餐畢，特與永衡〔盧漢〕作最後之談話，促其即日行動，自愧對於外交事之要旨未能中肯，與於我有利各點，反漏而未述耳。
9	七時四十分起床，九時五十分早餐。十時乘車外出，送閻院長赴白市驛機場返廣州，十二時五分返。十四時五分見趙廣信，十分加見貴州省主席谷正倫，二十分同進午餐；四十分趙先辭去，十五時五分谷辭去。十八時	晴上 午重	本日為總理第一次革命起義紀念日，時用慚惶。朝課後記事，九時與伯川談國防部長問題。余告其如白必欲爭取國防部，則國軍內訌必起，彼除奪取美援以外，必須澈底毀滅本黨所有基本軍隊為目的，此不能不為之防制，如此不如余自出任總司令，而任白為參長，使之安

日期	侍從所記日程	天氣	蔣介石日記摘錄
	三十分遷離林園。二十時十分抵黃山官邸進住，即至附近散步。二十二時五分晚餐。夜住黃山官邸。	霧	心，但其態在毀滅基本力量，恐其不能容忍耳。伯川甚贊成余說，且其喜形於色也。同訪馬少雲後送其上飛機回穗。
10	七時四十五分起床，八時花園散步，九時返。五十分早餐；十四時午餐。十八時偕經國同車外出，至大興場江邊放牛坪、盧元垻一帶，後循原路於十九時五十分返邸。五十五分見蕭毅肅，二十時十五分辭去。二十二時偕谷正綱、陶希聖、黃少谷、蔣經國同進晚餐；二十三時辭去。衡陽失守，綏遠、寧夏及新疆三省亦告相繼淪陷。	晴	朝課體操後巡遊福幼村一匝，到歲寒亭讀唱靜默約五十分，乃登右巔眺望四周山景，更覺黃山可愛也。獨在雲岫靜思深慮，今後積極工作，錄雜錄欄十二項後，審閱袁守謙對同學會工作之條，能先得我心也。下午與經兒乘車經放牛坪向廣元壩，以江橋被淹不能渡江而回。見蕭毅肅，對寧夏部隊令轉移隴南。又聞昆明已於上午開始逮捕反動分子，如其事果確，則雲南局勢穩定矣。
11	八時起床，九時五十分赴老草房，十時二十分早餐，十一時四十分返黃山官邸。十二時五分見錢大鈞，五十五分辭去。即見袁守謙，十三時四十五分辭去。即見毛人鳳，十四時四十分偕同袁守謙同進午餐；十五時辭去。十七時見毛人鳳，二分辭去。十八時三十分見甘麗初，持陳白崇禧函件，談有關雲	晴 88度	見守謙商談同學會組織問題，及要求國防部整頓紀律，核實名額等事，囑人鳳飛昆明協助清共事宜。午後見劉耀東，獎勵其脫險率部來歸也。美參議員康納利受反動宣傳，竟在其議會與反動黨激辯援華問題，誣衊我把持公款，私藏於臺灣，當時議員反對其失言誣衊，責其應向余道歉，而此事實我宣傳部毫不注意宣傳，反被美聯社先將誣蔑語意作反動宣傳，徒使我國人又發生一種不

南政局事，並同進茶點；五十五分辭去。十九時三十分見李彌，談粵中部隊之部署紊亂；二十時辭去。五分外出散步，二十一時返。五十五分偕李彌、蔣經國晚餐，〔二十二時〕十五分辭去。二十分外出散步，三十分返。

良與悲觀影響，故痛憤不已也。

12

離黃山飛成都。

七時二十分起床，九時十分早餐，十時十分離黃山官邸，十一時車抵九龍坡行邸。即見馬步青，十五分辭去。十一時三十分座機由九龍坡機場起飛，越一小時抵成都鳳凰山機場，行程保密，僅空軍第三路司令徐煥昇迎接。十二時五十五分抵成都軍校。十三時三十分見關麟徵，三十五分辭去。十四時五分見王陵基，二十分辭去。十五時四十分偕蔣經國、俞濟時同進午餐。十七時十五分見劉文輝、向傳義，四十分辭去。即外出赴戴故院長傳賢墓致敬。十八時三十分返校。即見黃季陸，五十五分辭去。即見王陵基，十九時辭去。即外出散步，三十分返。二十一時

渝晴
蓉陰

手書余程萬令，集中待命，勿斷交通。九時半到九龍坡見馬步青，詢以西北近情，擬令其赴西北收拾殘局也。正午飛到成都。此次來蓉秘密，未使其主官探悉，最為難得，私心甚慰。入軍校駐舊室，一切如舊，毫無變更，亦甚自慰。下午與向育仁〔傳義〕謁季陶夫婦之墓，感想萬千。回途巡視城內，待返校見客畢，在校後城牆上與經兒散步遊覽。

日期	侍從所記日程	天氣	蔣介石日記摘錄
	四十分偕關麟徵、軍校教育長吳允周、俞濟時、蔣經國同進晚餐；二十二時辭去。五分外出散步，二十分返。夜宿成都軍校。		
13	七時五十分起床。十時在軍校新生社，召集官校幹部訓話，勗勉養成吃苦風尚。十時三十分早餐。十一時二十分外出，至外南劉故主席甫澄〔湘〕墓園致禮。十七時三十分見徐中甫、周池戶、顧善，五十分辭去。即見熊錦帆〔克武〕、劉積之、向仙樵、李鐵樵、鍾鈞友、張斯可等，十八時十分辭去。即見劉世哲、李克熙、王道義、許應康等，十五分辭去。二十分外出散步；十九時五十五分返。即見焦易堂、章嘉活佛；四十分章先辭去，四十五分焦氏辭去。五十分外出散步，二十時返。二十一時三十五分偕曾擴情、漆中核、許伯超、陳紫興、易秋澤、李伯英〔宗〕、陳錫孝、谷正綱、陶希聖同進晚餐；五十五分均辭去。二十二時十分散步，三十分返。（天熱，無冷氣，在軍校）	陰	朝課後，召見軍校處長、大隊長以上高級將校訓話畢，往劉甫臣〔湘〕墓地致敬，回寓見任覺五，談四川內情。晚課後先見民、青兩黨代表，再見耆老後，見陣亡將領遺族劉甫臣、王銘章、李家鈺等遺孤。五時約各界人士茶會，講演半小時，由向議長致答詞後散會，神態和愛可慰。另約章嘉活佛單獨談話，不知新班禪下落為念。焦易堂來報告青海河西軍心民氣皆可大用，應督促子香〔馬步芳〕父子速回，則西北仍大有可為也。

14

八時五分起床，九時四分早餐。十分外出散步，三十分返。即見王陵基，四十分辭去。十二時外出，至華西大學參觀並治牙疾，四十分返。十四時十五分見熊克武、向傳義、冷曝東、方叔輝、王鑽緒、鄧錫侯、王陵基、曾擴情、黃少谷、陶希聖、谷正綱、何宗杰等十二人同進午餐；五十分辭去。十七時三十分見四川省政府委員、廳、處首長講話勉勵，十八時辭去。五分見前十三綏署副司令郭昂旗，八分辭去。即見陳萬興，十五分辭去。即見成都電信局長方硯農，二十分辭去。即見前五十軍軍長田鍾毅、參謀長蔣蔚成，二十五分辭去。即見劉國鏞、張右龍、吳紹麟、張凌高，三十分辭去。即見陳翰珍、楊宗正、張正丞，五十分分辭去。二十時散步，三十分返。二十一時三十分見財長徐堪，五十分同進晚餐，二十三時三十分辭去。

本日行政院院會通過任湯恩伯為福州綏靖主任，以替代朱紹良，此案李代曾有不同意見。

晴

朝課後記事，九時對軍校全體師生訓話畢，約見政治學校及軍校各畢業生代表數十人點名訓話。下午召見省府各廳處長等三十餘人畢，約見川中退伍將領與民、青兩黨代表。晚課後，與可亭談財政，至十時後，彼尚咻咻不息也。

本日雲南清共方針正在進行實施。余程萬軍當不致與滇保安團衝突，寸衷略慰。而川中人事與粵中政治紛亂及財政問題，尤其西北惶怕無主更生憂慮也。

日期	侍從所記日程	天氣	蔣介石日記摘錄
15	七時五十分起床，十時早餐。十四時二十五分午餐。十七時五分見空軍三區司令徐煥昇，十五分辭去。四十五分見九十五軍軍長黃隱、一二六師師長謝無圻、一〇四師師長傅炳勛，十八時辭去。即見峨嵋守備司令劉樹成、成都警備司令嚴嘯虎、軍校副教育長吳超舞，四十五分辭去。即見軍校勤務團團長趙利華及營長劉殿揚、章維亞，十九時十分辭出。即外出散步，二十一時四十五分返。即見陸軍總司令關麟徵、軍校校長張耀明，同進晚餐；二十三時十分辭去。	晴 陰悶 夜 大雷 雨	朝課後八時修牙畢，記事，與羅廣文等談話。十時單獨召見軍校總大隊長等，考察其履歷，多半未帶隊伍作戰者，甚至畢業後即留校服務十餘年之久而未曾外調者，制度不立，無怪乎失敗也。但其中尚有優秀可為練新軍之用也。召見四川現役將領及軍校官長畢，在城上散步遊覽，城堞多半塌倒為慮。晚課後約關、張聚餐，商談軍校編練新軍事。
16	八時十分起床。九時三十分見關麟徵，五十分辭去。即見第一編練司令王錫鈞、副司令李永中，十時五分均辭去。三十分早餐。十一時四十分見王纘緒，十二時十五分辭去。十四時五十分偕蔣經國午餐。十七時十分見吳允周，二十分辭去。即見吳起舜，二十五分辭去。即見楊坤壽、李拜藩，三十分辭去。即見李樵、李子英、馬昆山、李清芳、		決定軍校畢業生分派計畫，考選其三分之一為政工之用，另留三分之一為本校編練新軍之用，此亦建設性剿共反攻之重要計畫也。與王治易（纘緒）談川事，彼等狼狽互助而又暗中摩擦，同床異夢，面是心非，其言行真可笑也。為傅作義強制其部屬通電降匪事不勝憤忿，幸尚未發表，不知次辰飛綏勸阻尚能及否。

謝寶珊、常海清、李樹華、李炳如、趙文鈞、張鐵僧、李可行、蕭端重、楊永俊、黃少谷、李蜀華、彭宗佑、伍興國，十八時五分均辭。即見冼大啟，二十分辭去。四十分外出散步，十九時三十分返。二十一時五十分見方叔軒、林則、胡鏡克、徐樂全、詹叔儀、鄧英民、王朝雋、周少吾、吉士道夫人等，並同進晚餐；五十五分均辭去。

17

自成都返重慶。

七時四十五分起床。上午分別與下列人員談話。九時二十五分見王陵基，四十分辭去。即見關麟徵，五十分辭去。十時早餐。二十分見劉文輝，三十分辭去。十一時見鄧錫侯，十五分辭去。三十分車離成都軍校，十二時由鳳凰山機場起飛，十三時十五分返抵重慶九龍坡機場，即偕張群至九龍坡行邸會談；十四時五十分辭去。即離，於十五時三十分抵黃山行邸，十六時五分午餐。十九時四十分見郭寄嶠，五十分辭去。二十時至草房靜坐，二十一時十五分返。五十分偕蔣

上陰
下晴

朝課後手書劉任、周嘉彬、黃祖熏〔壎〕各函，勖勉河西各將領團結抗匪。上午召見關、王、向、劉、鄧、張各將領，單獨談話，切屬劉文輝澈底清除其所掩護下之共匪分子，以昭信用。及見王方舟函件，不禁駭異惶恐，實不適再令從政。言念在粵經過之報告，約一小時餘畢，再渡江到黃山午餐已三時矣。下午約見寄嶠，此實有為之將領也。晚課畢，聚餐後，談西北問題，再修正告黨員書，仍覺不妥之處甚多。

日期	侍從所記日程	天氣	蔣介石日記摘錄
	經園、郭寄嶠、谷正綱、陶希聖、黃少谷等同進晚餐；二十二時三十分辭去。住黃山行邸。 福州陷落。		
18	八時十分起床，九時三十分附近散步，十時二十分返。十三時見新疆警備司令部副參謀長左曙萍，十分辭去。即見三十九軍一〇三師師長曾省之〔元三〕，二十分辭去。三十分見張群、滇省保安旅長龍澤滙。四十分偕張、蕭毅肅、李彌、左曙萍、曾省之、龍澤滙、蔣經國同進午餐；十四時三十分辭去。十六時四十五分至草房茶點，十八時四十分返。二十一時十分偕蔣經國、吉士道、林則、熊丸、夏功權同進晚餐；四十分均辭去。四十五分外出散步，二十二時返。	陰	朝課後重視望江亭位址，其四周風景當為黃山第一矣。在歲寒亭朝餐後繼續修正告書，足有三小時之久。正午召見左曙萍、曾元三、龍澤滙等將領聚餐。下午巡遊黃山南區，與少谷等商談粵情，及告黨員書發表地點與日期。最後決在重慶即日發表，使粵中思叛之徒或有所感悟也。
19	八時二十分起床，九時五十五分附近散步，十時十五分老草房早餐，十一時五十分返。十五時偕鄧文儀、參軍徐會之、駐韓武官劉曦昭、國防部政工處長李樹衡、王中柱、福	陰 夜雨	朝課後重修告黨員書，直至十四時方畢。下午召見鄧文儀等五人後，假眠畢，再修正告書，補牙，與岳軍談川康滇事與方針。晚課後，與寄嶠聚餐，談西北事被若輩貽誤至此，不勝唏噓，本令彼去重領西北，現恐無及

州綏署處長嚴澤元等同進午餐；五十分辭去。十八時二十分見張群，二十時辭去。二十一時偕郭寄嶠晚餐，二十三時十分辭去。平潭島陷落。

矣。

20

八時二十分起床，十時三十分早餐。十一時五分見龍澤匯，二十五分辭去。即見四川保安副司令王元輝，三十七分辭去。即見卿雲燦，四十六分辭去。十二時十五分見黃少谷，二十分辭去。十三時見楊森，三十五分加見民生公司經理盧作孚；十四時十五分偕同楊、盧及郭寄嶠、熊丸、吉士道等同進午餐，十五時十五分辭去。十七時三十五分見中委于學忠、石敬亭、高桂滋等，十八時十五分辭去。即見內政部調查局長季源溥及邊疆土司代表楊砥中、西康籍立法委員嶺光電等；三十分辭去。即見二十軍代軍長景嘉謨、及參謀陳德邵、伍明孚、一三四師師長蕭傳倫、二十軍師長楊漢立、參謀長郭大樹；十八時四十分辭去。四十五分附近散步，十九時五分返。即見徐永昌、八十軍軍長馬敦靜；二十時四十分辭去。二十二時偕

雨

朝課後召見龍澤匯、卿雲燦諸將領後，自讀告書再加修改。十二時與楊子惠、盧作孚談話。下午約見十餘人，修補假牙，再讀告書，自覺得意。晡見次辰，由綏遠與傅談話歸來報告者也。馬敦靜亦同來，決令其向武威敵後轉移也。

日期	侍從所記日程	天氣	蔣介石日記摘錄
	蔣經國晚餐，十五分赴老草房散步，三十五分返。 是日為中國國民黨改造，發表告全黨同志書。		
21	八時十分起床，四十分外出散步，十時十分在老草房早餐，四十分返。十一時二十分見郭寄嶠，四十分辭。五十五分見張群、蕭毅肅，十二時五十五分辭去。即見黃少谷、谷正綱、陶希聖、蕭毅肅，十三時十分辭去。十四時四十五分偕張群、谷正綱、黃少谷、陶希聖、衣復恩同進午餐；十五時十五分辭去。十七時四十五分車出，十八時三十五分抵西南長官公署，四十分赴朝天門火災區巡視，十九時抵重慶市市政府聯合辦公處巡視，五分離，赴沙坪壩南開大學巡視，二十分赴山洞馬鴻逵公館後，三十分車抵林園官邸。三十五分見徐永昌、馬繼援，囑馬返青收拾殘局。二十二時十五分偕同錢大均、郭寄嶠、左曙萍、曾擴情、何龍慶同進晚餐；	晴	上午與岳軍研究雲南剿匪計畫後，商議今後領導方式及對國防、財政等問題，決定在非常委員會內設置軍事、財政與外交三委會，一切重要政策皆在三委會公開決定，尤其存臺現金，亦移交財政委會保管，以免再受指責，但不知桂系果能滿足否。下午四時由黃山乘車，在海索溪過江，巡視火災區後，訪張伯苓先生辭別，再訪馬少雲〔鴻逵〕，彼即痛哭流涕，詳述其兄馬鴻賓降匪情形。晚接長治艦逃逸與沅陵失守消息，悲痛已極。

二十三時十分均辭去。五十分見方治、雷震，零時二十五分辭去。（夜宿林園官邸）

22

八時起床。九時三十分見周嘉彬，四十分辭去。即見左曙萍，五十分辭去。即見寧夏省代主席馬敦靜，十時辭去（擬召見馬繼援，以病不奉召）。即見胡競先，十時十分辭去。三十分早餐。四十五分偕張群同車出，十一時二十分抵白市驛機場，座機三十分起飛，十三時三十分抵昆明機場，十四時抵盧漢公館。即與張群、盧漢、蕭毅肅等會商保衛西南大局；五十分同進午餐。餐後並會見雲南地方人士周鍾嶽、繆雲台、裴存藩、朱麗東、楊文清及龍澤匯。十五時四十分離盧府，十六時十五分抵機場即起飛。十九時四十分抵廣州機場，李代總統、閻院長等官員在機場迎接。二十時車抵梅花新村，即與李代總統、閻院長等會談；二十時三十分辭去。即見吳鐵城、鄭彥棻、洪蘭友、顧祝同、桂永清、張群；五十分辭去。二十一時四十五分偕蔣經國晚餐。夜住廣州梅花新村。

晴

朝課畢，先召見周嘉彬，即張治中之婿，報告河西軍隊失敗及內部猜忌情形。復見馬惇靜（敦靜），言彼不能再回寧夏帶兵，否則必為共匪與馬鴻賓所扣留。復次再見騎兵學校胡校長。又見左曙萍，囑其攜帶親筆手書致陶峙岳等各將領，及致河西之劉任、黃祖熏（壎）委員長函，不知果有效否。十時後由渝起飛，十二時後到昆明，在盧寓午餐，致余、劉各將領信。下午四時由昆起飛，八時前到穗，與李、閻等略談西北情形後，再與鐵城等晤談。

日期	侍從所記日程	天氣	蔣介石日記摘錄
23	七時三十分起床，九時十五分早餐。二十分見俞鴻鈞，四十分辭去。即見鄒魯，十時辭去。即見閻錫山，十一時三十分辭。四十五分見吳忠信，十二時四十分加見張群；十三時三十分偕同張、吳及蔣經國午餐，五十分辭去。十五時二十五分見顧祝同，十六時辭去。十分見洪蘭友、鄭彥棻，五十五分辭去。即見將出國之于斌，及陶希聖陪，四十五分辭。即見黃鎮球，十八時二十分辭去。即見劉安祺，四十分辭去。十九時十分見桂永清，三十五分辭。二十時十五分見居正、陳立夫、洪蘭友，四十分同進晚餐，二十一時三十分辭。三十五分見袁守謙、鄭介民、劉詠堯、廣州衛戍司令李及蘭、參謀長譚毓麟、劉安祺、張鎮、黃珍吾，勗勉諸將領精誠團結至再；二十二時三十分均辭去。即見劉廉一，四十五分辭去。晚仍住梅花新村。	晴	朝課後，與伯川商討財政、政治等問題。彼地立法院開會在即，國防部長、參謀總長問題以及軍事失敗之責任與倒閣風潮皆不易解決為慮，而李代總統將其行政院決議案，湯恩伯綏靖主任之任命退回，不允簽署，此乃違憲之舉，彼亦所不惜矣。惟此事不關甚緊要，擬置之不予計較。與禮卿談政策後，岳軍至德鄰處商談組設三種委會，一切公開解決。討論三小時之久，而彼仍不以為然，必欲以白為國防部長，而對余之誣衊詆毀乃毫不顧忌矣。察其言行已不惜決裂矣。
24	七時十五分起床，九時早餐。二十五分見徐堪，四十五分辭去。即見余漢謀，十時三十	晴	朝課後回梅花村見徐堪報告財政，另約握奇，直告其言行隨聲附和之不當，並令其警告伯陵之荒唐狂謬之可

分辭去。三十五分見顧祝同、李及蘭，十一時辭去。十一時五分見張群、吳忠信、閻錫山、吳鐵城、洪蘭友、陳立夫、袁守謙、谷正倫、谷正綱、黃少谷、陶希聖、鄭彥棻、蔣經國；十三時五十分同進午餐，十四時十五分鈞辭去。十六時五分見三二一師師長喻英奇，三十五分辭去。五十分見韓國大使申錫雨，葉公超、黃少谷陪；十七時同進茶點，三十分辭去。即見尹鳳藻，四十五分辭去。十八時外出，五分抵歐陽市長公館，二十五分見周至柔、林蔚，五十五分偕周、林乘汽艇至海軍司令部巡視。二十時抵黃埔行邸，四十五分偕周、林及桂水清同進晚餐，二十一時十分辭去。夜居黃埔行邸。

痛，期其覺悟也。令墨三、及蘭指示保衛廣州計畫與工事經費之墊撥，限期完成。十一時召集閻、張、吳、陳等高級同志研討政策與出處，以時以勢似皆無法退避矣。否則亡國責任仍在於此也。桂系昨日之態度實已逼至最後關頭，而且西北全失，西南孤立，國族險危，若不再出，恐無報國之時矣。

25

七時十五分起床。十一時四十分見劉安祺、副司令詹忠言、鄭挺鋒、三十九軍軍長程鵬，十二時二十分均辭去。即見王世杰，十三時二十分同進午餐。十五時五十五分見白崇禧，十七時二十五分偕同外出赴花園新村開會，十九時二十五分返，二十時四十分晚餐。夜宿黃埔。

晴午雨

朝課後召見劉安祺、程鵬等，談北江與瓊州軍事方針後，與雪艇談出處問題。彼以軍事劣勢，徒負失敗名義，犧牲無益，不主出山。此時應忍耐與開誠團結，反共為唯一方針。下午白崇禧來談戰略與李代總統仍退為副總統，應由余復職負責之表示。余不表示可否，觀其意仍在國防部長也。余告其除出爾，我配合工作方能達成整軍目的，不然決無良法，以徒法不能以自行也。

日期	侍從所記日程	天氣	蔣介石日記摘錄
26	六時二十分起床，九時三十分早餐。四十分離黃埔，十時二十分抵梅花新村行邸。十一時見李代總統，討論一般局勢及國防部改組事，十二時二十五分辭去。即見黃少谷，四十分辭出。即見陳濟棠、王世杰；十三時同進午餐，三十分辭。四十五乘車外出，十四時抵農林橫二路行邸。十五時四十分見林蔚，五十分加見周至柔，十六時加見郭懺；二十分均辭去。即見馬超俊，二十六分辭去。即見葉公超，三十二分辭去。即見孫渡，四十分辭去。即見許孝炎，十七時五分辭去。即見侯騰，十分辭去。即見劉安祺、馬志超、沈發藻，三十分均辭去。四十分見張群、吳忠信、王世杰、陳立夫、洪蘭友、鄭彥棻、顧祝同、谷正綱、黃少谷、陶希聖；十九時均辭去。三十五分見白崇禧，白自請出任國防部長事，二十時二十五分辭去。三十分見俞鴻鈞，二十一時同進晚餐，五十分見張群，二十二時十分辭去。夜宿農	晴	由黃埔回梅花村，與李代總統談話約一小時餘。彼對國防部長問題仍堅持白健生出任，而對非常會軍事委會認為不能生效，表示不甚同意。余力說該會重要，必須白與余在會負責，一切公開誠意合作，經過一度共事以後，則白為國防部長時方能使全軍將領安心無懼。否則整軍目的必不能達成，而且適得其反也。其後果不堪設想，故堅持軍委會之設立也。

林橫二路行邸。

本日新疆淪陷。西北淪入鐵幕。

27

七時十五分起床，八時四十分早餐。五十分見吳忠信，九時辭去。即見薛岳，四十分辭去。即見黃少谷，十時十分辭出。即見顧祝同、周至柔、郭懺、林蔚，四十五分辭去。十一時見閻錫山、張群、吳忠信、吳鐵城、陳立夫、鄭彥棻、王世杰、黃少谷、谷正綱、陶希聖、洪蘭友，會商個人出處問題。十二時三十分見顧祝同，十三時三十分辭去。即偕同吳、陳、黃、陶、洪、谷等同進午餐，十四時二十五分均辭去。十六時見陳濟棠，二十五分辭。即見陳大慶、劉安祺、李及蘭、胡璉、梁華盛，十七時均辭去。即車赴寺通津訪于右任院長，五十五分返。十八時二十五分見顧祝同、張群，十九時二十五分加見洪蘭友、黃少谷；二十時均辭去。即見羅家倫、劉健群，五十五分同進晚餐；二十一時羅先辭去，二十二時十分劉辭去。

晴

十一時約高級幹部會商國防部長問題。桂系仍欲強求國防部，實有非達目的不可之勢。僉以時局嚴重為慮，伯川與禮卿皆以為不可再事遷就也。下午會客十餘人，陳大使報告菲總統之態度與意旨，對遠東聯盟事甚堅定也。岳軍、蘭友等來報桂系仍要國防部長，可恥。

日期	侍從所記日程	天氣	蔣介石日記摘錄
28	七時起床。七時五十分見胡璉，八時十分辭去。即見劉安祺，十五分辭去。即外出赴國防部，九時十五分返。三十分早餐。十時五分見余漢謀，三十分辭去。十一時見吳鐵城、張群，十二時辭去。十三時偕徐傅霖、郭寄嶠、朱家驊、杭立武、滇建設廳長張邦翰、滇省府委員張經翰、及國防部次長陳良等同進午餐；五十分辭去。十六時見李漢魂，十分辭去。即見李揚敬，二十分辭去。即見黎鐵漢，三十分辭。即見羅奇，四十分辭去。即見張鎮，五十分辭去。即見吳鐵城、谷正綱、鄭彥棻、黃少谷、陶希聖，十七時十分加見閻錫山、張群、吳忠信、顧祝同、陳立夫、王世杰、林蔚、洪蘭友；十九時二十分均辭去。即見李福林、李君佩（文範）、吳鐵城、馬超俊、陳慶雲、鄭彥棻、李漢魂、林巽中、鄒魯，並同進晚餐。	晴	朝課後八時往訪伯川院長，討論時局與軍政（國防）部長及財政部長問題。彼以為此時不宜任白以軍令、軍政大權職務也。十一時再與岳軍討論國防或參謀總長問題。五時召集會議，討論國防部與參謀總長，予白以一席，多主以參謀總長授白，國防部長仍舊閻兼也。最後結果，與閻切商如此辦法，則華中白部必調廣州，而廣州原有中央部隊必被參謀總長調赴前方，則政府與政局皆危矣。故決緩議，以待華中戰局之結束再議。
29	七時起床，八時三十分早餐。四十五分見薛岳，五十分辭。即見黃少谷，五十五分辭。	晴	朝課後約見伯陵，告以切勿兼任市長，為公為私皆有害無利也。與岳軍、雪艇談話，僉以為必須予白以參長方

九時外出，十分抵梅花新村三十一號行邸。十五分主持中國國民黨二一八次中常會會議，提示在非常委員會下設軍事、財政、外交三小組；十二時散會，十三時十五分返。三十分偕蔣經國午餐。十六時見廣州警察局長吉章簡，五分辭去。即見谷正鼎，十五分辭。即見趙琳軍長，二十五分辭去。即見俞鴻鈞、央行總經理霍寶樹，三十分辭去。即見張慶恩，十七時辭去。即見張群、黃少谷、洪蘭友，三十五分黃、洪先辭。即偕張群同車赴李代總統官邸會商，十八時二十五分偕張氏同返。四十分同進茶點，四十五分張辭去。二十時三十分見桂永清、陳質平、顧祝同、周至柔、林蔚、郭懺、陳繼承、蔣鼎文；五十五分同進晚餐，二十一時三十分均辭去。即見央行會計主任陳長桐，四十五分辭去。夜宿農林橫二路行邸。

能維持現局。余言余意已定，利害輕重禍福遠近皆已研究比較，不予其軍令權為最妥。而令墨三辭參長職，派次長代理，而不另委總長，以表示余之決心。下午五時半與岳軍往訪李代總統，面告其對國防部長與參長問題，決待華中會戰後再提白案，彼即同意，毫不勉強，此乃出乎意料之外。於是月來最難問題得告段落，但尚未解決耳。

30

晴

七時十分起床。八時三十五分見徐堪，九時辭去。即見洪蘭友，二十分辭去。三十分早餐。三十五分見賈景德，五十分辭去。即見宋宜山、國防部三廳三處賴成樑，五十五分

朝課後與可亭談財政現狀與閻院長心理，徐恐不能再留任矣。與賈秘長（政院）談財政與中央銀行人選關係，囑轉告伯川院長。伯川之意似太堅強，近於固執，不顧成敗與利鈍，無任系慮，但此時除彼外，再無第二人能

日期	侍從所記日程	天氣	蔣介石日記摘錄
	辭去。即見中航公司總經理陳卓林，十時辭去。即見美籍記者魏勞爾，五分辭去。即見中信局副局長何墨林，十分辭去。十時四十五分見顧祝同、周至柔、林蔚、許朗軒、侯騰，研討全盤戰局及部署兵力以保衛廣州之計畫。十一時四十分加見洪蘭友、黃少谷；十二時洪、黃先辭。餘繼續會談，十二時三十分顧、周、林等辭去。即見歐陽駒，三十五分辭去。即見錢新之，四十五分辭去。即見駐伊朗大使鄭亦同，五十五分辭出。十三時偕田崑山、鄭亦同、錢新之、歐陽駒、及交銀總經理趙棣華、陳惠夫、李中襄等同進午餐；三十分均辭去。十五時二十分見行院新聞局處長鮑靜安，二十六分辭去。即見戰車二團三營連長張得才，三十分辭去。即見黃鎮球，四十分辭去。四十五分外出，五十分抵梅花新村，見洪蘭友，十六時辭去。十五分見立委徐源泉，十八分辭去。二十分出席非常會議，通過成立財政、軍事、外交三小組及中常會通過國民黨澈底改造方案；十		不辭勞怨，為黨國負此重任也，奈何。 下午召集非常委會通過三個小組會規章、人選等。李德鄰神志冷淡，其不滿之意溢於眉目。昨今二日如出二人，可歎。彼無定見蓋如此也。然余已盡我心力與禮讓矣。

日期	記事	天氣	備考
	七時二十五分散會。十八時十分返農林橫二路。即見賈景德，二十五分辭去。即見黃少谷，三十五分辭。即見薛岳，四十五分辭。即見俞鴻鈞，五十五分辭。十九時二十分外出，至達道路乘汽艇，於二十時三十五分抵黃埔行邸；五十分晚餐。夜宿黃埔行邸。		
10月 1	七時起床。九時三十五分早餐。十一時十五分見顧祝同、張群、王世杰、陳立夫、黃少谷、陶希聖、谷正綱，十二時三十分加洪蘭友等同進午餐；十三時二十分均辭去。十五時五十分外出，十八時四十五分返。二十時五分晚餐。夜宿黃埔行邸。 中共在北平宣布成立人民政府。	晴	十時岳軍等來會，始悉鴻鈞為不願就中央銀行總裁而離穗赴港，聞之悲傷。時局如此，強人為難是不忍也，但非此不能支持現在政局，則困難更難挽救，乃令經兒飛港挽之，未知能有效否。與岳軍等討論軍事小組會開會時期，與余回臺之期有關，最好能在離穗以前組織完成，以免猜測，與予人口實耳。下午與彥棻談話，彼出示桂系在港機關報，以蔣、李二人對比，一毀一譽，並以美白皮書為資料的根據，其欲毀滅黨國已無所不用其極，奈何。
2	三時三十分漫步屋頂，六時十分起床，七時五分早餐。七時三十分外出，乘船赴東山，嗣於八時三十分抵農林橫二路行邸。四十分見張群，四十五分加洪蘭友，五十分辭去。即見郭懺、林蔚，九時加顧祝同、蔣鼎文，	晴	朝課畢，接恩伯電，以李對其任命反對之聲明，對部下威信全失，不能再駐廈指揮作戰，今日離職遠引之報，刺激異甚。湯在前方正與匪拚命作戰，而為代總統者竟出此荒唐聲明且激起府院之爭，太不識大體。八時後回梅花村，與岳軍及顧、林等商談立即飛廈慰

日期	侍從所記日程	天氣	蔣介石日記摘錄
	三十分辭去。五十五分見徐永昌，十時二十分辭去。即見徐柏園，三十分辭去。即見李樹俊，三十五分辭去。即見衣復恩，四十分辭去。五十五分見黃少谷、陶希聖、谷正綱，十一時五分辭去。三十分赴梅花新村，十二時返。三十分偕俞鴻鈞、蔣經國午餐，十四時十分辭去。十六時五分見閻錫山，四十五分辭去。五十分偕黃少谷外出，十九時十五分返。三十五分見廣州市長李揚敬，四十分辭去。即見蔣鼎文、顧祝同、林蔚，五十五分辭去。二十時外出，二十二時五十分返。二十三時四十五分見李及蘭、吉章簡，二十四時辭去。見劉安祺，零時十五分辭去。經任命為福建省政府主席之湯恩伯，以李代發表反對聲明，至感憤懣來電陳，即予勸慰。		湯，使其威信不失，繼續作戰。張、洪、黃各同志力加勸阻，余意已決，不能轉變，後以非常各委員力主對湯任命有一解決辦法後再行離穗為宜，否則李之誤會必甚，大局有關，應忍耐之，乃允其勸止。
3	自廣州飛返臺北。四時四十分起床。五時四十分見鄭彥棻，五十分辭去。即見雲南軍需處長楊林，六時辭	風雨	（本日以前日記因在川滇粵旅中，故另記第三冊。）五時起床，朝課如常，召見彥棻等畢，六時出發起飛，九時抵臺北入草山寄廬。得俄承認偽政府之報，何其速

	去。即乘車赴天河機場，二十五分起飛，十時返抵臺北後，至草山行館。旋強烈颱風襲臺，幸已安抵臺灣。十二時十分午餐。四十分車赴一賓館沐浴，十六時三十分返。十七時見陳誠，十八時十分辭去。十五分見王世杰、張其昀、陶希聖、董顯光、黃少谷、吳國楨、谷正綱、王東原等，並同進晚餐；二十二時二十分辭去。 今返臺北，住草山行館。		耶。下午與辭修商談東南軍政要務後，晚課畢，約辦公室各幹部商討俄偽事，及應否發表告書等問題。張曉峰甚以中俄友好條約為今日失敗之根，此乃書生之見，以成敗論人者也。正午與白健生親通電話，囑其調解府院隔閡，使之能安心剿共也。
4	六時五十分起床，八時三十分早餐。十時二十分見胡璉，四十五分辭去。十一時四十五分見招商局經理徐學禹，十二時辭去。十二時五十分午餐。十五時見彭孟緝，二十五分辭去。三十分車赴二賓館總裁辦公室開會，召開中央非常委員會第二分會會議研討保衛臺灣與外交問題。十九時三十五分返。四十五分晚餐。	風午雨	一、俄偽必將同盟，否則亦供給匪偽以空軍，使我不能收復長江以北之匪區，故今後我軍戰略與政策皆應作重新之考慮。二、廣州如果失陷，則外交形勢更將大變，倘匪偽果能承認其對國際條約義務，則英國必承認匪偽，美國即使暫不承認，但其必追隨矣。英國政策推由匪偽加入聯合國，以替代我政府代表之地位，果爾則我政府在國際上已無立足之地，一般軍民心理更難振作。余以為到此地步，反可自立自主，於事實上並無所損也，要在自強不息而已。
5	六時起床，八時早餐。三十五分見彭孟緝，四十五分辭去。即見王東原，十時三十分辭	風雨	一、每一想及俄偽軍事同盟如果出現，則其空軍必較我優勢，剿匪前途更覺憂慮。對此唯有積極準備防空與建

日期	侍從所記日程	天氣	蔣介石日記摘錄
	去。即見黃仁霖，四十分辭去。十一時四十五分見陳誠、林蔚、周至柔，十二時十分陳誠、朱紹良會談；四十分陳誠先辭去。四十二分加見何應欽，五十五分偕何、林、朱、周等四人同進午餐；十三時五十分辭去。十六時見紐先銘，五分辭去。即見李壽雍，十五分辭去。即見唐縱，十七時五分辭去。十分見王世杰，並同茶點，三十五分辭去。十七時五十五分見王東原、萬耀煌，十八時辭去。十八時十分赴一賓館沐浴，二十時五分返。二十分晚餐。五十分見黃少谷，二十一時辭去。		立新生力量，其他非我所能知，憂懼更無益也。二、共匪與俄諜到處活動，而且深入各國，其挑撥我內部，望我自相殘殺之陰謀，思之殊堪驚悸，現復以孫立人為其目標，將行讒間矣。我國政軍黨之失敗皆中其毒計，而不自悟所致也。接妻密函報告立人事，其全被共諜所利用而不察，如非余之明見，則誤大事矣。
6	（中秋節）六時三十分起床，八時三十五分早餐。十一時二十分見桂永清，三十分辭去。即見陶希望，三十分〔三十五？〕辭去。四十五分車離草山，十二時四十五分抵基隆港，登華聯輪，即見孫立人、林蔚。十三時三十分偕孫、林及谷正綱、俞濟時、蔣經國、蔣方良、蔣緯國、石靜宜、蔣孝武同進午餐；五	陰風	上午清理積案，三小時之久。本年所有積擱案件幾乎掃清，內心亦為之一清。正午由草山到基隆登華聯商船，經、緯二家皆來送行。下午二時出港，風浪甚大，臥床至五時起而審閱雙十節告書，多不能用，乃另擬要目。今日中秋風浪雖大，仍能在甲板上賞月，惟月色曚朧不明耳。

十五分除林蔚、谷正綱外均辭去。十四時十分啟航。二十一時十分偕谷正綱、林蔚同進晚餐，二十三時辭出。夜宿華聯輪上。

7

六時四十分起床，九時二十五分早餐。十時二十分船抵廈門港，已可聞砲聲隆隆，即見湯恩伯、雷震、方治、黎玉璽等四人。十一時四十五分加見廈門要塞司令胡克先、五十五軍軍長曹福林、八軍團司令劉汝明、海軍巡防處長王正俟、廈門警備司令毛森、東南長官公署副長官林蔚、谷正綱等七人，指示部署閩廈軍事，並勸慰湯之出任艱鉅；十三時同進午餐，三十分辭去。十五時十六分離輪登岸，十七時五分抵胡里山行館，召集駐廈地區國軍團級以上幹部訓話；十八時偕師長以上人員會餐。三十分見湯恩伯、劉汝明，五十分辭去。即離胡里山，十九時五十分返抵華聯輪，二十時見湯恩伯，十五分加見雷震、方治；三十五分均辭去。二十一時啟航。夜宿華聯輪上。

韶關失守。

晴風

十時後船到廈門，停泊於大學海面。恩伯、方治等來見，報告匪情。對於情報與偵探可說毫不注意，可歎。劉汝明、曹樂山〔福林〕、毛森等皆來見，在船上聚餐。四時登陸，停駐於恩伯寓，在海濱游泳場，月色潮音，風景可愛。召集團長以上訓話後，召見廈門耆紳聚餐，覺太奢靡矣。八時後回船，與湯恩伯等話別，切囑其在廈打一大勝仗，擊退犯匪，鞏固廈金，為公私爭氣，再言其他也。

日期	侍從所記日程	天氣	蔣介石日記摘錄
8	六時起床，七時二十分早餐。八時十五分船抵澎湖馬公港，即乘車赴馬公機場，九時十分專機起飛，十時二十五分抵臺北松山機場。三十分乘車，十一時五分返抵草山行館。接廣州洪蘭友電陳，廣州危急，李代有「知難而退」之意。復接顧總長電陳「粵省西北與湘、黔軍事，已趨劣勢，請復任總統，長駐西南」之請。四十分見黃少谷，五十分辭去。十三時十分偕林蔚、蔣經國午餐，十四時辭去。十六時二十八分見俞飛鵬，三十分辭去。即見徐柏園，四十分辭去。十七時三十分見江杓，四十分辭去。即見陶希聖，十八時二十五分辭去。三十五分赴前山一賓沐浴，二十時四十分返。即見駐日代表朱世明，二十一時偕朱氏及周宏濤、黃少谷同進晚餐；三十五分辭。返居草山行館。	晴陰	朝課畢，召見馬公海陸主官後登岸直赴機場。九時後乘機起飛在空中視察彰化、臺中、新竹、桃園，經大溪到臺北機場。下機後即得韶關撤守，衡陽亦已準備放棄。白之主力已向湘西武岡轉進，欲先擊破藏江匪陣，再退貴州之企圖甚明，恐已不能及矣。自午至夜，除接見江杓等數人處理急務以外，其餘時間皆修正告書，覺太長冗，但時間匆促，無暇詳刪矣。
9	六時十分起床，九時十分早餐。四十分見陶希聖，四十八分辭去。十時二十五分見毛昭	晴	朝課後閱讀日報告國民書，文字顛倒錯誤，且多不通。希聖神經衰弱不健，往往如此，不可託其要務也。上午

宇、潘肇雄、姚金黎、王近愚、陸培植、陳明鑫等六飛行員，由大陸寧夏突圍歸來，嘉勉渠等忠勇，周總司令至柔陪同；十一時均辭去。即見黃仁霖，七分辭去。十三時四十五分偕林蔚、黃少谷、兵工署第二處長樂頤午餐，十四時三十分辭去。十六時三十分見吳忠信聽取其與李代談話經過，李頗有復位之意。十七時加見于院長右任，二十五分均辭。即外出，十九時三十分返。二十時見王世杰、張其昀、陶希聖、谷正綱、段澐、王東原、萬耀煌、沙學浚、駐日代表團長朱世明及蔣經國同進晚餐；二十一時三十五分辭去。

重加修正告書。十時後召見毛昭宇等空軍六人，即由寧夏被扣繳械以後強逼其飛平附匪，在起飛時反擊匪之監視人員，設計飛回，其勇敢精忠可嘉，特加面獎也。下午約見禮卿，報告彼與德鄰談話經過，望余復位之意。禮卿不知余意，其心太急，以為此時廣州若失，政府遷渝，倘不復出以後再無機會。其實不然也。

10

陰乍雨

國慶日，發表告全國同胞書，揭櫫反共抗俄國策，期望全體軍民，救亡圖存之昭示。

七時三十分起床，八時五十分早餐。十三時見吳忠信，十分同進午餐，四十五分辭去。即見彭孟緝，五十分辭去。十五時十五分偕彭孟緝同車赴湖口，十六時四十分抵達視察訓練新軍基地及營舍，十七時二十分離。返經前草山一賓沐浴後，於二十時五分返行

據報衡陽今日已放棄，其實並無激戰。不知白之用心如何矣。

上午記事，研究訓練要旨，預定工作課目。約禮卿午餐，與孫輩同席。下午約彭孟緝司令同往湖口，視察訓練新軍位址及新營房基地。該地環境甚適於練兵也。晚課如常，約鐵城晚餐，談出處問題。對時局已無法收拾為慮。雙十節告國民書又嫌太長，但掬其精誠而已。

日期	侍從所記日程	天氣	蔣介石日記摘錄
	館。即見鄒明光，二十分辭去。即見吳鐵城，三十分同進晚餐，二十一時二十分辭去。		
11	飛赴定海。 六時二十分起床。八時四十分見紐永建，五十分辭去。九時早餐。四十分見朱世明，五十分辭去。即見黃少谷、沈昌煥，十時辭去。三十分車出，十一時十五分抵臺北青田街于院長公館賀壽；三十分赴東南長官公署。十二時三十分抵陳誠公館，四十分在陳府偕閻錫山、陳誠、林蔚午餐。十三時四十分車抵松山機場，五十分專機起飛，十六時十分安抵定海機場，二十分抵空軍招待所。四十分見浙江省主席周喦、防衛司令石覺、王叔銘及海軍軍區司令董沐曾等四人，瞭解當面敵情；十七時四十分辭去。十九時五十分偕俞飛鵬、郭懺、谷正綱、桂永清、周至柔、王叔銘等六人晚餐；二十時十五分均辭去。夜宿舟山空軍招待所。	晴	朝課後記事，約見朱世明等，手擬夫人等電稿數通。聞伯川已由穗來臺，乃候之在長官公署研究廈門敵情。大嶝嶼已為匪所占，則金門大受威脅矣。正午與伯川談財政。彼來要求撥存金四十萬兩和兩月支出之用，余即允之。惟望其注意財政部勿浪用或將此現金為貪污投機者所得耳。一時半由臺北起飛，四時到定海搜集敵我情報。

日	紀事	天氣	記事
12	五時四十五分起床，七時四十五分早餐。八時三分見谷正綱，二十五分見郭懺，五十分見桂永清，九時二十分見石覺，四十分見周嵒、俞飛鵬、周至柔、王叔銘、陸戰一師師長楊厚綵、防衛部副參謀長胡炘、董沐曾、海軍一艦隊司令劉廣凱、補給第十二區司令蔣瑞慶等舉行防衛舟山會報；十二時二十分散會。二十五分赴綏署總部訓話並會餐，十五時十五分返。二十七分見劉廉一，十六時二分辭去。即見軍長吳仲直，十分辭去。即見軍長朱致一，十六分辭去。即見董繼陶，二十分辭去。十九時四十五分偕蔣經國晚餐。仍在舟山空軍招待所。 舟山之六橫、蝦岐各島放棄，金塘失陷。 政府宣布本日自廣州遷重慶辦公。	晴 定海	昨晡召見陸海空軍將領，聽取其報告六橫、蝦岐各島皆已放棄，金塘失陷，情形實由於軍隊腐敗，將士無鬥志所致。 上午自八時半至十時召見桂永清嚴斥其海軍不能盡職，又見石覺、周岩〔嵒〕後召集陸海空軍將領會議，研究防衛定海，與收復金塘、六橫島計畫。正午召見駐定各軍師團長，聽取其報告訓話後，說明朱式勤師長失守金塘責任，與交軍法審判理由。
13	六時三十分起床。八時二十分見周至柔、郭懺，四十分辭去。即早餐。五十五分見石覺，九時辭去。九時十分乘車赴岱石步行天童山一帶視察駐軍防地，十三時二十五分返。四十分午餐。十六時二十分召集周嵒、	晴	上午九時與石覺司令乘車出西門，到天童山。徒行二三里至天童山麓，沿海視察陣地。自排經連至營部（礅頭）約行十里許。工事薄弱且多暴露，形同兒戲，官兵皆面黃骨瘦，未見有強健之一人，無冬衣無被服，無草鞋無藥品。且病兵臥床呻吟，問之則無醫無藥以對，此

日期	侍從所記日程	天氣	蔣介石日記摘錄
	石覺、胡炘、六十七軍軍長劉廉一、七十五軍軍長吳仲直、八十七軍軍長朱致一、暫一軍軍長董繼陶、王叔銘、桂永清、防守副司令董沐曾、海軍劉廣凱、交警九總隊長文煥卿等會商防務；十八時五分散會。十九時二十五分見王叔銘，五十分同晚餐；二十時十五分辭去。二十五分見石覺，三十五分辭去。仍在舟山。廣州撤守。大嶝島陷落，威脅金門安全。		為帶兵以來從未見過之悲劇，不知如何收拾矣。若天父不賜我以特恩，則決無不亡之理。
14	五時四十分起床，七時四十分早餐。八時二十分見石覺，二十五分辭去。三十五分見桂永清、海軍機動部隊長李連墀，四十五分辭去。即見空軍副署長賴遜岩及空軍第一大隊副大隊長楊履祥、四大隊副大隊長王延齡，五十分辭去。即見東南人民救國軍司令蔣劍民、綏靖總部參謀處副處長錢正、保密局定海站站長沈之岳、防守司令部二處處長蔣心田；九時十五分辭去。二十分見定海縣長吳澍霖、《浙江日報》社長沈友梅、浙江省黨	雨	朝課後召見黨政軍主要人員，指示要旨畢。對於情報員多能奮鬥不懈，略為自慰。其他皆萎靡不振，尤其海陸軍官長為然，惟空軍尚能照常盡職而已。十時由定海起飛，十二時廿分抵臺北。聞廣州已於今日放棄之報，驚駭之至。國政無主，中樞無心，其何能久？若輩只知爭權奪利，何能再望託其重任，而薛〔岳〕、余〔漢謀〕更不知廉恥，不顧大局矣。四時半約見伯川。彼以人定勝天為言，望余出處早下決心也。

部代書記長林建中、黨部監委陳寶麟；二十五分辭去。即見第十軍副軍長沈莊宇、六十一軍副軍長歐陽江，三十五分辭去。四十五分車赴定海機場，十二時二十分飛返臺北松山機場，十三時車返草山行館。四十分赴第一賓館沐浴，十四時二十分返。即見顧祝同、黃少谷，三十分加見許朗軒，並同進午餐；十五時二十分辭去。三十分見閻錫山，十七時四十五分辭去。二十時十五分見張君勱、王世杰，同進晚餐；二十一時四十分辭去。即見關吉玉、陳良，五十分辭去。本日自舟山返草山。

15

五時四十分起床，八時十分早餐。三十分見黃仁霖，三十五分辭去。九時五十分見黃少谷，五十五分辭去。即見毛人鳳，十時二十分辭去。五十分見郭懺，十一時辭去。十分出席黨部非常委員會議於革命實踐研究院會議室，十二時五十五分散會後返。即見俞大維，十三時五分辭去。即見洪蘭友，二十分同進午餐，四十五分辭去。十九時四十分見

朝課後記事，審閱扭轉時局案完，伯川對共匪認識最為深刻之一人，但其所設計之對策尚不完備耳。十時召見辭修、少谷，聽取其對余出處之報告。十一時召開研究院準備開學會議，指示各教程方案與訓練程式，對於學員之遴選訓練與任用關係研究甚詳也。正午與蘭友談李代總統表示進退似各居其半，但其仍望余能予其全權也。晚課後約君佩（李文龍）、星樵（馬超俊）聚餐。君佩主張余復職之理由，為軍心民心非復職決無法挽回

日期	侍從所記日程	天氣	蔣介石日記摘錄
	林蔚、郭懺，二十時五分辭去。即見馬超俊、洪蘭友、李文範，二十分同進晚餐，二十一時十五分辭去。		也。
16	六時四十分起床，八時三十五分早餐。五十分赴第二賓館，主持革命實踐研究院第一期開學典禮，並訓話，十一時二十分返。五十分見黃少谷、林蔚，十二時四十五分見陳納德、沈昌煥，並偕同黃、林同進午餐；十三時二十分黃、林先辭去，陳、沈於十四時二十分辭去。十六時五分見關麟徵及前西北副長官馬繼援，三十分辭去。三十五分赴一賓館沐浴，十九時五分返。四十分晚餐。	晴	朝課後，接廈門已被匪多方面襲擊登陸，又稱已有數股被殲滅，情勢尚不嚴重。惟此心甚覺不安。閱共匪整風檔，補充講稿。約見蔚文、少谷，聽取廈門戰報。忽報登陸之匪已被肅清。此必空軍得地面電話通報，並見地面沉靜，並無戰事云。余疑信參半，甚願此報不虛也。正午陳納德來見，談此次參院對援華通過之經過。又談美國私人甚願以現金供給白崇禧所部，可知桂系對美之宣傳譽己毀人，並不亞於共匪也。
17	六時三十分起床，八時四十分早餐。九時三十分見孫立人，十時十分辭去。十五分見陳納德，沈昌煥陪譯，三十分辭去。即見交通部長端木傑，三十五分辭。即見交通部專員陳文憲、劉敬宜，十一時辭去。即見吳嵩慶，十一時十分辭去。十二時三十五分見顧祝同，十三時加見林蔚、許朗軒、郭懺、張	晴	朝課後召見立人，督促其工事與訓練。又見端木傑等報告其各航空公司與招商局困難情形與香港政府之態度惡劣，及共匪在港之梟（囂）張，且港政府准其組織工會，以及引我各公司工人之叛變，交通機關幾乎無路可通矣。正午約墨三、辭修等研討與今後東南軍事整個計畫。蓋廈門失陷全為劉汝明、曹福林所部以不願作戰為藉口而叛變所致，得此教訓更覺軍事必須純一，而且待

秉鈞，十五分加見陳誠，因廈門撤守，會商保衛臺灣及空海之防務，並同進午餐；十四時二十分均辭去。十七時五分見陝西省政府主席董釗，二十五分辭去。三十五分赴一賓沐浴，十八時返。五十五分見甘肅省政府主席郭寄嶠，十九時十分辭去。二十時偕董釗、關麟徵、張崧生同進晚餐，四十分辭去。日前夫人在美會晤前海軍上將柯克，同意來華協助，組成軍事顧問群，今電覆應即進行。

廈門陷落。

遇必得溫飽也。晚考慮大局與今後軍事部署及個人出處問題。

18

五時五十分起床，七時四十分早餐。十一時十五分見張其昀談及出處問題，三十分辭去。四十分主持中央設計委員會議、研討「復行視事」問題座談會，計有王世杰、吳國楨、谷正綱、王東原、沈昌煥、張其昀、賀衷寒、袁守謙、唐縱、張道藩、黃少谷等人員，認應「復行視事」以圖復興。十三時十五分偕同上述人員暨俞大維、余井塘、端木愷、陶希聖、洪蘭友等同進午餐；十四時十五分均辭去。十六時十分見趙靖黎、

晴

十一時與曉風〔曉峰，張其昀〕談出處問題。後召集設計會議，研討出處利害問題。余以為只問應該不應該再起，不能問再起後之利害得失。只要人民軍隊與國家有再起必要，則不必研究外交上美國加我之害及其後果如何，此時只有自立自強，決無外援可望也。大多數皆主再起，惟對李、白應使之諒解不反耳。晚課後約丁鼎丞〔惟汾〕、于右任、吳禮卿等十餘人商談出處問題。最後結論對本題不作主動推進，對李又應取被動態度，必須李仍自動退職，出於至誠，不使內部分裂也。

日期	侍從所記日程	天氣	蔣介石日記摘錄
	栗直、李杰超、于宗飛等，三十分辭去。三十五分見許靜芝，四十五分辭去。即見涂壽眉，五十五分辭。即見劉光宇，十七時辭去。即見唐縱，五分辭去。十九時十五分見丁惟汾，二十分加見吳忠信，三十分加見王世杰、黃少谷、張厲生，四十分加見陳誠、于右任、何應欽、洪蘭友、陳立夫，仍談復行視事問題，僉認李代出於至誠，自動退職，再行「復位」。五十分同進晚餐，二十二時三十五分辭去。		
19	六時五十分起床，八時十五分早餐。九時十分見郭懺，十八分辭去。即見駐美武官蕭勃，十時十分辭去。十一時見顧祝同、郭寄嶠、許朗軒，三十分見林蔚，研究川康滇軍隊之部署，十三時十五分偕同顧、郭懺、許、林暨張知本、第五軍軍長高吉人、第九編練司令趙霞、前江蘇省主席王懋功、青年黨黨魁陳啟天等同進午餐；三十五分辭去。十六時十五分見一〇〇軍副軍長劉光宇，二		朝課後記事，召見悔吾與蕭勃長談一小時。彼一美國退伍少尉，其政治常識與見解充實如此，可感。約集顧、林、郭等研究今後剿匪戰略，與決定川、康、滇、黔軍隊之部署。正午宴客，下午，研究整軍要旨。

	十五分辭去。即見高士棟、靳汝民、蘭庚生、單成儀等，均為軍事學校非常委員會東北分會委員；三十五分辭去。即見總裁辦公室三組新進參謀劉耀縱，三十七分辭去。十六時四十五分赴二賓館，接見受訓學員，十八時三十分返。十九時四十三分晚餐。		
20	六時十分起床，八時四十分早餐。九時五分見洪蘭友，十分加見陳立夫，四十分辭去。即見彭孟緝，五十五分辭去。十時二十分赴二賓館，對革命實踐研究院學員講話，十一時四十分返。十二時五十三分午餐。十七時四十五分見駐日代表團秘書宋越倫、東京中華商會主席林炳崧、韓國駐華大使申錫雨；五十五分均辭去。即見徐培根，五十八分辭去。即見谷正綱，十八時十分辭去。十九時二十分赴一賓館沐浴，二十時十分返。三十分晚餐。	雨	美國軍費預算案已於前日全數通過，而且特增加其空軍預算，此乃美國人民真意之表示，一致擁護備戰防俄也。此為俄國原子爆炸以後，繼北大西洋公約國軍援案如數通過以後為第三次世界大戰又接近一步，甚恐大戰不能待至明年六月，而將提早爆發，當由俄國先發制人也。不勝為民主國家更為此昧國憂矣。九時蘭友來談對李、白方針與出處準備。立夫亦來談至十時辭去飛渝。
21	六時四十分起床，八時三十分早餐，十三時十五分午餐。十五時五十分赴二賓館見客，十八時返。十九時五十分偕顧祝同、林蔚、		失敗之時，事事失意處處煩惱。海關內容複雜，總稅務司為美籍，尚有其洋人尚能顧全大體，盡其職守，而本國服務海關者反多數叛離投匪。因之海關在港之船舶，

日期	侍從所記日程	天氣	蔣介石日記摘錄
	許朗軒同進晚餐，二十一時辭去。 汕頭撤守。		尤其小艦未能運出，供匪使用，恐於將來對定海、金門，與臺灣之作戰為匪利用之以登陸也。不勝憂慮之至。 晚課畢，與墨三聚餐，再談西南軍事，甚為前途憂也。
22	六時二十分起床，九時十五分早餐。五十五分見陳誠、顧祝同，十時三十分辭去。三十五分車赴第二賓館，十一時五十五分返。十二時五十五分見王世杰、俞鴻鈞、黃少谷，十三時五分同進午餐；二十五分俞氏先辭去，十四時二十分王、黃均辭去。電金門湯恩伯，以金門地位重要，應加強防衛措施。十六時四十五分赴第二賓館，見受訓學員，十八時三十五分返。五十五分見西北綏署副長官劉任，十九時十分辭去。即見政工處長上官業佑，二十五分辭去。即見吳忠信，五十分辭去。即見雷震，二十時七分偕同劉健群、田崑山、鄒志奮、胡競先、倪文亞、吳忠信、上官業佑、粵漢鐵路局長陳紹平、雷震、俞濟時、劉任同進晚餐。四十分除劉健	雨	下野迄今已逾九月之久，北自北平、南至廣州、西北東南之大陸已全部淪陷，此為二十五年以來所未有之逆境，惶愧恥辱實極人世未有之慘狀，晦冥否塞，黑暗陰沉，可謂極矣。清夜白日，每自問心覺無愧怍，故憂懼悲愁雖不能免，而內心神明毫不為動。 正午與鴻鈞談中央存金數目，只有一百五十萬兩矣，與雪艇、少谷談全域及臺灣保衛處理之辦法。

	群、雷震二人外，均辭去；二十一時二十分劉辭，三十分雷辭去。		
23	六時三十五分起床，九時早餐。五十分見胡璉，十時辭去。十二時四十五分見鄭介民，十三時偕鄭及蔣經國午餐；二十分均辭去。十五時二十分見彭孟緝，三十分偕彭氏同車外出，冒雨赴圓山訓練班巡視，十八時三十分返。二十時二十五分晚餐。	雨	朝課後記事，記上周反省錄，與工作預定表，批閱文電，修正臺灣光復紀念日演詞稿。正午與鄭介民談美國與英國對我外交情形。美國在我廣州陷落之前後，本已決定承認共偽政府，且對我方明言，但到二十日忽報其變更政策，不承認共偽政府云。此必美國之關係，而馬歇爾對余妻允薦顧問之言亦正在其前一日也。如此英美對共匪偽組織不承認之政策當已決定，此乃我中華民國外交之危機又度過一關乎？
24	六時十分起床，八時三十五分早餐。九時三十五分見顧祝同，指示胡宗南部隊先調重慶；三十五分辭去。三十七分外出，赴革命實踐研究院，十二時二十分返。十三時見革命實踐研究院講座魏汝霖，十分加見龔愚；十五分偕魏、龔、李士英、許聞淵同進午餐，四十分辭去。十六時五分至二賓館見受訓學員，嗣赴一賓沐浴，二十時返。即見劉汝明、兵團司令曹福林，十分加見張道藩，並同進晚餐。五十分劉、曹先辭去。二十一時二十五分張辭去。	晴	朝課後記事，準備講稿召見墨三，指示胡部先調重慶之理由，對桂系所宣傳美願協助海南防務與援桂之說置之一笑。十時在研究院紀念周講演一小時三十分之久，並不覺十分疲乏，是心身皆較前強健矣。與雪艇商談派介民赴美事。晡在第一賓館入浴後，對臺灣同胞告書灌片。面見劉汝明、曹福林及道藩聚餐，對劉、曹慰之，與道藩商立法委員組織事。

日期	侍從所記日程	天氣	蔣介石日記摘錄
25	六時五十分起床，八時四十分早餐。十時十五分見黃仁霖，二十分辭去。即見唐縱，三十分辭去。十二時二十分見國防部次長鄭介民，五十五分偕鄭氏及任卓宣同進午餐；十三時十分鄭辭去，三十五分任辭去。四十分外出，先至二賓館見受訓學員，嗣經一賓沐浴後於十八時四十五分返。二十時十七分晚餐。三十五分見劉健群，五十分辭去。 金門古寧頭大捷。命蔣經國赴金慰問官兵，鼓舞士氣。	雨	本日為臺灣光復紀念日。朝課後，忽得金門島臨夜已被匪登陸，正在激戰之報。又稱大部分之匪已被消滅，現只有千餘匪佔據我雕堡頑抗中。我二〇一師作戰極為努力云。本日內心雖得此惡報，仍甚安逸，不像已往之焦灼，此或天父已賜我以轉危為安機紐之象徵乎。下午審閱政治改革草案，空泛無內容不能用也。晚課後獨自晚餐，以金門之匪尚未肅清為慮。指示明日進剿辦法後閱學員自傳。
26	六時三十五分起床，九時早餐。十二時五分見貴州省主席谷正鼎（按：谷正鼎為立委，貴州省主席為谷正倫，據日記應為正鼎），四十五分加見黃少谷、王世杰、萬耀煌、陶希聖、張其昀；十三時同進午餐，五十分均辭去。十六時二十分至二賓館見受訓學員，十九時十五分返。二十時十分見周錦期、馬超俊、俞鴻鈞、黃仁霖、嚴仲球、李文範等粵籍人士；十五分同進晚餐，二十一時五十	陰	朝課後接辭修電話，稱其接恩伯電話，金門登陸之匪已肅清云。余乃問空軍再探則稱尚未肅清，仍在昨日匪踞工事內戰鬥中。再問辭修探詢則真未肅清。前方報告之不實幾乎每每如此，可痛。及至下午六時乃始完全肅清，並俘獲其軍長等高級將領數人。又得經兒自金門視察回來乃知確已肅清，始得安心。上午批閱後，研究伯川扭轉時局方案。正午與正鼎談香港情形及立法院事，又與雪艇等商討課目與內容。

分辭。

27

六時三十五分起床，八時三十分早餐。九時二十分見劉任，二十五分辭去。即見桂永清，指示海軍急務與海南榆林港根據地之重要性；五十分辭。十時五分見陳誠、林蔚，討論劉安祺部由陽江運駐定海岱山及對海南島方針；十一時辭去。即見江杓，十一時十分辭去。三十五分外出，赴二賓館，十二時三十分返。十三時偕蔣經國夫婦同進午餐，四十分辭去。十六時見鄭介民，十分辭去。即見徐柏園，三十分辭去。四十分赴二賓館，十八時二十五分返。十九時五十分晚餐。

晴

朝課後記事，召見桂永清，指示海軍急務與海南島榆林港根據地重要性。與辭修討論劉安祺部由陽江運駐定海岱山，對海南島方針甚慮兩廣將領只知爭權奪利而不能協辦保衛也。召見江杓囑協助中國航空公司由香港撤退之經費與運輸等事。正午到設計委員會聽取香港實情及桂系對外宣傳對余之譭謗毒辣過於共匪之反動，對於廣州之失陷，其罪責完全推置余一人之身，何不幸如此！而亮疇之怨懟亦與哲生相同，更出意外也。

28

五時五十五分起床，八時五十分早餐。九時見鄭介民，九時十五分辭去。十時十五分見王世杰、張道藩、吳國楨、周至柔、桂永清、張厲生、蔣鼎文、谷正綱、林蔚、黃少谷、于右任、何應欽、顧君望等十三人，舉行非常委員會第二分會會談，十一時五十分散會。十二時二十五分同進午餐，十三時五

晴

朝課後記事，手擬非常分會議案要旨。十時召開非常分會，皆以臺灣防衛工作不能密切配合聯繫與統籌為慮。聚餐後，與正綱、少谷等談重要工作，以青年組訓與宣傳以及監察人員組訓為首務也。下午召見蔣渭川等及學員五人後，入浴後批閱，接劉安祺部在陽江被殲滅之報，不信為真。晚間果接劉電報告，其單身脫逃至陽江口外之報，此心並不如過去聞報之悲駭矣。

日期	侍從所記日程	天氣	蔣介石日記摘錄
	十五分均辭去。十五時三十分赴二賓館，接見受訓學員，十八時二十分返。二十時二十分見鄭介民，並同晚餐，二十一時辭去。		
29	六時十分起床，八時三十分早餐。九時十分見孫立人，十二時辭去。即外出赴臺北，至東南長官公署與陳誠商海南島防務；十五時十分離，十八時五十五分返。二十時三十分偕吳鐵城、蔣經國同進晚餐，二十一時加見徐培根；五分吳先辭去，二十五分蔣、徐辭去。	晴	朝課後審閱講稿，記事，九時與立人同車研究金門戰爭之實情。九時半訪于右任院長，言語帶憤慨與驕矜，應戒之。十時在長官公署與辭修談海南島防務與劉安祺部調防定海之方針。兩廣主官皆以削弱中央力量為目的，而其本身如何保全與生存則在所不計，彼等又不能合作互助，以求共存，此種卑劣心理實無法改變也，可痛。
30	六時十分起床，九時二十分早餐。五十五分赴二賓館辦公，接見受訓學員，十一時五分返。十三時三十分午餐。十六時十五分見湯恩伯、林蔚，聽取金門作戰之經過；十七時十五分辭去。四十分外出，十八時四十五分返。十八時五十五分偕蔣經國夫婦、蔣緯國夫婦及孝文、孝章晚餐（生日家宴）；二十時二十分辭去。二十一時見郭懺，五十五分辭去。	晴雨	昨晚夢見亡甥培風二次，醒後清晰非常，本定今日飛臺中遊日月潭，乃決中止。朝課後預備講稿，以時間匆促未能完備。十時到研究院紀念周講演一小時餘，甚覺詞不達意為愧，因之心神惶惶不知所止，終日猶未舒解也。下午批閱文電後召見恩伯，聽取其金門作戰經過之報告。晚與悔吾談定海防務，至為可慮，幸金門勝利以後，定海士氣亦受良好影響，官兵較能積極奮發也。

31	五時二十分起床，八時三十分早餐。九時車赴礁溪至臺銀招待所休息。十二時偕蔣經國、俞濟時午餐。四十五分車外出，參觀東澳後，於十五時三十分抵蘇澳車站，乘火車於十九時五分抵臺北火車站，四十五分返抵草山行館。二十時三十分偕陳誠夫婦同進晚餐，示意責成陳氏負責研究院訓練之責；二十一時三十分辭去。五十分赴一賓沐浴，二十三時返。	晴 中途微雨	本日為余六十三歲初度生日，過去之一年實為平生最黑暗最悲慘之一年。當幼年時命相家曾稱余之命運至六十三歲止。真意即謂余六十三歲死亡也。惟現在已過今年之生日，而尚生存於世，其或天父憐憫余一片虔誠。對上帝對國家，對人民之熱情赤忱始終如一，有增無已，所以增添余之壽命，而留待余救國、救民、護衛上帝教會，以完成其所賦予之使命乎？
11月 1	七時十五分起床，九時早餐。十時五分見陳誠、郭懺，研討定海防務，決增派五十二軍支援；十一時三十分辭去。十三時二十分午餐。十六時三十分赴一賓館，接見受訓學員；十八時十五分返。即見胡宗南，二十時加見許朗軒及西北長官公署副參謀長沈策；二十時四十五分同進晚餐，二十二時二十分辭去。	晴	朝課後記事，修正講稿，批閱文電，清理積案，約見郭悔吾與陳辭修，研究定海防務。匪部在江浙沿海一帶皆積極徵集船舶，輪船、木船，共計多者千餘隻，少者五百隻以上。對定海與岱山有同時進攻，使我不勝其防範之形勢，我決增派五十二軍前往增防，未知時間果能趕及否？此乃一重大決定也。正午與晡刻皆修正講稿第三篇完。約見宗南，研究西南防務及方針，至廿二時半尚未決定也。
2	六時二十五分起床，八時五十分早餐。十時十分見胡宗南，十一時加見郭寄嶠，十一時十五分加見周至柔，二十分加見林蔚，十三	晴	朝課後記事，五時約見宗南，商談戰局與政情。上午召集林〔蔚〕、郭〔寄嶠〕、周〔至柔〕等研究西南軍事部署，實令人無以為計。余昔明告當局除上海與廣州二

日期	侍從所記日程	天氣	蔣介石日記摘錄
	時加見許朗軒、沈策；十三時十五分同進午餐，五十分均辭去。十六時三十五分赴二賓館辦公，十八時四十分返。即見彭孟緝，十九時辭去。二十時十分偕鄧文儀晚餐，四十分辭去。		地可作反擊戰場之外，失此則再無抗共戰場矣。而廣州防守之主張與決心竟為李、白私心自用所反對，而薛、余等且竟為其所買弄，受其蠱惑而不知敗亡也。思之痛心。故對顧祝同之愚昧喪失，亦為之斥責不置也。
3	六時三十分起床，八時早餐。九時十分見湯恩伯、林保源（即根本博），四十分辭去。五十分見彭孟緝及富田直亮（白鴻亮），談訓練事；十時十分辭去。四十分外出，十一時五十分返。十三時見江杓，十五分辭去。即見徐培根，二十五分辭去。即午餐。十六時十分見張清源，二十分辭去。即見參軍王烈，二十五分辭去。即見胡宗南，商談西南軍事部署；五十分辭去。即車赴石牌訓練班，對學員點名；十八時三十分返。即見胡宗南，四十分辭去。二十時三十五分偕王世杰、沈昌煥、黃少谷、陶希聖、張其昀、董顯光、吳國楨等七人同進晚餐；二十一時加見陳誠，三十分均辭去。二十二時十分赴一	晴	十一時見美國駐臺總領事，提其國務卿備忘錄。始則感覺其措詞仍傲慢不馴，指責我政治不良，無效，毫無變更其舊態。及詳加研究，與妻前電稱馬歇爾準備代聘顧問來援之案相較，乃知國務卿之電為馬之指使而發，即以此電為轉圜之地步。要我覆其一電，將順其意，要求其派軍政顧問來臺協助；然後彼乃可正式派其顧問來援。否則，彼昧自白皮書後無法轉圜，其幼稚實可恥可笑。

賓館沐浴。二十三時返。
共軍進攻登步島。

4

農曆九月十五日為六十三歲誕辰。六時十分起床。八時五分見五十二軍軍長劉玉章，三十五分辭去。即見二十師師長郭永及二十五師師長李有洪，四十五分辭去。即早餐。九時車出，三十五分抵松山機場，四十五分專機起飛，十時三十分抵嘉義機場，十一時十五分車抵嘉義市北門車站，即登小火車赴阿里山，十二時十分車上午餐。十八時十分車抵阿里山，即進住貴賓館。十九時四十五分偕馬超俊、李文範、蔣經國同進晚餐。住宿阿里山貴賓館。

晴

朝課後發妻二電，接馬歇爾夫妻祝壽電，乃知其對余尚有一縷私交未盡決絕也。召見五十二軍軍長劉玉章。彼怕戰貪安之心，及畏縮怯餒，不肯調增定海之意現於聲色之間，思之痛心。而其部隊即使調援，恐亦徒供犧牲，以其訓練確未完成，加之其將領如此怯弱，更難望其生效耳。但如不調，則定海更難保衛矣，奈何？又得報定海登步島昨夜匪已登陸，正在激戰中，則定海情勢更為危急。惟登步島之勝負可決定海之成敗，故待該島決戰後再定劉軍之去留，仍令其遵調待運也。

5

三時三十分起床。四時外出赴祝山觀日出，七時三十分返賓館。九時五十分早餐。十時十分乘小火車赴塔山，在神木下野餐；十三時二十五分車返。十七時五分外出散步，三十五分返。十九時八分偕馬超俊、李文範、俞濟時、周宏濤、施覺民、周菊村、熊丸、丁勤夫、胡維達、周國成、蔣經國等十一人

晴

三時半起床，與經兒四時在月光明澈之中踏上祝山之途。五時廿五分到達祝山之巔，靜觀明月西沉而旭日猶未上升，惟東方已漸啟明。六時十五分，旭日方自玉山（即新高山）巔上升，並未有特別景象。惟今生日卻在祝山禱祝，實一佳兆也。六時三十五分由祝山回程，七時廿分回寓，來回里程約共二十華里，皆係山徑小道，崎嶇蹭蹬，徒步登降，未甚疲困，此為三十餘年來陸行

日期	侍從所記日程	天氣	蔣介石日記摘錄
	同進晚餐；二十時均辭出。登步島大捷。		不備肩輿之第一次也。可知體力較三十年前更強健矣。
6	四時五十分起床，八時早餐。八時十五分離賓館，三十分抵阿里山火車站登車，四十分啟行，十二時四十分抵竹崎火車站，與馬、李及蔣同進午餐。十三時三十五分抵嘉義北門站，十四時十分車至嘉義機場，四十分降臺中機場。即乘車至臺中市雙十路陳寓，探視陳果夫病。十五時四十分返機場，十六時五分降臺北松山機場，十六時四十五分返抵草山。十七時四十五分外出第一賓館沐浴，十八時四十分返。二十時十分見黃少谷，三十分同進晚餐，二十一時十分辭去。	晴	八時半由阿里山乘火車回程，沿途欣賞天然古林，經神木時又仰觀詳察其枝葉已拓其半矣。十二時後抵竹崎站午餐。一時半到嘉義，在衣復恩家稍憩，即入機場，乘機起飛。到臺中探訪果夫之病，並見英士夫人約談半小時，仍乘原機回臺北。乃知登步島登陸之匪已於上午九時完全肅清。此戰繼金門島勝利之後，不僅影響於定海今後之防務，而於全般士氣亦有更為振作矣。
7	六時三十分起床，九時十分早餐。四十五分車赴革命實踐研究院講話。十二時五分返。十三時四十五分午餐。十六時三十分見黃仁霖，三十五分辭去。即赴研究院接見受訓學員，十九時三十五分返。二十時二十分偕吳鐵城、洪蘭友晚餐，聽取「復行視事」之意	晴	昨晡回草廬山後閱報，及渝電李、白近以巴東失陷，川黔桂形勢危急，要求余復職之意漸露而切矣。本（七）日十時研究院紀念周講演，剿匪作戰與建國立業，應以精與實二字為基本精神，甚歎文武幹部皆好高騖遠，空洞虛浮，而不能精細切實，此乃余對教育宗旨未能注重之錯誤。所以國家危急至此也。晚課畢，與蘭

見；二十一時五十五分辭去。

友談話，聽取其德鄰對余復職意見與態度之報告甚詳。禮卿以不應研究李、白之有否誠意為出處之基準，其言甚切也。

8

五時四十五分起床，九時早餐。三十分見王世杰、黃少谷、吳國楨、張其昀等四人，五十分辭去。五十五分車赴第二賓館辦公，十二時十五分返。十三時四十分午餐。十六時十五分外出，至第二賓館，見受訓學員，十九時十五分返。二十時四十分晚餐。二十一時見洪蘭友、黃少谷、張其昀，四十分辭去。

晴

共匪對貴州已攻陷鎮遠等黔東之重鎮，對鄂西亦已進踞恩施，逼緊川東。其先取貴陽，使川、滇、桂不能聯繫，一面進佔重慶中央所在地，使之根本解決。其一面對廣西則進兵桂邊，脅制桂系李、白降伏，而暫不進攻。此其陰謀與暴力運用之形勢甚明也。今後李、白之態度究竟如何？一、其本人出走，主使其廣西軍政所部交黃紹竑等整個投降。二、白率殘部向越、桂邊境掙扎，希圖與法、越聯繫反共，以保其反共之地位，而為將來再起之地步；三、以其知難而退，希圖歸政於余，以逃避其敗亡之責；四、李自動通電下野，依憲法規定，交行政院長代理職務。其以余阻礙把政為藉口，一切責任歸之余一身，如余不予復職，則當不外於此四種結果也。

9

命蔣經國飛赴定海慰問三軍官兵。六時五分起床，八時五十五分早餐。十一時三十分見孫立人、二〇一師師長鄭果，十二時辭去。十二時二十分見陳濟棠夫婦、軍校

陰雨

朝課後記事，研究桂系動態。上午召見孫立人、鄭果垂詢金門戰況及其經過情形。友軍間之隔閡、誤會，互相爭奪，甚至死傷，不勝憂惶，軍事紀律與教育掃地蕩然，應力矯之。

日期	天氣	侍從所記日程	蔣介石日記摘錄
		校長張耀明、廣州綏署副主任梁華盛、海南行署副參謀長陳幹棻；三十分同進午餐，十三時四十分辭去。十五時十五分主持非常委員會分會會議，出席：何應欽、陳誠、洪蘭友、谷正綱、吳鐵城、周至柔、張厲生、林蔚、張道藩、吳國楨、王世杰、黃少谷、蔣鼎文；十八時二十五分散會，均辭去。二十時二十分晚餐，二十一時二十分赴一賓沐浴，二十二時十分返。	下午接彥棻、岳軍電，詳報李、白近志。李且欲由滇直回桂林，不敢回渝主政，必待余抵渝後，彼再來渝，此何為耶？其無政治家骨格與不知責任，果如此乎，殊為可歎。因之，彼如其不回渝，則余亦更不能赴渝矣。乃以此意囑蘭友轉告。
10	陰	六時二十五分起床，八時四十分早餐。九時三十五分見黃少谷，四十分辭去。即見五十五軍軍長趙琳，訓誡應服從長官命令；十時五分辭去。十一時十五分見俞大維、譚伯羽，十二時十分辭去。即見俞飛鵬，三十分辭去。四十分見湖北省議會議長何成濬；五十五分偕同俞飛鵬、黎玉璽及何氏同進午餐，十三時三十分均辭去。十五時五十分赴第二賓館見研究員，十九時返。五十五分見張耀明、國防部廳長侯騰，二十時十分同進	朝課後記事，召見趙琳，訓戒其不服從劉安祺命令，自由行動之誤。與俞大維談美國外交與第三次世界大戰以人力多寡為優劣之分，英美工業雖超過俄國三倍，但恐不能決勝也。而美國當局之愚昧不悟，可歎。英國商輪為我海軍監察其偷運匪港貨物，其海軍為之掩護不退，雙方堅持，看英國究取如何決心也。據報英國新嘉會議已決定承認中共偽組織，並驅印度為之倀也。

	晚餐；張於三十五分辭去，侯於二十一時十分辭去。	
11	六時二十分起床，八時二十五分早餐。四十五分見民航公司副經理魏勞爾，九時十五分辭去。四十五分車出赴臺北賓館訪陳濟棠，談瓊州防務。嗣返經中山北路五條通訪晤吳稚暉，請益世局意見；十一時三十五分返。十二時二十五分見周至柔、林蔚；十三時十分同進午餐，三十五分辭。即見沈昌煥，十四時辭去。十六時三十五分外出赴第二賓館，接見受訓學員；十八時十五分返。十九時三十分見吳忠信，四十分加見葉公超、沈昌煥；二十時十分偕同吳、葉、沈及黃少谷、鄧文儀、鄭彥棻、谷正綱、谷正鼎、周宏濤等同進晚餐。三十五分沈、鄧、周、谷、谷先辭，餘吳、葉、黃、鄭於二十一時三十五分辭去。 是日重慶閻揆電陳：「以渝東、黔東南軍事雖有部署，尚無把握，非鈞座蒞渝，難期抗救，請早日蒞渝。」同時立法委員七十餘人亦來電：請赴渝坐鎮，以救危局。	
晴	九時訪伯南後，特訪吳稚老先生，其對國內外時事之觀察與批評皆比任何人為明瞭精確，尤其對英美俄政策與人才之評判更為可佩。彼對余赴渝贊成，但不可使德鄰脫除包袱云。 晚課後，禮卿、公超由川來見，詳談軍政民皆渴望余飛渝主持大計，挽救危局，確立重心也。得報李德鄰今下午六時由昆明飛抵桂林，在戰局如此危險之際而不速返渝負責主持，人格何在？	

日期	侍從所記日程	天氣	蔣介石日記摘錄
12	五時四十分起床，九時早餐。十五分見萬耀煌，二十五分辭去。十二時見谷正綱、鄧文儀、黃少谷、鄭彥棻、谷正鼎；十三時十五分同進午餐，十四時五分辭去。十六時十分見葉公超，三十五分加見前軍委會辦公廳主任姚琮；五十分葉辭，五十五分姚辭。即見前寧夏省主席馬少雲（鴻逵），十七時辭去。即見監委丘念台，五分辭去。見曹福林，十分辭去。即見防衛司令部二處處長張明遠、五十五軍副軍長理明玉，十五分辭去。即見前福州綏署副主任黃珍吾，三十分辭去。三十五分赴研究院接見學員，十八時四十分返。二十時二十三分偕王世杰、陶希聖、張其昀、谷正綱、蔣經國同進晚餐；三十五分加見吳忠信、陳誠、鄭彥棻；二十一時四十五分均辭去。	晴	朝課後記事，審閱伯川來書勸余飛渝，語出至誠，代謀甚忠，可感。所言皆能先得我心也。批閱文電，審閱國防部西南作戰方略，甚為不妥，乃急止之，令其不發，未知能及否。正午約正綱、文儀等商討軍隊黨務、與政工條例。下午會客十餘人，商談處理二航空公司案。晚召集高級幹部商討飛渝方針。
13	六時起床，八時二十分早餐。九時二十分見彭孟緝，五十五分加見端木傑；五十七分均辭去。即乘車赴革命實踐研究院主持總理紀	晴 甚熱	本日決心從速飛渝，督導軍務，以貴州馬場坪已陷於匪，四川黔江、西秀皆為匪佔領，宋希濂部不戰而潰，此為萬萬不料及也。德鄰飛桂後閃避，不回重慶行都，

念周，十二時四十分返。十三時見臺大校長傅斯年，五分同進午餐，五十分辭去。十六時五分見彭孟緝，二十分辭去。即外出赴二賓館，見受訓學員，十八時二十分返。即見孫立人，十九時辭去。即見蔣緯國，十五分辭去。二十時十分見總裁辦公室人員王世杰、王東原、黃少谷、俞濟時、張其昀、施覺民、唐縱、陶希聖、周宏濤、沈昌煥、陳舜畊、谷正綱、吳國楨，並同進晚餐；二十一時十五分均辭去。三十分赴一賓館沐浴，二十二時三十分返。

整個政府形同瓦解，軍民徨惑，國難已至最後關頭，只可不管李之心理行動如何，余不能不先飛渝主持殘局。明知其挽救無望，但必盡我革命職責，求其此心之安而已。

朝課後手擬臺灣應辦各事多條，囑辭修力行，召見孟緝商討日員工作。

1949年9月5日在重慶西南長官公署，以茶會方式接待渝市各界人士。

1949年9月13日巡視成都陸軍官校部隊。

十
再見成都

1949.11.14
∫
1949.12.31

日期	侍從所記日程	天氣	蔣介石日記摘錄
14	自臺北飛赴重慶，嗣轉成都。 六時十五分起床，八時四十分早餐。五十五分見李良榮、陳誠，九時二十五分辭去。即見湯恩伯，三十分辭去。即見何應欽、黃仁霖，四十五分辭去。即見吳忠信，五十五分辭去。即見林蔚，旋即辭去。十時二十分車離草山，五十五分抵臺北松山機場，專機起飛；十五時四十五分飛抵重慶，即至林園官邸。五十分見張群、楊森、顧祝同、陳立夫、劉士毅、邱昌渭、鄭彥棻；十六時五分除張群外均辭去。即加見黃少谷、陶希聖、谷正綱，十分除張氏外均辭出。四十五分加見顧祝同，十八時十分加見閻錫山，十九時五分辭去。二十時十二分晚餐。夜宿重慶林園官邸。 是日電請李代即日返渝，共商一切。並電白崇禧，請其力促李代之來渝。 桂林撤守。	朝雨、途晴	朝課後召見辭修、至柔、恩伯、蔚文等，叮囑臺灣諸事，尤以人事不睦，更為不安。十時三刻由臺北起飛，在機上視察湘西沅陵一帶地形。四時後安著重慶，入林園。接見軍政要員，研討戰局，至八時決定調回羅廣文部，先向川東南股匪進攻攻勢也。與伯川談政局。

15

命蔣經國午後親赴前線視察，瞭解戰地實況，十六時曾晤及宋希濂、羅廣文、陳克兆，轉致固守烏江之指示，迨十八日午後返。

六時四十分起床，九時五十分早餐。十時二十五分見空軍第四軍區司令晏玉琮，四十五分辭去。即見楊森，十一時五分辭去。即見毛景彪，二十五分辭去。即見徐永昌，五十分辭去。十三時五分偕張群、賀國光、黃少谷、陶希聖、谷正綱、鄭彥棻、顧祝同、錢大鈞、蔣經國等午餐；四十分除張群外均辭去。十六時見唐毅，十分辭去。即見內政部警察二總隊長彭斌，二十三分辭去。即見成都警備司令劉雨卿，三十分辭去。四十分外出散步，十七時十五分返。二十分見一一〇軍軍長向敏思，四十二分辭去。二十時晚餐。四十分見黃少谷，四十五分辭出。五十五分見沈昌煥，二十一時八分辭出。晚住在林園官邸。

貴陽撤守。

陰

日來默察美國外交喜怒無常、進退不定之形勢，以及我內部到處摩擦、互相疑忌，彼此怨恨之情景，甚至我黨自胡展堂〔漢民〕案、廖仲愷案以來，直至今日之崩潰，無一非受共黨陰謀之暗算也。美國國務院為其共黨之操縱，幾乎使其最高決策不能實施，而卒被破壞。在此次艾奇〔其〕遜備忘錄與馬歇爾允派顧問之諾言，最後完全變更，是益明顯，就是其海空軍間之摩擦，亦未始非受共黨之陰謀。彼美誠暗昧不察，必有後悔莫及之一日，奈之何耶？

日期	侍從所記日程	天氣	蔣介石日記摘錄
16	六時四十分起床，八時三十五分早餐。九時十五分散步，二十五分返。十時五十分見鄭彥棻，十一時十分辭去。三十分見賈景德、徐永昌，五十八分辭去。十二時見陳立夫、居正，二十五分同進午餐，十三時十分辭去。即見衣復恩，二十分辭去。十五時十五分見黃杰，三十五分辭。即見毛人鳳，四十五分辭。即見朱家驊，十六時十七分辭去。即見陳良，三十四分辭去。即見羅廣文，五十五分辭去。即見鄂陝邊區綏署主任張鈁，十七時六分辭去。即見劉健群，十五分辭去。即見一〇三軍副軍長黃光烈，二十二分辭去。即見重慶市警察局長陳善周（曾任侍衛人員），三十分辭去。三十五分見洪蘭友，十八時辭去。二十分見張耀明，四十五分辭去。即見王陵基，二十時十分同進晚餐，五十分辭去。二十一時見關吉玉，十五分辭去。	陽雨	美國在臺灣之外交人員竭力慫恿臺省民眾反對政府，並以武器引誘其投美，一面公開反對陳辭修主臺，運用各種方法間接要求撤換辭修就可以得美援；另一方面對余施用恫嚇，非撤換舊人，決不能得美援；而對各處用反宣傳，揚言美國決不助蔣，使我幹部與人民對余背叛之陰謀，無所不用其極。此決非其國務院之所能及者，其實皆為其美共所操縱、指使。我國大陸已為美國要求其民主與聯共而崩潰。今日所餘者臺灣彈丸一片乾淨土，再不能任其愚昧之要求與幻想之美援而再上其大當，連此一點小島亦為其所要脅，竟受俄共之指使而葬送於美國共黨及其外交敗類之手也。馬歇爾實為滅亡中國之禍首也。

17

六時四十分起床，八時三十分早餐。九時二十分花園散步，三十分返。十時四十分見顧祝同、張群、錢大鈞、蕭毅肅及國防部三廳二處處長賴成樑，十二時五分錢、賴先辭去。十三時五分偕顧、張、蕭同進午餐，三十分辭去。十六時四十分見闞麟徵，十七時十分辭去。即見蔡賢俊，十五分辭去。十八時四十五分見毛人鳳，十九時十分辭去。三十五分偕楊森、王陵基晚餐，二十五分辭去。二十一時二十分見黃少谷，四十五分辭去。

彭水失守。

雨

昨朝課後約見次辰、鈺如（賈景德，字煜如）。據談總統府劉參軍長（士毅）稱李代總統赴桂為黃紹竑作祟，恐有所接洽云。此語出諸劉口殊為奇實也。下午召見黃杰。彼由白派來表示桂決不會降共，告余放心。余乃安而任之。料其將侈望美援關係，不致即降也。本日朝課後處理要務，修正國防部命令稿，其內容與文句皆足使其受氣者輕視與任意解釋，自由行動也。難怪部隊對上官與政府毫不感威。參謀人才萬不可無能至此也。

18

六時二十五分起床，八時五十分早餐。十時散步，十五分返。十一時十五分見陳良，三十五分辭。即見內政部次長何彤，四十五分辭去。即見暫三軍軍長張玉琳、參謀長顧民岩、暫七師師長朱家璡、第七編練司令余錦源；五十分辭去。即見楊年、曾晴初、毛嘉謀、史良、柏良、劉雨卿、彭斌等，五十五分辭去。十二時五分外出，謁林故主席墓致敬，三十分返。十三時三分午餐。十五時五

晴

朝課後處理要務，對於抽調胡部計畫最為關切，審核（彭冰（斌））渝東作戰計畫畢，召見白鴻亮等，彼對西南作戰敵情與地形之判斷甚為正確。為調胡部事，本擬飛南鄭，以氣候不良未果。下午召集黨政幹部商討桂系及對李方針甚詳。決電白囑其陪李回渝。大家以為必須桂系來渝合作而不知其不能勉強從事。昔日陳逆炯明未叛變時，全體幹部皆以為非孫、陳合作不可，惟余認為不可能也。今日之事更顯矣，故只可任其自然也。

日期	侍從所記日程	天氣	蔣介石日記摘錄
	十分見杭立武，十六時五分辭去。即見前重慶市警察局長唐毅，十三分辭去。五十五分見張群、黃少谷、洪蘭友、顧祝同、鄭彥棻、陶希聖、谷正綱，商討滇事及渝東作戰部署。十七時二十三分加見閻錫山，二十五分同進茶點。十九時四十分張群等先辭去。閻仍為盧漢事談至二十一時十分辭去。五十分晚餐。二十一時三十分見衣復恩、晏玉琮，五十分辭去。		
19	七時起床，八時五十分早餐。九時花園散步，十七分返。十時三十五分見王陵基，四十分見八十六軍副軍長柳元麟，五十五分辭。即赴陸軍大學，對受訓高級軍官點名、訓話；十二時二十分返。二十五分見張群、顧祝同、錢大鈞、蕭毅肅，會商致電白崇禧，促其陪同李代來渝。十三時二十分同進午餐，三十五分均辭去。四十分散步，十四時五分返。十六時二十分外出散步，五十分返。十七時四十分見憲兵司令張鎮，十八時		朝課後處理要務，昨報第二軍在芙蓉江東岸地區得勝，而今晨又得其被圍消息，匪部正規軍已竄入烏江西岸，江口右側已被脅矣。正午約張、顧等商討滇事，與渝軍作戰部署。李揚敬自瓊州由伯南〔陳濟棠〕、握奇〔余漢謀〕、伯陵〔薛岳〕共同派來，請委其各人任務；並稱昔日差誤，現已澈悟，今後必協同努力，不再自相摩擦云，無奈廣東已被其無故斷送，悔悟亦恐無及矣。今日為宗南只肯調第三軍來渝而不願調其有力之第一軍，不勝感慨之至。

辭去。二十時四十分晚餐。二十一時十分見黃少谷，四十分辭出。

20

六時五十五分起床，九時二十分早餐。四十五分散步，十時十分返。即見李揚敬，二十五分辭去。十一時見張群、裴存藩，五十五分辭去。十二時四十五分偕張群、楊繼曾午餐；十三時二十五分楊先辭去，三十五分張辭去。即見柳元麟（曾任侍衛人員），四十分辭去。十五時十五分見居正，四十分辭。即見白崇禧，張群陪同，啣李代命來見，並告李今午已飛香港。十七時五分同進茶點，十五分辭去。即外出散步，三十分返。即見居正，十八時十五分辭去。十九時五分見毛人鳳，八分辭去。二十五分見居正、李文範、馬超俊、洪蘭友、鄭彥棻、陶希聖、谷正綱、黃少谷、朱家驊、陳立夫，商討李代藉病去港後之局勢。決定派員赴港挽李回國，並請張群飛滇處理盧漢事；並同進晚餐。二十一時十分加閻錫山。三十分居、朱先辭出，二十二時閻氏辭去，餘均於二十三時二十分辭去。

陰

正午聞白啣李命飛渝，復聞李已於上午飛港，殊為駭異，此乃稍有人格與政治常識者所不為也。三時半健生來見，乃知李真已飛港，此實臨危棄職，烏乎可。而且飛往英屬香港，其將置國格於何地。且其宣言與私函對其職權並無交代，仍將以國家元首名義為養病，實為求援，廉恥國格為其掃地殆盡，甚悔當時所託非人，誠以為天下得人難矣。

晚課畢，約中央常委商討對李方針，最後決定派員赴港，先行訪李之病與挽其回國，待其反響再定行動，甚為其個人惜也。

日期	21
侍從所記日程	七時起床，八時三十分早餐。九時二十五分見陶希聖、黃少谷，十時辭出。五十五分見楊森，十一時五分辭去。即見白崇禧，請再轉請李代近日回渝，商定內外大計後再行出國，並將由行政院長代行總統職權，以符規定；並經中央決定請居正、朱家驊及洪蘭友為代表，攜函飛港，勸李回渝。四十五分辭去。即見居正、朱家驊；十二時二十分朱先辭去，四十分偕居正午餐，十三時辭去。十六時十五分見章嘉活佛，二十分辭去。即見萬鴻圖、楊永浚、王恩曾、王嵐僧，四十五分辭去。十七時五十五分見李揚敬，十八時十分辭去。十九時三十分見洪蘭友，五十五分見黃少谷，二十時加鄭彥棻，偕蔣經國、鄭、黃、洪等同進晚餐。五十分加陶希聖，二十一時十分均辭去。十五分見顧祝同、錢大鈞、蕭毅肅、許朗軒，二十二時二十五分均辭去。
天氣	陰
蔣介石日記摘錄	李出國既不辭職，亦不表示退意，仍欲以代表總統名義向美求援。如求援不獲，即留外不回，而置國家與政府於不顧，完全為其個人之利害作打算，此種無恥、無知之所為實為國家羞也。 朝課後批閱文電，研究戰局，處理要務，上午見白，見覺生、騮先。晚課如常，寫李、于、王各函，研討戰局與部署，遵義已於昨日放棄，甚慮川黔公路之匪將北進，與川東之匪會攻重慶也。

22

七時五十分起床，九時二十五分早餐。五十分見黃少谷，十時辭出。二十分見沈昌煥，二十五分辭出。十一時二十分見張群，十二時五十五分偕張氏及蔣經國同進午餐；十三時五十分辭去。十六時二十五分見孔德成，三十分辭去。即見江防司令葉裕和、民權艦長程法侃、英山艦長陳迪及英德艦長王大恭，五十五分辭去。即見陳宏謀、謝直、艾海珩、蔣當翊等，十七時十五分辭去。即見行政院副秘書長倪炯聲，三十分辭去。即見顧祝同、錢大鈞、蕭毅肅、許朗軒、賴成樑等，十八時四十五分辭去。十九時十分見顧祝同、蕭毅肅，二十五分辭去。二十時二十分見陳立夫，二十五分加見王世杰，三十五分同晚餐。二十一時十五分王辭，三十分陳辭。

雨

據報桂林已於今日放棄，惟白尚未報告也。

朝課後批閱文電，處理要務，與岳軍商討大局。下午召見江防艦隊官長乃知尚有七艘軍艦可用。問岳軍、墨三稱軍艦皆不能行動，且無燃料，不能於戰事有助，今召見其艦長、司令乃知皆可行駛。余問其渝有燃油可購否？答曰：可。可知國防部長官部對戰事之消極情緒。乃急購燃料為之補充，得此無異增加我軍兵力也。審定重慶守備部署。

23

六時五十分起床，九時早餐。三十分見谷正綱，五十分辭去。十時三十五分見顧祝同、錢大鈞、蕭毅肅、許朗軒，十一時五分辭去。十三時三十分午餐。十六時四十五分見黃季陸，十七時十五分辭去。即見盛世才，

雨

昨晡審定渝郊防衛部署，嚴督數日，今始提出，可歎。本（廿三）日朝課後處理要務，派經兒慰勞第一軍到渝部隊，與準備其駐宿等事。批閱文電後，研討戰況及召見第一軍張銘梓參謀長，其行動迅速為慰。下午審閱今後政府組織及各種政策總方案，召見黃季陸等，研究戰

日期	侍從所記日程	天氣	蔣介石日記摘錄
	二十分辭去。即見羅奇波，三十分辭去。十九時十分見黃少谷，二十五分辭出。二十一時二十分晚餐。		況與羅部後方，聯絡路線之改設軍事。
24	七時起床，八時四十分早餐。九時十分外出散步，十時十五分返。十一時二十五分見顧祝同、錢大鈞、蕭毅肅、許朗軒及第一軍副軍長曾祥廷、參謀長張銘梓；十二時三十分曾、張先辭去。十三時十分偕顧等四人同進午餐，三十分均辭去。十六時三十分見魏勞爾，十七時二十分辭去。十九時五十分見蕭毅肅及西南公署副長官裴存藩，二十時五分同進晚餐，五十五分辭去。	陰	本日為運兵車輛之調管，國防部無人負責，以致貽誤時機，聞之痛憤，一切急要業務均草率敷衍，高級人員幾乎成為睡眠不醒狀態，徒等匪來逃遁，坐待失敗，今而後乃知束手待斃之情狀如此矣。因之大怒，對顧、錢等老幹部皆為痛斥不置。其實彼等仍能患難相從，實為鳳毛麟角之舊人，事後思之歉慚無已，近日暴怒輕躁，應切戒之。朝課後與富田（白鴻亮）研究作戰方針。十時後與顧等商討運輸與作戰計畫。
25	七時起床，八時五十分早餐。九時十分散步，二十分返。三十分赴地圖室，瞭解當前敵我兵要情勢；十三時三十分返。五十五分午餐。十六時二十分見李鴻慈，三十分辭去。四十五分外出，十八時四十分返。即見自港見李代後返渝之居正、朱家驊、洪蘭友及張群、鄭彥棻、黃少谷，十九時四十分	陰	朝課後審查各方戰況，據涪陵楊師長報稱，匪四十七軍主力已由白濤渡過烏江西岸，臨夜火把行進，終夜不絕，聞之疑奇。而羅今日由南川向冷水場轉進中，電話終日不通，令人憂惶。最後乃知轉進時南川完全放棄，不留一兵，此亦所未料，如此匪如直進，則綦江亦將陷匪，更為憂慮。 晡以居、朱由港與德鄰交涉回來，最後以美國不歡迎其

辭去。即見自臺北來渝之美國參議員諾蘭夫婦等十五人，同進晚餐；二十二時三十分辭去。即見陳鞠旅，四十分辭去。貴陽失守。

赴美，乃變計，願以副總統私人名義出國，極望余早日復職也。

26 晴

六時三十分起床，八時三十分外出，四十分返，五十分早餐。九時見諾蘭，吳國楨陪，沈昌煥譯；十分加見陳納德，十一時五十分辭去。即外出，十二時十五分返。二十五分見第一軍一六七師師長趙仁、參謀長王和、參謀主任鄒彭年、團長鄧奇、洪鍾、季蘊村及副團長傅毓同、應啟新等八人；五十分辭去。十三時三十五分午餐。十六時見陸軍副總司令羅奇，十分辭去。即見居正等十人，十七時二十分加見蕭毅肅，五十分辭去。即見徐柏園，十八時辭去。十九時十分偕居正等同進晚餐，二十時辭去。五十分見空軍晏玉琮、毛瀛初、劉炯光等三人，二十一時二十五分辭去。三十五分外出，零時三十分返。

下午，召集中央常委商討李事甚久。決明開常會，對李明白表示此事關余出處，對余復位雖皆一致，但時間問題則主張相反。尤以李之此次來函，並未表示要求余復位也。晡疊接羅廣文告急與撤退電報，憂慮之至。晚餐後召集顧等商討戰況，決定計畫，准令羅向重慶南岸山地轉進。惟此一行動無異放棄重慶，尤以綦江無兵匪必由此先竄江津，則重慶後方受威脅矣。

日期	侍從所記日程	天氣	蔣介石日記摘錄
27	六時二十分起床，五十五分外出，七時二十五分返。九時二十五分見陳鞠旅、八十八師師長陳堅、一軍參謀長張銘梓；三十五分辭去。五十分外出，十時五分返。三十分見閻錫山，十一時加見張群；五分閻辭去。八分加見黃少谷，十分見惠勤；三十分均辭去。即見諾蘭，十一時三十五分辭去。十二時見張群，二十分加見鄭彥棻；三十分鄭辭去，即加見黃少谷，四十分加見顧祝同、錢大鈞、蕭毅肅，五十五分同進午餐。十三時二十分顧、錢、蕭先辭去；二十五分黃辭出。即偕顧、錢、張、蕭及許朗軒、西南公署三處處長孫北先等研究軍事形勢；十四時三十分均辭去。十六時四十分見楊森，五十五分辭去。十七時二十五分外出，赴沙坪壩（埧）南開中學訪晤張伯苓，十八時四分返。二十時十分晚餐。 綦江失守。	晴	上午約見伯川、岳軍，商談政府遷移地點。即政府直遷臺灣而在大陸設立大本營，專為軍事機構，余則在大陸指揮。正午與少谷談李及復位事，余言對我關係，尤其我國聯代表地位，如李駐港不在政府主持而余若又不復位，則英國等可藉此以為我國已無元首，已成無政府狀態，則其不得不承認中共偽政權。除此以外，尚有對內維繫軍民心理，如盧漢等明言，李既出國，蔣復不復位，則國家無人領導也，尚何希望之有云。因此不能不出而復位，除此以外，為公為私皆無必要也。

28

六時五十分起床。八時十分見張群，二十分加見閻錫山，四十分同進早餐，五十五分均辭去。即至花園散步，九時二十分返。三十五分見鄭彥棻、邱昌渭、劉健群、監院秘書長李崇實、黃少谷等，四十分辭去。五十分鄭氏辭去。即見西南公署副參謀長沈策，十時加見張群；二十分沈辭去，四十分張辭去。十三時五分偕顧祝同、錢大鈞、蕭毅肅、俞濟時、蔣經國同進午餐；四十分均辭去。即外出，十四時二十七分返。四十二分車出林園經山洞、新橋、大坪巡視市區，復至西南長官公署及重慶衛戍總部巡視後，循原路於十九時五分返林園官邸。三十五分見黃少谷、谷正綱、陶希聖、沈昌煥，二十時五分辭去。二十分偕江杓晚餐，四十分辭去。四十五分外出，二十一時十五分返。二十二時十五分見羅廣文，四十分辭去。五十五分又見羅廣文、俞濟時、蔣經國、于豪章，二十三時辭去。

晴

朝課後，伯川與岳軍來會，與岳軍商討政府駐地及今後大計。昨中央常會決議：第一仍勸李回國視事，否則應請總統復位視事，囑其擇一函告。白來電轉李函，要求余復位，其心甚急，以其在港，處於進退維谷之勢也。約見總統府邱（昌渭）秘書長，囑其安心處理公務。沈策卿宗南令來要求第一軍集中使用，及一六七師調回江北岸，余斥責之。正午研究全盤計畫，決待羅部到達，守備重慶北岸沿江防禦至瀘州之線，以延滯匪部直攻成都也。

29

七時起床。八時四十五分見江杓，五十分辭去。九時二十分早餐。三十五分見陶希聖、

晴陰

昨午對重慶棄守問題研討甚久，如果撤守太早則匪必可於半月內直達成都，果爾則陝南胡部本已撤至漢中以南

日期	侍從所記日程	天氣	蔣介石日記摘錄
	谷正綱，四十五分辭出。十時十五分外出至地圖室，五十分返。十一時二十分見毛人鳳，三十分辭去。五十分再赴地圖室，十三時三十分返。四十分偕錢大鈞、楊森、顧祝同、蕭毅肅、張鎮、蔣經國午餐；十四時十分辭去。十六時四十分見國防部兵工副署長陳哲生，指示對各兵工廠之最後處理，免資敵用，五十分辭去。即外出，十七時十五分返。十八時五十五分外出，十九時十五分返。二十五分偕顧祝同、錢大鈞、沈策、蔣經國同進晚餐；五十分辭去。二十一時三十分外出散步，二十二時三十分返。即乘車離林園官邸，道途險阻，二十三時五十分始抵白市驛機場，登中美號專機，即見晏玉琮、張鎮；二十一時辭去。零時十五分安寢於中美號上。 政府已自重慶遷成都辦公。		地區之唯一主力軍無法轉移於成都以西地區，則今後西南大陸完全為共匪控制，故決緩撤重慶，乃定沿江設防也。 本晨起床即得一六七師在前方夜半後激戰之後擊退來犯之匪，且已潰退。余知其擊退則有之，撤退則未必然也。後果如此，該匪仍在我陣地前對戰也。朝課後召見江杓處理要務，甚以海軍可疑與彭斌逗留不前為慮也。午頃果得萬縣二軍艦已叛變下駛矣。
30	由重慶飛成都。 六時起床。專機起飛離重慶，七時飛抵成都	陰	昨正午研討戰局，忽聞黃桷埡已發現戰爭，市內秩序混亂，乃決心於今晚撤守。約十時許經兒來報，園後機槍

	新津機場換機，八時五十分由新津再起飛，九時十五分安降鳳凰山機場，即乘車於九時四十分抵陸軍官校駐節。十時十五分見張耀明校長，二十分辭去。即見四川省主席王陵基，四十五分辭去。即見劉健群、鄭彥棻，五十分辭去。五十五分早餐。十時見張群、閻錫山；十二時五分閻辭去。十三時五分偕張氏、黃少谷午餐；二十五分辭去。三十五分見晏玉琮、張鎮，四十分辭去。即見西康省主席劉文輝、四川省主席王陵基及西南軍政副長官王纘緒及向傳義、川陝甘邊區主任鄧錫侯、熊光生等，對保衛四川機宜，有所指示；十八時辭去。即見胡宗南、陳良、徐煥昇及空軍第五區隊長矯捷、運輸署長胡獻群、副署長孟知眠、補給司令曾慶集等。		聲大作，惟聞各廠爆炸聲絡續不絕，而山洞園前汽車擁塞不通行，於是人聲吵雜，形成混亂，本已料想匪對林園駐地必已重視，甚至早有伏襲之準備，但知周圍警戒部署嚴密，故不介意。惟不料混亂至此，故不再延稽，決赴機場宿營，乃於午夜赴機場，到場後即登中美號駐宿，此二十九日之事也。
12月 1	在成都陸軍官校。八時五十分見閻院長，九時二十分辭去。二十五分早餐。十時見胡主任宗南，二十分辭去。十一時五分見張長官群，十二時加見毛局長人鳳，十五分辭去。午後約見鄧錫侯、劉文輝、熊克武、向傳義、王陵基（方舟）	晴	昨（三十）日六時起飛。據報在江口過江之匪已逼近白市驛機場之前方二十五華里行程云。七時到新津機場換機轉飛成都入駐軍校。岳軍、伯川先後來會。最後消息楊子惠已於下午到銅梁，如此重慶已陷矣。此乃與廿六年南京撤守時之心緒，其悲傷與依依難舍之情景無異也。

日期	侍從所記日程	天氣	蔣介石日記摘錄
	等談話，提示保衛四川之機宜，十六時赴勵志社訪晤閻院長。 重慶失守。		本（一）日朝課後伯川來談政府駐地及疏散問題，宗南來見，命其速派有力部隊進駐遂寧及內江防守，岳軍來談四川老軍人之打算及其作戰意見。
2	上午邀集黨政會報，研討「復行視事問題」。午後朱家驊、洪蘭友來見，談在港與李代總統晤談經過。復見張群、陳立夫等商議復職問題。惟黃少谷、蔣經國、陶希聖、沈昌煥均反對立即復職，以免負失去大陸之責，並中李、白所捏造放棄大陸之謠。	晴	朝課後，前方退卻消息混亂已極。璧山昨陷，銅梁縣長已逃，僅剩有電話局員答話，乃知銅梁並未失陷也。第一軍主力已過銅梁為慰。永川縣長與駐軍投匪矣。據報內江以東之汽車停止不能前進過江者，其長約有十公里，如匪追擊則此六百輛汽車與油量、款項恐皆陷匪為慮。正午黨政會報研討復位問題。騮先與蘭友自香港持李覆函回來，乃知李又為美國務院所利用，允以赴美予以便利一語，彼即變卦不肯捨去代字，乃欲以代總統名義求援矣。
3	九時約見陶希聖，告知昨與張、閻等談話結果，並囑預擬與明日閻院長之文告同時宣布復職。因陶有猶豫之態，並請加約黃少谷，同陳即時復職之利害，主張從長計議。而有中止發表復職之議，並決定晚八時舉行臨時中常會，仍維上次常會原議：催李代返國並即復位。上午十時在軍校分別約見軍政要員	晴	昨晡研討李事甚久，余提二案，其一為從此不問軍政，任李亡國；其二為立即復位，行使職權，領導軍民，負責剿共到底。惟以今日國家危亡，實為一髮千鈞之時，余何忍避嫌卸責，決心復位為不二之道，無論成敗利鈍在所不計也。 本日朝課後，與岳軍、少谷、經國等商討復位問題甚久。經兒等不主張速復。十時召集軍校學生訓話後，約

日		
	以及守軍部隊長，對保衛成都之戰，作沉痛之指示，期以激勵士氣與安定民心。在蓉立法委員江一平、黃煦、楊寶琳、劉健群等五十餘人發表時局主張，請速復行視事，以挽危局。	伯川及各幹部討論對李方針及復位時間問題。直至下午三時後決定待手續完成後在短期復位也。
4	〔原缺〕	晴 朝課後記事，與岳軍談話，商討雲南及遷都西昌問題。上午約見蘭友、彥棻等派其往臺灣、香港觀察政情。瀘州已於昨日夜失陷，瀘陷則西昌屏藩之樂山亦危也。下午與叔銘談定海情形較穩為慰。據報潼南已被偽裝之匪襲擊，第一軍參長受傷，惟尚在巷戰中云。晚課後軍事會報，城內秩序下午漸惡，到處汽車擁擠，冷槍聲不斷發現，成東公路夾江峨眉附近群盜如毛，行李被劫。地路亦無不如此，誠今後胡軍作戰與轉進最大之困難也。晚與伯川談遷都及軍費事。
5	李代總統自港飛美治疾。下午四時接見美聯社記者慕沙，發表不惜犧牲，持久反共戰鬥；另電邀白崇禧來蓉會商大計。自抵蓉後，每日定時，上午十一時舉行軍政會報；下午八時舉行作戰會報。今決定政府以先遷西昌為宜，並與胡宗南等研究作戰方略，擬	陰 李德鄰本日已由香港飛美。美國務院發言人否認其為杜魯門之上賓，僅以療病性質云。國務院之共黨分子必設法利用李以打擊蔣之威信乃可斷言，只有正位定名方能防止此陰謀與毒計也。 朝課後記事，得報知富順已為匪所陷，甚駭其奔突之速也。最後乃知匪並未到城，以匪在瀘州途中用電話恐嚇

日期	侍從所記日程	天氣	蔣介石日記摘錄
	定川中此後全面部署與戰鬥序列。		縣長，因之軍政人員皆聞風脫逃，無人通息，乃報失守。其醜態悲劇果如此乎。下午與宗南等研究作戰方略，決以廿六軍集中自流井與內江，以遏止匪向樂山進竄也。
6	上午十時十分見吳嵩慶，十五分辭去。成都市區謠諑紛起，社會秩序已混亂。建議政府將庫存黃金一萬餘兩，交省政府設法兌現前所發之銀元券，以示對西南人民之關懷與補償。	陰	朝課後記事，與岳軍商討川、滇、康人事部署。據報自流井已於昨夜被陷，不勝憂慮。乃決令胡部先固樂山。昨計在內江、自流井決戰方案已不成功。正午黨政會報，再與宗南商定作戰方針。下午晚課後得西康之寧南縣已受〔雲南〕巧家縣之龍匪威脅，其勢甚危為念，後聞尚未如此。惟西昌決不能作政府駐地，乃可斷定。晚軍事會報。聞內江已於廿時陷匪，驚駭之至。得知銀山鋪尚有部隊布防，略慰。與張、顧等再商人事與部署。
7	上午見張群、閻錫山，決請張氏赴滇訪晤盧漢，以堅定其志。正午，復邀集軍政要員商決，中央政府移臺灣臺北，大本營設於西昌，成都設防衛總司令部。晚仍與閻揆邀約中央地方軍政要員參加會議，劉文輝、鄧錫侯、向傳義均避不出席，外傳渠等已有響應局部和平之說。	陰	劉文輝、鄧錫侯避而不敢應召，觀其來函更可證明其內心所在，彼藉口以怕王主席與其為難，而實則另有作為。彼等已經受匪威脅決作投暗棄明之叛離，似已成竹在胸矣。滇盧態度亦已漸明，既不願大本營設昆明，亦不願就滇黔剿匪總司令名義。其用心與劉、鄧如出一轍。如余一離蓉，彼等或可聯名發表降匪宣言，故余明日仍留蓉，必使宗南部署完妥後再行也。派岳軍飛滇晤

	8	9
	晚見自昆明返蓉之張群，充分瞭解盧漢之動向，隨即召見隨張來蓉之余程萬、李彌及龍澤滙三軍長，指示保衛雲南之決心，不作撤退迤西之想。	原定今日返臺北，因請張群偕三軍長再飛昆明訪盧，嗣以發生飛機被扣之消息，電訊中斷，亟待張、盧訪晤情形之確訊，再行離蓉而仍留蓉。城內已聞槍砲聲，治安堪憂。
	雨	陰雨
盧，囑伯川盡一日之準備為限，勸其今晚離蓉。	昨晚發表政府遷臺北，大本營設西昌，成都設防衛總司令。顧祝同兼西南軍政長官，胡宗南任副長官兼長官公署參謀長，此一部署完成，則余對西南較可安心。其次須統籌川、滇、康軍事作戰方略。目前西南尚有五十餘師兵力，其中胡部乃有三十二師，此次由秦嶺轉進至成都平原，以六百公里與敵對峙之正面，轉進至一千餘公里之目的地，在一個半月時間而主力毫無損失，此乃中外戰史所罕有之奇蹟也。	昨晡對滇各軍長訓示其雲南必須保衛，並其現有力量與匪敵在舟江一師兵力相較亦正可保衛，不能作撤退至迤西之想也。與岳軍決定不經滇而先回臺北，指導政府之安頓也。 余甚懷疑盧對張、余等談話，而張則毫不猶豫，並勸余亦飛滇一行也。及至十四時以後忽得昆明飛機被扣之通報，乃知其事變化，盧必叛變。隨後與岳軍通話，尚可說話，以其到昆後尚未見盧，彼猶以無事也。乃至夜電話電報皆不通，又聞劉文輝、鄧錫侯尚在北門外，更覺可疑，如盧叛必與彼等相約也。

日期	侍從所記日程	天氣	蔣介石日記摘錄
10	上午召見胡宗南、王陵基（方舟）、楊森、蕭毅肅等研商滇局之處理，並談行止問題，均勸阻西昌之行。十時始知昆明已叛，張及三軍長被扣留。即召顧祝同等商討軍事行動，即派何志浩副廳長攜命及函飛霑益機場向三副主官宣示。同時為防川變，於下午一時餘即離軍校前，曾與胡宗南三度面授機宜。至鳳凰山機場飛離成都，於午後八時餘飛抵臺北松山機場，返草山行館。結束為時三周親臨戰地，協助政府部署軍事，勞苦在所不計，艱險在所不辭之行。	陰	今晨朝課後聞電報局已叫通滇局，正在通報，甚恐此報即為叛變之通電，不久果閱逆盧致劉文輝電，請其四川各將領活捉蔣匪云。文武人員皆要求余速離蓉回臺，不先飛西昌。五日以來幾乎屢決起行，徒以宗南所部未能如期集中，則余能夠留成都一日，即於胡部之掩護多得一日之效益。惟至此鄧、劉既避不晤面，而滇盧又叛，則余在政治上之掩護已失效用，而西昌衛隊只空運七百餘人，兵力單薄尚不及劉部之留西昌者，故決回臺處理政府遷移重要業務。
11	盧漢降共，昆明撤守。	雨 地點：草山	朝課後約至柔來談，準備對滇散發傳單，警告與實施轟炸也。上午手擬宗南與墨三各長函，指示今後作戰方針甚詳。下午聽取鄭介民對白吉爾備忘錄經過之報告，乃知其政府已有覺悟，如援華必須援蔣，而且必須統一整個援蔣，但其苦無轉圜之方，故有此備忘錄之提出耳。晚與雪艇談對美白備忘錄之方針後記事。
12	上午赴革命實踐研究院，主持總理紀念周。西昌告急。	晴	朝課後指示空軍在昆散發警告傳單。廿四小時後，如其不釋回張、余、李等再施轟炸，恐傳單上限三小時有所

日	要事	天氣	日記
			不及也。十時實踐研究院紀念周訓話一小時後，召見桂永清痛責其失職無知，憤恨極矣。另見孟緝、樵峰、俞大維、譚伯羽，來告別也。正午與成都通話知無變化也，此心乃安。再過五日則胡部可安全集中無慮，此誠關於國家命運之存亡也。晚膳後接賀國光西昌告急之電，乃即覆電處理並慰勉之。
13	見陳誠，商討對美政策及改組臺灣省政府問題。	雨	聞岳軍已由昆明脫險飛抵香港，甚為欣慰。閱美國消息其政府已轉變援助蔣氏，始終承認臺北國民政府，建立臺灣反共基地。此乃為美國援華正確不二之政策。惟其政府不能迅速大轉變，三個月以來，余知其爭欲改變而苦無轉圜之法也，今彼已勢逼處此不得不然矣。正午與辭修商討對美政策及改組省府，先派國楨為代主席事。下午與西昌賀元靖（國光）通電話，知劉部已經解決，且能與西昌直接通電話，最為欣慰之事。與國楨、雪艇商討臺省府改組及對美政策之決定。
14	在大溪。午晤閻錫山，談對美關係，改組省府人選以及中央遷臺後之組織緊縮問題。	陰	朝課後召見國楨、立人等，分別指示其對美國關係與方針後，視察大溪全村一匝，正午與伯川談對美外交關係及改組臺灣省府人選，中央各部緊縮後組織。雪艇、公超來商對美要求備忘錄內容及提出之方式。美國白吉爾之備忘錄照款以余之名義向其杜魯門提出，余意仍由我

日期	侍從所記日程	天氣	蔣介石日記摘錄
			政府名義提出要求為妥也。晚與辭修商決改組省府事，此乃無異有再冒險一次也。
15	上午由大溪返臺北，參加張繼先生逝世紀念會。午在草山行館宴請中央常務委員，報告軍事、外交情勢，及說明改組臺灣省府之原因。午後主持中央非常委員會議。並召見由昆明脫險歸來人士三十餘人。	陰雨	朝課後記事畢，由大溪到臺北省黨部溥泉〔張繼〕先生二周年逝世紀念後，乃到草山與雪艇等洽商對美備忘錄修正之點，推美國之意，其所以必欲由余名義提交其總統親閱者，莫非藉此以為繼續蔣、杜已斷之關係重新開始也。故應增加此件已由蔣總裁同意並望其國務卿遞於杜總統也。正午約宴中央常委與非常委員，報告軍事與外交近情，說明改組臺灣省政府之原由。下午開非常委會，通過吳國楨任臺主席，賀國光任西康主席。
16	胡宗南自成都飛海南，成都情況不明。	雨	朝課後記事，批閱公文，約見嚴家淦，正午約張其昀組長聚餐。彼覺失敗中淘汰滓渣，實為新生之機，抱著無窮樂觀。下午召見研究院七十人，約見陳納德，談其公司營業情形。交通部長端木傑與經濟部長劉航琛皆滯港不回，以其部長名義搜刮在港各該部之貨品外匯，入其私囊，作逃避外國之準備。以余名義令回部盡職，未知其能從命否？晚課後約恩伯來會。接宗南電樂山前方戰事危急，以部署不當致陷被動為慮也。

17	見自新疆脫險來臺之一干將領。胡宗南電報，樂山已失陷。	陰	朝課後得廿六軍長彭佐熙與盧漢元電有聽命集中之句，閱之心寒。再察其詞竟或為緩兵之計，此種虛實如何，實關天命，故不甚憂慮。召見劉安祺，與由新疆到此之葉成、鍾祖蔭等，聞其報告，私心竊慰，可知忠貞不貳，忍辱飲痛，無法脫險，為匪部強制埋頭待時之學生甚多也。晚課畢，伯川院長來見，商經濟部長劉航琛在香港把持公款，希圖捲款出洋，不聽命令，抗不應召回臺；而交通部長端木傑久滯香港，首鼠兩端，其情相同，乃商議撤換手續。並派嚴家淦接經濟部長任。
18	巡視圓山訓練班班址與草山研究院環境。川北劍閣失陷。	晴	朝課後記事，記反省錄與工作預定表。閱報見英國及西歐各國對美援軍器限制太嚴，表示反抗，不願接受。此乃美國幼稚被英玩弄不知自愛之報應，可笑。又知緬甸發表承認中共偽政權，此亦英國作祟也。正午與公超談外交，復約禮卿與兒孫往遊士林園藝場，即在圓山東麓訓練班野餐，視察班址。下午視察研究院，準備講稿，晚課。
19	上午主持革命實踐研究院總理紀念周，復召開非常委員會，並接見臺灣省參議會代表二十餘人勉以團結為國。	晴	朝課後記事，據報我國軍今晨已佔領昆明機場與金殿，心神略慰。聞臺省參議會正式決議反對新省府改組人選。如何使之一致團結，不致互相猜忌分化，如印度者不為其英帝國主義者之利用也。正午宴李品仙，聽取其

日期	侍從所記日程	天氣	蔣介石日記摘錄
			粵、桂失敗之報告，尚稱有三十餘萬大軍，其實皆為匪全部擊潰，並未有整個師團之一個單位可收容者也。下午開非常委會後，為臺灣省參議會糾紛，接見其代表廿餘人，略予表示，臺灣為余手所收復，愛之無異生命，望其團結為國也。
20	胡宗南部放棄成都。午邀宴革命實踐研究院教授及設計委員。午後約見革命實踐研究院學員。	晴	朝課後記事，約見少谷談臺省府人事與省議會糾紛之解決辦法以昆明消息混淆不明，未得確報為慮。正午約宴研究院教授，與設計委員，宴後接見張佛泉、程石泉等，皆有識反共之士。下午于右任院來見，恐省府人事糾紛，不如讓國楨辭去主席，另選賢能，此乃與政策及事實相反，余以婉言答之，以此糾紛上午已經設法解決矣。可知處事要受內外不合理之干涉，困苦有如此也。
21	巡視草山空軍新生社，約見研究院研究學員。並見陳誠，談防守海南島方針。	陰、晴、微雨	朝餐後巡視後草山空軍新生社，以情緒悒郁，對余程萬等忘恩負義，反顏事仇，恨不於其常德私逃時槍決，以貽害今日大事也。正午約薛（岳）、余（漢謀）等午餐，回憶其粵事之跋扈、自私、危害全域，而今又來請求指示守瓊方針，寸心痛憤，然仍以善意迎之。告其中央所可助者之限度與實情。下午與鴻鈞談中央銀行事，

			與辭修談對守瓊方針。
22	全日見客及處理公務。	晴	昨晚課後，寫宗南指示方針長函，與黃、谷、鄭等商談五中全會日期及方針、黨務甚久。上午記事、會客，與江杓談接收交通部存港物資，與希聖談元旦文告大意，寫趙琳函。下午召見孫立人、鄭挺峰、刁培然等人後，召見學員十人，與葉公超談美援與香港物資及購糧案。據報端木傑留港不願回部，並勸電亦不回，以大勢已去之故，可知何敬之所屬幹部毫無骨氣也。
23	雲南之霑益、曲靖失陷。李彌、余程萬無下落。張群自港乘船抵臺，陳誠陪同來見，並同午餐。余漢謀（幄奇）在座，談海南今後軍政事宜，並交李品仙攜函致白崇禧。	晴 七十度	今晨朝課後催送宗南昨函，報稱成都已無人接電話，殊非所料。正午約岳軍來談其在昆明被扣時詳情。夷玀蠻腐，真非常情所能測也。與余、薛談海南軍糧款項後，再與禮卿談出處問題。桂系之奸詐無恥，可歎。晚得宗南已飛到海南榆林港，此為預想所不及者。從此大陸軍事已絕望矣。余本對宗南滿腔熱情，能在西南率部奮鬥到底之幻想竟成泡影矣。
24	聖誕夜。西南保衛戰已入尾聲。上午飛赴臺中，乘車轉赴日月潭，進住涵碧樓招待所。午後偕經國全家及緯國夫婦，乘船遊光華島。晚在涵碧樓靜度聖誕夜。	晴 朝雨	本晨朝課後寫妻及閻、吳各函，約見顯光，指示赴美要旨後，即乘機飛臺中，十一時前乘車上日月潭，下午三時到達。風光宜人，心神漸舒。下午四時與兒孫乘舢板遊光華島，回涵碧樓記事。晚課如常，與兒子媳輩同聚

日期	侍從所記日程	天氣	蔣介石日記摘錄
			晚餐。武孫聰穎喜愛聖誕樹，天真爛漫，躍笑自如，故心神聊覺舒慰，與兒孫禱告，觀影片《回鄉記》，十時後就寢。
25	晨偕經國散步林園中。午後乘船遊日月潭，並至化蕃社，觀賞山胞歌舞表演。	晴 朝霧	本日為余西安蒙難脫險之第十三周年紀念日，感謝天父重生大恩。六時後默禱畢，朝課如常，為兒孫輩購辦聖誕禮品，與定番號，分配戲耍為樂。上午乘民船遊覽進水口地點之構造情形，約三小時，回寓聚餐分物，講解基督受試要義。下午帶兒、孫、媳到岸化番村參觀生活及跳舞。其實皆已漢化矣。六時回途。紫色雲彩，朱紅夕陽，其美麗實罕見也。
26	接獲成都情況不明訊息。	晴	上午記事，為薛、余要求隨帶現款回瓊，心緒又起悒郁，軍政無人負責、主持，要錢獨來找問，怨恨一身擔當也。乃決心政策軍需制度，不再為各軍閥經手侵吞軍費也。下午批閱文電，對西南軍事，余、李、孫（元良）、賀若斷若續，每念胡、顧之誤事，不勝為之悶憤。晚課後觀影片畢，得報載成都真空已久，而李振、羅廣文等皆已叛降矣。

27	午後四時見陶希聖，談明年元旦文告文字。接見韓國大使申錫雨，因病將返國。並同晚餐，聽取對臺灣同胞性格之分析。	晴	緯兒與諸孫等今朝回臺北，經兒留此陪伴也。朝課後記事，在庭院中優遊自得者一刻時，審閱宗南即赴西昌指揮等電，聊以自慰。巳刻與經兒外出。在朝霧橋東下車，即由小徑徒步至文武廟，約行半小時到達，即在廟前領略湖光，不勝其良辰美景之感，考慮建黨整軍正反合之方針，回寓與經兒研討此一方針，彼以老者將有阻礙為慮。下午約見韓國申大使後，審閱元旦文稿畢，乃與申大使乘舟遊光華島。
28	黃少谷、谷正綱、陳立夫來日月潭。	晴	朝課後記事，朝暉清和，漁舟蕩漾，心神閑適，意志自得，憂患中能享此樂，天父賜我豈不厚也。修正元旦文稿，著手之初，叔銘與羅、劉卿宗南之命由海南來訪，報告其離蓉到瓊經過詳情。余乃致函慰之，促其速飛西昌，收拾川、滇國軍殘部繼續剿匪也。下午讀經、默禱如常，續修文稿至五時方畢，乃與經兒乘舟視漁。
29	在日月潭。	晴	朝課後記事，批閱文電，修正文稿。正午與經兒、希聖到潭西壩北漁村前竹牌上野餐後，視察壩上向頭社坡乘車回寓。下午再修文稿與批核檔，力催宗南飛西昌，墨三飛蒙自坐鎮。晚課後立夫等來會，聚餐，觀《剃頭匠》滑稽影片，可嬉也。

日期	侍從所記日程	天氣	蔣介石日記摘錄
30	電胡宗南迅返西昌，指揮部隊，收拾殘局。在涵碧樓與陳立夫、黃少谷、谷正綱、陶希聖、鄭彥棻等研討黨的改造問題。	陰雨	朝課後重整文稿，至十一時方畢，記事。正午到文武廟野餐，商討改造黨務案。下午午課後再整文稿，至五時灌音片二次，七時後晚課，餐後再商討黨務，指示方針。 據報印度今日已承認北平偽組織政權，此為中印兩國永久之遺憾，尼赫魯終為英國之傀儡也。
31	仍繼續研討黨的改造問題。	陰 微雨	朝課後增補元旦文稿數點，最後文意每為最精華之點也。與立夫單獨研討，重新組黨之要旨，在滌領袖與幹部過去之錯誤，澈底改正作風與領導方式，而以改造革命風氣。凡不能與共黨鬥爭之行動、生活與思想精神者，自領袖起皆應自動退黨而讓有為之志士革命建國也。下午再補正文稿數點後，與立夫等乘舟遊月潭西邊之堤岸。

1949年11月25日宴請美共和黨參議員諾蘭夫婦等。

1949年12月25日偕經國、緯國泛舟日月潭。

附錄
人名字號對照表

姓名	字號	職銜／身分	附記
丁文淵	月坡	同濟大學校長	同濟醫學院／法蘭克福大學醫學博士
丁其璋		海軍巡防處長（海軍上校在臺延退19521022）	
丁治磐	似庵	江蘇省主席兼第一綏靖區司令官	江蘇陸軍講武學堂一期
丁惟汾	鼎丞	曾任中央政治學校（今政大）教育長	保定師範／留日
丁勤夫		蔣介石離開溪口時隨從的譯電人員	
上官業佑	啟我	政工處長	中央政治學校一期
于右任	原名伯循，字右任	監察院院長	
于斌	號冠五、希岳，後號野聲	總主教（南京教區）／行憲國大代表	
于學忠	孝侯	中委／國大代表	通州速成隨營學堂，吳佩孚部
山德司		亞洲之聲主編	
孔令傑		宋美齡外甥	
孔信貴		江靜輪輪機長	

孔德成	達生	總統府資政	
尹鳳藻		駐西貢總領事	
巴大衛	David Barr	美國軍事顧問團團長	一譯巴大維
巴杜沙		菲財政部長	
戈定邦		中央大學教授（師範學院博物系教授／臺師大）	
文煥卿		交警九總隊長	
方天	天逸，號空如	江西省政府主席	黃埔二期
方先覺	子珊	二十二兵團軍官團團長	黃埔三期
方治	希孔	上海市黨部主任委員	日本東京師範學校
方硯農		成都電信局長	
毛人鳳	又名善餘，字齊五	國防部保密局長	黃埔潮州分校一期（比照黃埔四期）因病休學
毛昭宇		由寧夏突圍歸來六飛行員（中尉駕駛員）	
毛景彪	嘯風	國防部第一廳廳長	中央軍校六期

姓名	字號	職銜／身分	附記
毛森	原名鴻猷，易名善森	前上海市警察局長，廈門警備司令	軍統
毛澤東	潤之	中共領導人	
毛錦彪		侍衛長	
毛瀛初		空總三署署長（作戰署）	空軍官校二期
王大恭		英德艦長	
王中柱	震瞶	一〇三軍軍長／衡寶戰役全殲	黃埔二期
王元輝		四川保安副司令	
王天池		海總三署署長	
王世杰	雪艇		倫敦政經學院／巴黎大學博士
王正俟		海軍巡防處長	
王民寧	一鶴	工兵指揮官	日本陸軍士官學校工兵科
王永樹	重三	二二一師師長（屬段澐八十七軍），浙東地區防衛作戰	中央軍校七期

王玉柱	應作黃奕住	廈門實業家／蔣公在鼓浪嶼寄住處	
王宇人	應作黃宇人	立法院主降派	黃埔四期
王成章	斐然	臺灣省警務處長	中央軍校六期
王成椿	壽岩	同濟大學教授	
王克俊	原名德運，字杰夫	二十一軍軍長，投共	中央軍校高教六期，原川軍
王育瑛		湘西暫一軍軍長	保定軍校八期
王叔銘	原名勛	空軍副總司令	黃埔一期
王和		第一軍一六七師參謀長	
王延齡		空軍第四大隊副大隊長	
王東原	名修墉	戰略顧問	保定軍校八期
王秉鉞	弘名靖寰	五十一軍軍長，上海保衛戰被俘	東北陸軍講武堂四期／陸大八期
王近愚		由寧夏突圍歸來六飛行員（中尉通訊員）	
王星衡	應作新衡	立法委員／中國國民黨南方執行部籌備委員	上海大學／莫斯科中山大學（蔣經國同學）

姓名	字號	職銜／身分	附記
王為天		福建綏署代表	
王韋修		華北大學教授	
王宴清	兆平	一九九師師長，率兩團投共	中央軍校六期
王師復		復旦大學教授／臺大經濟系主任	廈大畢
王師曾	譜名家豐，字師曾	政務委員，閻內閣	青年黨
王晉	東垣	雲南省主席盧漢代表	保定軍校九期／陸大正則班九期
王啟瑞		二〇七師長（上海重建）	南京中央軍校七期
王陵基	號方舟	四川省主席	四川武備學堂，川軍楊森劉湘所屬
王陵雲	應作凌雲	第一綏靖總指揮（豫陝邊區綏靖第一路總司令）被俘	中央軍校高等教育班三期
王紫霜		中央銀行業務局副局長	
王雲五		商務印書館	
王敬久	又平	前第十集團軍司令	黃埔一期

王道義			王銘章之子
王銘章	之鐘	一二二師師長，四十一軍代軍長，抗戰時在山東滕縣抗擊日軍時殉國	四川陸軍官校三期，川軍
王錫鈞		第七編練副司令，第一編練司令	黃埔一期
王懋功	原名國華，字東成	前江蘇省主席	保定軍校二期／莫斯科伏龍芝軍事學院／黃埔入伍生總隊長
王寵惠	亮疇	司法院長	天津北洋大學堂法科／耶魯大學法學博士
王鐵漢		前遼寧省主席	東北陸軍講武堂／中國大學／陸軍大學
王纘緒	治易	西南軍政副長官，投共	四川弁目學堂
丘念台	初名伯琮、國琮	監委	日本第四高等學校
尼赫魯	Jawaharlal Nehru	印度總理	
左舜生	名學訓，字舜生，號仲平	青年黨，前農林部長	上海震旦大學
左曙萍	庶平	新疆警備司令部副參謀長	中央軍校六期

姓名	字號	職銜／身分	附記
甘介侯		駐聯合國代表	哈佛大學博士
甘麗初	曰如	桂林綏署參謀長	黃埔一期
田崑山（昆山）	名蘊玉，字崑山	國大代表	北平中國大學
田鍾毅	號冠五	前五十軍軍長，參加李濟深民革，成都投共	雲南講武堂四期
申錫雨		韓國駐華大使	
申翼熙		韓國人	
白吉爾	Oscar C. Badger II	美國將軍，對鄭介民提援臺備忘錄者	
白雨生		高雄港務局長	保定軍校八期
白崇禧	健生	華中軍政長官	保定軍校三期，桂系
白雲梯	巨川	蒙藏委員長，何內閣	公立蒙藏學校法制經濟科
白鴻亮	日人富田直亮化名	日員（軍事顧問團「白團」團長）	曾任日本陸軍少將
皮宗敢	君山	駐美大使館首席武官	中央軍校六期／金陵大學／英國皇家軍官學校

石建中	原名殿揚，字立平	第八軍四十二師長，淮海作戰負傷／第八軍副軍長兼四十二師長，雲南被圍自殺	中央軍校十期
石祖德	蘊煒	總統府侍衛長，廈門警備司令	黃埔一期
石敬亭	筱珊	中委	東北武備學堂
石鳳翔	志學	蔣緯國岳丈，行憲國大代表／中纖董事長	日本京都工藝學校
石靜宜		蔣緯國夫人（石鳳翔之女）	西北大學
石隱		空總五署署長（在臺曾任人事署長）	
石覺	原名世偉，字維開、為開	華北剿匪司令部第九兵團司令兼北平警備司令／京滬杭警備副總司令／舟山防衛司令	黃埔三期
任世桂	號馨山	臺灣警備旅旅長	黃埔軍校五期
任卓宣	筆名葉青	中宣部副部長／國立中央政治大學教授	法國勤工儉學／莫斯科中山大學肄業
任星炳		國防部第二十八軍官總隊總隊長（一九四六），一九四七退役	中央軍校六期

姓名	字號	職銜／身分	附記
任覺五		國大代表／四川教育廳長及社會處長	黃埔四期／日本明治大學
任顯群	原名家騮	杭州市長／行政院善後事業保管委員會台灣省辦事處處長	東吳大學法律系／留日留義
伍明孚		二十軍參謀	
伍興國		國大代表	
吉士道夫人	P.B. Mullett	吉士道（Dr. Harrison J. Mullett）加拿大人，是華西協和大學口腔科教授，為蔣介石診製全口義齒	
吉星文	紹武	三十七軍軍長／一二五軍軍長	行伍出身／中央軍校高級班／陸大特別班八期
吉章簡	夏迪	廣州警察局長（二十一兵團副司令兼）	黃埔二期
向仙樵	名楚，字先喬（又作仙樵、仙喬），號般公	四川大學教授	東川書院，師從趙熙／舉人／內閣中書
向敏思	利鋒	一一〇軍軍長，隸羅廣文第七編練司令部，一九四九年十二月在四川投共	黃埔四期

向傳義	育仁	四川省議會議長	陸軍小學／陸軍第四中學／保定軍校一期
朱世明	公亮	駐日代表團團長	麻省理工／維吉尼亞軍校
朱式勤		一〇二師師長，失守金塘（舟山），後判刑十二年	
朱致一	子玉	八十七軍軍長（舟山）	中央軍校六期
朱家璡		暫七師師長	
朱家驊	騮先，一字湘	政務委員，何閣／行政院副院長，閻閣	柏林大學地質系博士
朱紹良	逸民，一民	福建省政府主席／福州綏靖公署主任	日本振武學校
朱敭春		上海法學院教授	
朱源泉		雲南省秘書長	
朱當本		上海市黨部	
朱鉅林		新編騎兵第七師師長	中央軍校六期
朱鼎卿		湖北省政府主席兼第三兵團司令，後投共	雲南講武堂

姓名	字號	職銜／身分	附記
朱麗東		雲南省秘書長／滇省盧漢主席代表	
江一平	穎君	立法委員	復旦大學／東吳法學士
江杓	星初	行政院物資供應局長	浦東中學／赴德留學
江良		菲國防部長	
江繼五		上海市黨部	
艾其遜	Dean Gooderham Acheson	美國國務卿，繼馬歇爾，發表白皮書者	日記作艾其生
衣復恩		空軍大隊長	中央航校五期
何乃誠		太和艦長（自美接收一九四九年三月抵左營）	
何成濬	雪竹、雪舟	湖北省參議會議長	留日振武學校，日本士官學校五期
何彤	葵明	內政部次長	保定軍校一期
何志浩	號精一	前軍務局高參／國防部第一廳副廳長	黃埔二期

何紹周		十九兵團司令（駐貴州），兼貴州綏署副主任	黃埔一期
何墨林		中信局副局長	
何輯五	原名應瑞	貴陽市長	貴州講武學堂
何龍慶		交通警備第四師長及成都警備副司令，並兼成都警察局長	黃埔四期
何應欽	敬之	駐聯合國代表團長／行政院長	日本士官學校／黃埔總教官
余井塘	原名愉，字景棠，改字井塘		上海復旦大學／美愛荷華大學經濟學碩士
余永壽		侍衛人員	
余紀忠		制憲國代	中央大學歷史系／倫敦大學經濟學院
余程萬	石堅	二十六軍軍長	黃埔一期
余漢謀	幄奇，一作握奇	廣州綏靖公署主任／華南軍政長官／海南特區長官公署副長官	保定軍校六期
余錦源	滙淵	第六編練副司令／第七編練司令	黃埔二期

姓名	字號	職銜／身分	附記
克拉克		美駐華大使館參事／美國公使	
冷曝東		監察委員	
吳允周	原名洪春，改名斌，字允周	軍校教育長	黃埔三期（與黃埔一期吳斌同名，以字行）
吳石	名萃文，字虞薰，號湛然	福州綏署副主任／福州綏靖副司令（中將參謀次長，因匪諜案伏法）	保定軍校三期
吳仲直	字佐之，號啟輔、均夫	七十五軍軍長（淞滬警備司令部→舟山→臺灣）	中央軍校六期／中央陸軍大學十一期
吳忠信	禮卿，號守堅	總統府秘書長	江南武備學堂
吳忠豫		總統府第四局長	
吳長斌		央行業務局副局長	
吳起舜	一作吳超舞，應作吳起舞 字子龍，號壽伯	中央軍校訓導處處長／西南游擊幹部訓練班副主任，後在成都投共	黃埔四期／陸大特別班四期
吳國楨	峙之	上海市長／臺灣省政府主席	普林斯頓大學博士

吳寅伯		上海市黨部	
吳嵩慶		聯勤財務署長	滬江大學／巴黎大學
吳敬恆	稚暉／稚老	總統府資政	一八九一舉人／留日東京高等師範
吳煥章		前興安省主席／國大代表	北京法政大學
吳經熊	德生	前駐教廷公使／制憲國大代表	密西根大學法學博士
吳澍霖		定海縣長	
吳瀚濤		前合江省主席	東京帝大碩士／伊利諾大學博士
吳鐵城		行政院副院長兼外交部長／政務委員	九江同文書院
吳鶴雲		國防部第五廳廳長	中央軍校六期／陸大十一期
呂省吾	誠光	三二五師師長／一二一軍副軍長兼師長，閩南警備司令	中央陸官七期／陸大特五期
呂國楨		高雄要塞司令	黃埔七期
呂德彰		侍衛人員	
宋子文		廣東省主席，廣州綏署主任	哥倫比亞大學經濟學博士

姓名	字號	職銜／身分	附記
宋希濂	蔭國	湘鄂邊區司令，第十四編練司令，華中長官公署副長官，川陝湘鄂綏署主任，被俘	黃埔一期
宋宜山	勵夫	立法委員	南京中央軍校（宋希濂胞兄）
宋思一		京滬杭警備副總司令／貴州綏署副主任	黃埔一期
宋紹椒		第十一綏署第四處處長	中央軍校六期
宋越倫	人騮	駐日代表團秘書	日本大學
宋漢章	名魯	中國銀行董事長（外匯管理委員）	上海中西書院
宋慶齡		孫中山夫人	美衛斯理女子學院博士
宋諤	敬明	海總副參謀長	煙臺海軍學校／南京魚雷槍砲學校五期／東北海防艦隊戰術班二期
李士英		南京和平日報總主筆／掃蕩報總主筆	河南省立淮陽師範
李大為		裝甲兵司令部第四處處長	

李子英		國大代表	
李子寬		上海報業同業公會理事長	北大政治系
李中襄	立侯	報人／制憲國代	唐山大學
李及蘭	治方	廣州警備司令／廣州衛戍司令	黃埔一期
李友邦	原名肇基	臺灣省黨部副主委	黃埔二期
李文	質吾，號作彬	北平警備總司令、華北剿匪副總司令、第四兵團司令官／西安綏署副主任兼第五兵團司令，在成都被俘	黃埔一期
李文範	君佩	司法院副院長／國大代表	日本法政大學速成科
李可行		國大代表	
李永中		第一編練副司令／陸官教育處少將處長，後投共	黃埔三期
李永新	鶴齡	蒙藏委員長	北京蒙藏專門學校
李玉堂	瑤階	前山東綏署主任／海南防衛軍副總司令兼一路軍司令官及三十二軍軍長（海南）	黃埔一期

姓名	字號	職銜／身分	附記
李石曾	煜瀛	總統府資政	巴斯德研究院及巴黎大學理學院
李立俠		中央銀行稽核處長	北平工業大學／東京中央大學／京都帝大
李立柏		臺灣警備司令部人員（參謀長／副司令）	日本士官學校廿一期炮科
李宇清	澄寰	總統府侍衛長，繼石祖德	黃埔二期
李有洪	海涵	二十五師師長（上海↓臺灣）	黃埔八期
李汝和		臺灣軍區參謀長	中央軍校六期
李克熙			李家鈺將軍之子
李良榮	號良安	福建省主席／福州綏署副主任／二十二兵團司令兼廈門警備司令	黃埔一期
李叔明		農民銀行總經理	小學／中華書局練習生
李宗仁	德鄰	副總統／代總統	廣西陸軍速成學校
李宗黃	伯英	行憲國代	保定軍校一期

李宜培		中央社記者	上海聖約翰大學
李延年	吉甫，又名益壽	第六兵團司令，徐蚌會戰／京滬杭警備副司令兼第二兵團司令／福州綏署副主任兼第六兵團司令	黃埔一期
李承晚		韓國大統領	
李牧良		二五三師師長	
李品仙	鶴齡	桂林綏靖公署主任，兼華中軍政長官公署副長官，廣西省政府主席	保定軍校一期，桂系
李炳如		國大代表	
李家鈺	其相	第卅六集團軍司令，抗戰豫中會戰後殉國	四川陸軍軍官學堂一期
李振	原名晉堃，改名振，字載宏	六十五軍軍長／十八兵團司令駐甘肅，轉進四川時投共	行伍／陸大特三期
李振清	仙洲	四十軍軍長／澎湖防守司令	中央軍校西安分校一期
李崇實	伯純	監院秘書長	北平中國大學／日本慶應大學
李彬甫		第八軍二三七師師長	

姓名	字號	職銜／身分	附記
李惟果		駐華盛頓遠東委員會大使級代表	哥倫比亞大學博士／又留德
李清芳		國大代表	
李連墀		海軍機動部隊長	海軍軍官學校二十三年年班（青島海校）／英國海軍砲兵學校
李揚敬	欽甫	廣州市長，繼歐陽駒／海南防衛副總司令兼參謀長	保定軍校六期／黃埔教育長
李敬齋	名鶴	前行政院地政部長	密西根大學博士
李毓南		九十二師長	黃埔五期
李蜀華		國大代表	陝西軍校／武漢軍官學校
李誠一	成日	八兵團副參謀長，廈門降共	
李壽雍	鎮東	暨南大學校長	北京大學／牛津、倫敦大學
李漢魂	伯豪，號南華	總統府參軍長／內政部長，何閣閻閣	保定軍校六期
李福林		國民革命軍初期第五軍軍長，後歸隱	綠林
李鳳鳴	瑞庭	四十軍參謀長（澎湖馬公）	中央軍校高教班

李範奭		韓國人	
李樵		國大代表	
李樹正	清源	國防部戰地視察第十三組組長	黃埔七期
李樹森	朝贊	前浙江省黨部主委／湖南省政府秘書長	黃埔一期
李樹華		國大代表	
李樹衡		國防部政工處長	
李澤劍		總裁辦公室組員	
李彌	炳仁，號文卿	十三兵團司令，徐蚌會戰突圍脫險／第六編練司令兼第八軍軍長	黃埔四期
李懋		第十一綏署秘書長	同字疑刪
李濟深	原名濟琛，字任潮		北京軍官學堂（陸大）
李翼中	名朝鎏	臺灣省政府委員、社會處處長	中山大學
李鴻慈		九十六軍暫十四師師長（一九四五）／二五五師師長（趙琳第卅二軍，海南島）	

姓名	字號	職銜／身分	附記
李懷民	李寶	空總二署署長	雲南航校／中央航校高級一期
李鐵軍		河南警備司令	黃埔一期
李鐵樵		鄧錫侯塾師兼秘書長	
杜月笙	原名月生，改名鏞，號月笙	社會人士／國大代表	青幫悟字輩
杜聿明	光亭	徐州剿總副總司令，徐蚌會戰被俘	黃埔一期
杜魯門	Harry S. Truman	美國總統	
杜聰明	思牧	臺灣大學醫學院院長	京都帝大醫學院博士
汪濟		馬公巡防處長	
沈之岳		保密局定海站站長	抗日大學
沈友梅		《浙江日報》社長／立法委員	上海私立正風文學院
沈向奎	紫文	第一二一軍軍長	黃埔四期
沈百先	在善	水利部政務次長／臺大農工系教授	河海工程大學／美國愛荷華大學工學院碩士

沈宗濂		上海市府秘書長（吳國楨市長）	哈佛大學獲經濟學碩士
沈莊宇		第十軍副軍長／五十六師師長（胡瑚十二兵團劉廉一部六十七軍所轄，援舟山）	日本陸軍步兵學校九期／美國駐印度戰術學校（藍姆迦）四期
沈發藻	思魯	前陸軍官校第三分校主任／第三編練司令	黃埔二期
沈策	建生、健新	西安綏靖公署副參謀長／西南軍政長官公署作戰參謀長	中央軍校六期
沈熙瑞		中央信託局長	達特茅斯學院商學碩士
沈鴻烈	成章	銓敘部長	日本海軍學校二期
沈昌煥	號揆一	外交部禮賓司長／新聞局長	密西根大學碩士
沙孟海	原名文若	蔣介石侍從秘書／書法家	浙江省立第四師範學校
沙學浚	道夷	中央大學地理系教授兼任中大訓導長	國立中央大學／柏林大學博士
狄膺	原名福鼎，字君武	監察院秘書長／立法委員	北大哲學系
谷正倫	紀常，季常	貴州省府主席／貴州綏署主任	留日振武學校
谷正鼎	銘樞	立法委員／國民黨組織部長	柏林大學政治經濟系

姓名	字號	職銜／身分	附記
谷正綱	叔常	上海市戰地政務委員／上海市黨部	柏林大學
阮齊	字仲賢	前六十六軍軍長（副軍長）	黃埔二期
冼大啟			中央軍校武漢分校六期
周中櫟		四十五師師長（廈門）	
周天健		六十軍副軍長／國防部第十五新兵補訓處處長（少將）（蔣介石同鄉結拜兄弟周淡游之子）	黃埔一期／中央訓練團黨政研究班四期
周天翔		周天健之弟	湖南大學／哈佛大學
周少吾		華西協和醫學院口腔醫學院教授（分院院長）	留學加拿大人
周文韜		五十四軍副軍長（上海→臺灣）	黃埔六期／陸軍大學十一期
周至柔	原名百福，以字行	空軍總司令	保定軍校八期／黃埔兵學教官
周宏濤		侍從秘書（一九四三年起）	東吳大學政經系／武漢大學政治系
周佩箴		銀行業（農民銀行常董並兼其他銀行）	孫中山追隨者

周昆田		吳忠信之幕僚	
周國成		侍衛人員，訪菲	
周嵒	奉璋，日記偶作周岩	京滬警備副總司令兼浙江警備司令／浙江省府主席兼浙江綏靖總司令	保定軍校三期
周菊村		參謀（中國國民黨總裁辦公室上校高級參謀）	南京中央軍校十一期／陸軍大學正則班十九期
周象賢	企虞	前杭州市長（浙江省政府委員）	麻省理工學院
周開成	滁州	第八軍軍長（隸李彌十三兵團），徐蚌會戰被俘	中央陸官武漢分校五期，中央軍校高教班一期
周嘉彬	尚文	一二〇軍軍長	德國陸軍大學／張治中女婿
周鍾嶽	生甫，號惺甫，又號惺庵	民盟人士	早稻田大學學習法政
周懷昜		臺灣警備司令部人員	日本陸軍士官學校廿三期
孟知眠		空軍運輸副署長	
季里諾	Elpidio Quirino y Rivera	菲律賓總統	日記亦曾作紀利樂

姓名	字號	職銜／身分	附記
季源溥	匯川	內政部調查局長	日本中央大學
季蘊村		第一軍一六七師團長	疑為黃埔十一期的李蘊村
居正	覺生	監察委員	日本政治大學，日本大學本科法學部
杭立武		教育部長，何內閣閣內閣	金陵大學／威斯康辛大學碩士／倫敦大學博士
林一民		復旦大學校長	內布拉斯加大學碩士
林秀欒		臺灣警備司令部人員	日本陸軍士官學校廿六期
林保源	即日人根本博	協助在廈門練兵（前日本駐蒙軍司令）為湯恩伯第五軍管區司令官中將顧問，協助守金門	日本陸軍士官學校廿三期／日本陸軍大學卅四期
林則	Ashley W. Lindsay	加拿大牙醫／華西協和大學醫學院總院長	
林建中		浙江省黨部代書記長	
林春光		海總交通通訊署長	

林炳崧		東京中華商會主席	
林崇墉	孟工	中央銀行業務局長	法國巴黎大學法學博士（林則徐玄孫）
林蔚	蔚文	國防部次長／參謀次長／東南長官公署副長官	江南陸軍學／陸大正則班四期（一九一六）
武泉遠	名濬，字子哲	參謀長（臺灣警備總司令部）	北京陸軍獸醫學校十期
竺可楨	藕舫	國立浙江大學校長／中央研究院院士	伊利諾伊大學農學院／哈佛大學博士
竺培風		空軍二十隊二中隊參謀，失事遇難（蔣介石妹蔣瑞蓮之子，娶楊森第三女楊郁友）	南京中央大學／劍橋大學碩士／美國空軍受訓
邱希賢		二〇六師師長	
邱昌渭	毅吾	總統府二局局長／總統府秘書長	哥倫比亞大學哲學博士
邱淵	又名默雷	西南補給區司令	陸軍大學十三期
邱清泉	原名青錢，號點溪，字雨庵	第二兵團司令，徐蚌會戰在陳官莊殉國	黃埔二期
邱維達	字力行，號青白	七十四軍軍長，徐蚌會戰被俘	黃埔四期

姓名	字號	職銜／身分	附記
邱耀東		補給第三分區司令／國大代表	中央軍校二期經理科
邵力子	原名鳳壽，又名聞泰，字仲輝	南京政府和談代表／主張無調件投降	一九〇三年舉人／上海震旦學院／黃埔秘書長
邵毓麟	文波	駐韓公使／大使	日本九州帝國大學
侯鏡如	原名心朗	塘沽防守司令／第九十二軍軍長	黃埔一期
侯騰	飛霞	國防部第二廳廳長	中央軍校六期
俞大維		東南長官公署政務委員會副主委	哈佛哲學博士／德國柏林大學學習
俞杭仙		周天翔配偶、俞濟時之女	
俞飛鵬	樵峰	招商局董事長	寧波師範學校／北京軍需學校
俞嘉庸		浙海日報名譽發行人／中統浙江省調查統計室主任／貴州省黨部書記長／國大代表	上海大學
俞濟時	良楨，號濟士	總統府第三局局長，改任戰略顧問	黃埔一期
俞鴻鈞		中央銀行總裁	上海聖約翰大學

姚金黎	應作全黎	由寧夏突圍歸來六飛行員（少校參謀）	
姚寅		上海市黨部	
姚琮	味辛	前軍委會辦公廳主任／總統府戰略顧問	保定速成學堂，陸大正則班四期／黃埔教官
宣鐵吾	惕我	京滬杭警備副總司令	黃埔一期
施存仁		第八師師長	
施季言		溪口武嶺學校校務長	東吳大學理學士
施覺民		蔣介石侍從室侍衛組組長	黃埔三期／陸軍大學參謀班四期（蔣介石表姪）
柏良	犖民	川東反期挺進軍副總指揮，投共	黃埔五期／中央訓練團將官班
柯克	Alan Goodrich Kirk	美國前海軍上將（後任駐華大使）	
柯俊智	復初	中央評議委員（旅居菲賓）	
柯爾白		美國人民團體對華政策委員會主席	
柳元麟		副侍衛長／第八軍副軍長／八十六軍副軍長／退往緬北	黃埔四期／陸軍大學將官班二期

姓名	字號	職銜／身分	附記
柳克述	劍霞	立法委員／東南軍政長官公署政務委員	北京大學／中央陸官政治總教官
柳際明	原名善	浙江省建設廳長	保定軍校八期／黃埔教官
段澐	湘泉	八十七軍軍長，浙東地區防衛作戰	黃埔四期
洪鍾		第一軍一六七師團長	
洪蘭友		中政會秘書長／非常委員會秘書長	復旦大學法科研究院
胡克先		淞滬要塞司令／廈門要塞司令	中央軍校六期
胡宗南	原名琴齋，字壽山	西安綏署主任／西北軍政副長官／西南軍政副長官兼參謀長	黃埔一期
胡炘	炘之，號復興	防衛部副參謀長（少將，舟山）	中央軍校十期
胡長青	南章	九十九軍軍長／六十九軍軍長	黃埔四期／陸軍大學九期
胡家騁		軍長，劉安祺手下	
胡偉克	倜雲	空軍官校校長	中央軍校六期／中央航校一期
胡健中	原名經亞，又名震歐，字絜若	《東南日報》社長	復旦大學英文系

胡維達		接收澎湖少校參謀／宋子文（廣東省主席）軍事幕僚	肯塔基州諾克斯堡裝甲兵學校
胡璉	伯玉	十八軍軍長	黃埔四期
胡適	適之	北大校長／外交部長，閻內閣	哥倫比亞大學哲學博士
胡獻群	粹明	空軍運輸署長	中央軍校六期
胡競先	勉修	騎兵學校校長	
范眾渠		重慶參議會議長	四川達縣縣立中學
茅以昇	唐臣	上海市府秘書長	康乃爾土木碩士／卡內基理工學院博士
韋永成		立法委員	西北軍校／莫斯科中山大學
香翰屏	墨林	中央委員／國大代表／廣東省政府委員	廣東護國軍第五軍軍官講武堂
倪文亞		立委／國民黨青年部長，繼陳雪屏	哥倫比亞大學教育學碩士
倪炯聲		行政院副秘書長，閻內閣	
卿雲燦		七十二副軍長兼敘瀘警備副司令，後投共	黃埔五期／廣東航空學校六期／陸軍大學特別班六期

姓名	字號	職銜／身分	附記
唐生智	孟瀟	總統府戰略顧問／湖南人民自救委員會主委，附匪	湖南陸軍小學／保定軍校一期，湘軍
唐守治	浩泉	八十軍軍長	黃埔五期
唐式遵	子晉	戰略顧問／西南長官公署副長官	四川陸軍速成學堂，劉湘部
唐雲山	民三，號民山	二十二兵團副司令	黃埔一期
唐毅	令果	前重慶市警察局長／內政部警察總署副署長	重慶法政專科／中央警官學校法政高研班一期
唐縱	乃建	前內政部次長／總裁辦公室七組組長	中央軍校六期
夏功權		侍從武官（十二偵察中隊長／駐美空軍採勤小組）	空軍官校十四期（黃少谷女婿）
夏晉熊		中央銀行國庫局長（財政部次長兼）	燕京大學經濟系／巴黎大學經濟學博士／倫敦政經學院
孫元良		十六兵團司令，徐蚌會戰突圍脫險／第十編練司令／代理川鄂綏靖主任	黃埔一期
孫北先		西南公署三處處長	

孫立人	仲倫，一作仲能	陸軍訓練司令／東南公署副長官兼臺灣警備司令	普渡大學／維吉尼亞軍校
孫科	哲生，又字建華	（孫中山哲嗣）行政院長／國民黨非常委員會委員	哥倫比亞大學碩士
孫連仲	仿魯	總統府參軍長／戰略顧問	保定中學，入馮玉祥部
孫渡	志舟	熱河省主席／西南長官公署副長官	雲南講武學校四期／中央陸官第五分校
孫貽興		工程署駐廈門主任	
孫越崎	原名毓麒	經濟部長（兼資委會主任），何內閣	北京大學採礦系／留美史丹福大學及哥倫比亞大學學習
孫進賢	士良	一七〇師師長（李彌部第八軍）退入緬北	行伍／中央軍校高教班五期
孫震	德操，號夢僧	四川（川東）綏靖司令／西南公署副長官	四川陸軍小學堂二期／西安陸軍第二中學堂一期／保定軍校一期
孫繼丁		青島市政府秘書長兼港務局長／青島市代市長	普渡大學電氣工程

姓名	字號	職銜／身分	附記
孫蘭峰	畹九	張家口綏靖司令／察哈爾省代主席，投共	黃埔四期，傅作義部
席德懋	建侯	中國銀行總經理／董事長	伯明翰大學商科碩士
徐中岳	應作中嶽	前安徽省府委員／立法委員	黃埔一期
徐永昌	次宸，一作次辰	陸軍官校校長／國防部長／政務委員	行伍／陸大正則班四期
徐志勗		第九軍軍長，在滬成軍開赴閩南，隸十三編練司令部，後隸二十二兵團	黃埔五期
徐品富		江靜輪船長	
徐柏園	名可亭	財政部次長／協助籌劃新臺幣改革事宜／央行副總裁，代理中國銀行董事長	東南大學商學院，赴美學習金融暨經濟實業
徐庭瑤	原名其瑤，字月祥	前裝甲兵司令／東南軍政副長官／國大代表	保定軍校三期 日記曾作徐庭耀
徐培根	石城	陸軍參謀學校校長	保定軍校三期／陸大正則班六期，浙軍／黃埔南京本校籌委

徐寄廎	原姓陳名冕，出繼徐姓，名徐陳冕，字寄	上海市議會副議長兼商會理事長	日本東京同文書院／山口高等商校
徐梁	任之	前遼北省主席／東北剿總騎兵司令	保定軍校八期，奉軍
徐笙		國防部第五廳廳長	中央軍校六期
徐傅霖	夢巖	民社黨黨魁／總統府資政	秀才／京師法政學堂／日本早稻田大學法學士
徐堪	原名代堪，字可亭	財政部長（兼中央銀行總裁）	秀才／四川通省師範學堂／四川高等警官學堂
徐復觀	原名秉常，字佛觀	少將退役，在港辦《民主評論》半月刊	武昌第一師範／日本明治大學經濟／日本士官學校步科廿三期
徐會之		前漢口市長／總統府參軍	黃埔一期
徐源泉	克成，客塵	立委	湖北武備學堂
徐煥昇		空軍三區司令	中央軍校六期／中央航空學校一期／留德義航空專校
徐道鄰	原名審交	（徐樹錚之子）江蘇省政府秘書長	柏林大學法學博士

姓名	字號	職銜／身分	附記
徐實甫		海總辦公室主任	
徐鳴亞		上海市府秘書處長	
徐樂全		華西協和醫學院教授（牙齒修復）	加拿大進修
徐學禹		招商局經理／董事長	柏林工業大學電機科
徐錫鴻		侍衛官	
晏玉琮	琮林	空軍第三軍區司令／空軍第四軍區司令	雲南航校／陸軍大學
栗直	吉人，號天雄	國民黨合江省黨部主委	吉林第一師範
桂永清	率真	海軍總司令	黃埔一期
殷君采		青島市黨部主委／國大代表	北平民國大學
涂思宗	負我，南恒	前黃埔軍校教官／國大代表	蕉嶺縣立中學，許崇智部／北平陸大特別班一期
涂壽眉	頌喬	國民黨總裁辦公室秘書	湖北法政專校／湖北省立國學館
祝紹周	芾南，一作莆南	京滬杭警備副總司令	保定軍校二期

秦德純	紹文	山東省主席兼任青島市長／國防部次長	保定軍校二期
紐永建	應作鈕永建 字惕生	考試院副院長代理院長	日本士官學校
紐先銘	應作鈕先銘 字劍鳴	臺灣全省警備副司令	日本士官學校
翁文灝	詠霓	行政院長／國大代表／總統府文官長	比利時羅文大學博士
袁守謙	企止	華中剿總秘書長／中央軍校同學會非常委員會書記／東南長官公署秘書長／國防部次長	黃埔一期
袁樸	茂松		黃埔一期
吉士道		牙醫，華西大學	
郗恩綏	一厂	聯勤副總司令／國防部三廳廳長	保定軍校八期
馬全欽	廷斌	立法委員，降共	行伍，馬家軍
馬志超	承武	交警總隊長／國大代表	黃埔一期
馬步芳	子香（馬步青弟）	西北軍政長官公署軍政長官	寧海軍官訓練團

姓名	字號	職銜／身分	附記
馬步青	子雲	青海省政務委員	入寧海軍
馬昆山		國大代表	
馬紀壯	伯謀	海軍第一軍區司令／海總副參謀長	海軍官校
馬惇靜〔靖〕	字立青	八十一軍軍長／海固兵團長令，與父投共	行伍（馬鴻賓第三子）
馬紹武		西北軍政副長官／青海省府委員	
馬敦靜	平山	寧夏省代主席／八十軍軍長	中央軍校高教班四期（馬鴻逵次子）
馬超俊	星樵	前國民黨農工部長／國大代表	明治大學政治經濟系
馬歇爾	George Catlett Marshall, Jr.	美國國務卿	
馬鴻逵	少雲	寧夏省主席／西北公署副長官／國大代表	蘭州陸軍學校（馬鴻賓之弟）
馬鴻賓	子雲，一作子寅	八十一軍軍長／西北公署副長官，投共	（馬福祥侄子）

馬繼周	梓恩	（甘肅徽縣人）	
馬繼援	少香	青海省府委員／前西北副長官／八十二軍副軍長（改師師長）	回教促進會高級中學（馬步芳之子）
高士棟		軍事學校非常委員會東北分會委員	
高方		中央銀行發行局長	
高吉人	善庭	第五軍（重建）軍長（東南公署）	黃埔四期
高桂滋	培五	中委／西安綏署副主任	陝西陸軍講武堂
崔之道		太康艦長／第廿一護衛艦指揮官	海軍官校廿三年班／雷電學校第一屆航海科／赴德赴美學習
常海清		國大代表	
康玉湖		高雄縣恆春區長	
康納利		美參議員	
康謳		上海市黨部	
張中寧		湘西暫二軍軍長	
張之珍		空總六署署長	
張仁耀		太康艦長	

姓名	字號	職銜／身分	附記
張少文		上海市黨部	
張世希	適兮	第二編練司令／第七綏靖區司令／福州綏署副主任	黃埔一期
張玉男		商談購買菲之軍火事	
張玉琳		暫三軍軍長	
張先啟		上海市黨部	
張伯苓	名壽春，字伯苓	南開大學創辦人／國大代表／考試院長	北洋水師學堂／美哥倫比亞大學師範學院
張佛千	原名應瑞	陸訓部政工處長	上海中國公學大學部
張佛泉	學名葆桓	北大、西南聯大教授，東吳後校政治系主任，《自由中國》撰稿人	燕京大學
張君勱	原名嘉森，字士林	民社黨	早稻田大學政治經濟系
張廷禎		總統府機要室副主任（蔣介石）	
張邦翰	西林	滇雲南省建設廳長／立法委員	比利時黎斯大學電化工程師證書

張京雲		侍衛人員，訪菲	
張其昀	曉峰	國大代表／總裁辦組長	南京高等師範文史地部
張延哲		浙江省政府秘書長（曾任陳儀臺灣行政長官公署秘書長，此時浙江省主席是陳儀）	哈佛大學
張明遠		防衛司令部二處處長（臺灣）	
張治中	原名本堯，字敬魄，號文白、文伯	政務委員，何內閣／和平談判南京代表	保定軍校三期／黃埔軍校軍事研究委員
張知本	懷九	司法行政部長，何內閣閣內閣	日本法政大學
張秉鈞	伯平	聯勤副總司令	保定軍校五期
張柏亭	相豪	臺灣警備司令部人員	上海法科大學法律系
張貞	幹之	中央委員／立法委員	保定軍校三期
張凌高		民社黨四川省黨部主任委員／民社黨中委	華西協和大學／芝加哥西北大學碩士
張師		總裁辦公室副組長	
張純	紹寅	五十四軍副軍長兼代參謀長／兼浦東兵團參謀長	黃埔五期

姓名	字號	職銜／身分	附記
張國英		第十一綏署第三處處長	陸官十二期
張國興		合眾記者（後在港創辦亞洲通訊社等）	西南聯大政治系
張培義		空軍八大隊大隊長	中央航空學校六期
張得才		戰車二團三營連長	
張清源	原名雲濤，字清源	立法委員／國民黨組織部副部長	北京法政專校法律系
張雪中	原名達，字雪衷	衢州綏署副主任／第三編練司令	黃埔一期
張斯可	名再	陸軍中將／四川省政府顧問，彭縣投共	四川陸軍速成學校，川軍
張發奎	向華	海南特區行政長官／陸軍總司令／戰略顧問	廣東陸軍小學六期／武昌軍官第二預備學校
張軫	翼三	河南省主席／兼第十九兵團司令／華中公署副長官／兼一二八軍軍長，投共	保定軍校九期／日本陸軍士官學校九期／黃埔教官
張鈁	伯英	鄂陝邊區綏署主任	保定速成學堂
張經翰		滇省府委員	

張群	岳軍	重慶綏靖公署主任／西南軍政長官／政務委員	保定速成學堂／日本振武學校
張道藩	衛之	立法委員	倫敦大學美術部／巴黎最高美術學院
張壽賢		南京市政府秘書處秘書長／內政部常務次長／中國國民黨副秘書長	無錫國學專修學校
張緒滋		傘兵總隊長	中央軍校七期（武漢分校）
張銘梓		第一軍參謀長	中央軍校十期
張厲生	少武	前行政院副院長	巴黎大學
張廣訓		戰車三團團長	
張慶恩	永銘	國民黨組織部駐包頭辦事處主任	山西工業專門學校
張學良	漢卿	因西安事變被監管	東三省講武堂一期
張篤倫	伯常	湖北省政府主席，請辭／西南公署政務委員兼秘書長	湖北陸軍小學／武昌陸軍第三中學／保定軍校入伍生
張默君	原名昭漢	考試委員	上海聖約翰女子書院文科
張彌川	又名瀰川，字伯泉	前漢口市長（中將退役）／國大代表	黃埔一期／陸軍大學正則班十三期

姓名	字號	職銜／身分	附記
張鎮	真夫	憲兵司令（憲兵學校校長）	黃埔一期
張繼	溥泉	國府委員（一九四七病逝）	東京早稻田大學
張耀明		前守都衛戍總司令／陸軍官校校長	黃埔一期
張鐵僧		國大代表	
曹天戈		總統府參軍／十二軍軍長／十三編練副司令／八兵團副司令兼第八軍軍長	黃埔四期
曹貞		上海市黨部	
曹聖芬		侍從秘書／總裁辦公室秘書組副組長	中央政治學校新聞系
曹福林	樂山	五十五軍軍長／八兵團司令／廈門防衛司令	行伍，原馮玉祥部
曹禮林		五〇軍軍長	
梁寅和		空軍第三軍區作戰科長	
梁敦厚	化之	代理山西省政府主席，太原失陷殉職	山西大學文學院（閻錫山姨表兄）
梁棟新		澎湖防守副司令／第三編練司令	黃埔五期

梁華盛	原名文焱	前吉林省主席／廣州綏靖公署副主任／黃埔同學會發起人	黃埔一期
理明玉〔亞〕	原名石俊，字明亞	五十五軍副軍長（整編五十五師副師長）	河南陸軍小學／保定軍校八期／陸軍大學特別班六期
盛世才	原名振甲，字晉雍，號德三	胡宗南司令部高參	中國公學／日本明治大學／日本陸軍大學中國學生隊
章士釗	行嚴	立法委員／國民政府和談代表	南京陸軍學堂
章嘉活佛	章喜呼圖克圖	總統府資政	一八九九受封
章維亞		軍校勤務團營長	
莫中令		憲三團團長（衛戍首都南京外圍→閩南漳廈）	
莫德惠	柳忱	政務委員，何內閣	北洋高等巡警學堂
許丙	字芷英，幼名亞丙，號大山	臺灣士紳／臺灣省政府顧問委員	淡水公學校畢業
許伯超		重慶中央訓練團／（曾任附中、臺南家專校長）	上海暨南大學社會學系
許孝炎	伯農	立法委員／香港時報創辦人	北京大學英文系

姓名	字號	職銜／身分	附記
許孝焜		海總六署署長（海軍上校在臺延退19521022）	船政後學堂輪管十三屆
許念真〔曾〕		駐阿富汗公使	巴黎大學政治經濟博士
許朗軒	永洪	國防部第三廳副廳長	中央軍校高等教育班五期／陸軍大學十一期參謀班
許紹昌	楠平	駐漢城總領事	南京中央政治學校外文系／美國南加大深造
許聞淵		革命實踐研究院教務組長兼駐院講座	上海光華大學政治系
許靜芝		總統府副秘書長	中央測量學校高等科
許應康			抗戰陣亡將軍許國璋之子
郭大樹		二十軍參謀長	
郭永		二十師師長	
郭汝瑰	原名汝桂	七十二軍軍長／第七編練副司令，投共	黃埔五期
郭東暘		戰車二團團長	

郭勗旗		前十三綏署副司令	郭勛祺，原名勛，又名海波，學名洪清，字翼之，四川華陽人
郭寄嶠	原名季嶠，又名光霱	甘肅省政府主席／國民黨甘肅省黨部主任委員，繼張維	保定軍校九期
郭學禮	立亭	監察委員	中央黨務（政治）學校
郭懺	悔吾	聯勤總司令	保定軍校六期
陳大慶	養浩	淞滬警備司令（京滬杭警備副總司令兼）	黃埔一期
陳文淵		中華全國基督教協進會總幹事／國大代表	紐約州錫拉丘茲大學碩士／杜克大學心理學博士
陳文憲		交通部專員	
陳以德		上海市府主任秘書	
陳永立		國防部視察官	
陳立夫	原名祖燕	立法院副院長／政務委員，閻內閣	匹茲堡大學採礦學碩士
陳宏謀	矩猷。謀一作謨		

姓名	字號	職銜／身分	附記
陳希曾		前總統府第六局長	浙江陸軍經武學校
陳良	初如	上海市代理市長／國防部次長	北京陸軍軍需學校
陳卓林		中央航空公司總經理，投共	美國寇蒂斯航空學校
陳明仁	子良	湖南省主席／華中公署副長官兼第一兵團司令，投共	黃埔一期
陳明鑫	一作姓馮	由寧夏突圍歸來六飛行員（下士機械員）	
陳果夫	原名祖濤	一九四八遷居臺灣	南京第四陸軍中等學堂
陳長桐	庸孫	央行會計主任	清華學校／紐約州立大學銀行（金融）學碩士
陳長捷	介山	天津警備司令（第六集團軍總司令），被俘	保定軍校七期
陳保泰		上海市府代秘書長／上海市黨部／浙江省舟山群島防衛司令部秘書長	
陳春霖	原名思棣	四四軍軍長，投共	黃埔五期

陳迪		英山艦長	
陳哲生		國防部兵工副署長	巴黎大學理學院
陳恭藩		中國銀行經理	
陳振鐸	君木	前中山大學教授	東京大學農學博士
陳納德		美國將軍	
陳訓悆	叔兌	立法委員／中央通訊社總編輯	上海同文書院
陳啟天	修平，號寄園	青年黨黨魁／國大代表	私立武昌中華大學
陳堅		八十八師師長	
陳紹平	策奇	粵漢鐵路局長／國大代表	黃埔二期
陳雪屏		前中央青年部長／上海市黨部	北京大學／哥倫比亞大學碩士
陳善周		重慶市警察局長（曾任侍衛人員）	中央軍校六期
陳惠夫	陳其美次子	國民政府全國經濟委員會專門委員	黃埔軍校／金陵大學
陳舜畊		總裁辦人員（叔父陳杏佳與蔣介石結拜）	上海滬江大學／黃埔職官
陳幹棻		海南行署副參謀長	

姓名	字號	職銜／身分	附記
陳裕光	景唐	國大代表	哥倫比亞大學博士
陳誠	辭修，號石叟	臺灣省政府主席／國民黨臺灣省黨部主任委員／臺灣警備總司令	保定軍校八期
陳嘉尚	永祥	空軍副司令／赴臺灣建設空軍基地	中央軍校六期／中央航空學校一期／義大利空軍參謀大學
陳儀	公俠，公洽	浙江省主席	日本士官學校中國學生隊五期
陳德邵		二十軍參謀（副參謀長），後投共	川軍將領
陳慶雲	天游	國民黨海外部部長	隨父母僑居日本
陳質平		駐菲律賓公使	南京東南大學
陳翰珍	原名香貽	監察委員	國立京師大學農科
陳衡		侍衛人員	
陳濟棠	伯南	海南特區行政長官兼警備司令	廣東陸軍速成學校
陳鞠旅		十八兵團副司令（西安綏署），投共	黃埔潮州分校二期（敘四期）
陳麓華		來臺後曾任空降司令（一九五一）	
陳寶麟	冠靈	浙江省黨部監委／浙江省政府委員	北京大學經濟系

陳繼承	武民	總統府戰略顧問	保定軍校二期
陳鐵	原名永楨，字志堅	貴州綏署副主任／第八編練司令	黃埔一期
陶一珊	延基	淞滬警備部副參謀長	中央陸官六期
陶亦明		上海市黨部	
陶希聖	原名匯曾，一作彙曾	立法委員／上海市黨務主要人員	北京大學法科
陶峙岳	字岷毓	西北公署副長官／新疆警備總司令，投共	保定軍校二期
陸京士	原名少鎬	立委／內政部勞動司長	上海法學院
陸培植		由寧夏突圍歸來六飛行員（下士機工長）	
陸靜澄		將領，浙東地區防衛作戰（八十七軍副軍長兼二二〇師師長）	中央軍校六期
麥克阿瑟	麥克阿塞，麥克亞瑟	美國軍事將領／菲律賓陸軍元帥	臺灣稱其為「麥帥」
傅伊仁		八十軍團長（古寧頭戰役）	中央軍校十二期／陸軍大學正則班十八期

姓名	字號	職銜／身分	附記
傅作義	宜生	華北勦匪總司令，投共	保定軍校五期
傅秉常	原名褧裳	駐俄大使／外交部長，何內閣	香港大學
傅秉勛	原名天傑	一〇四師師長／川康青邊區人民反共突擊軍司令	黃埔五期
傅斯年	孟真	立法委員／臺大校長	北大國學門／倫敦大學／柏林大學研究
傅雲	壯飛		
傅毓同		第一軍一六七師副團長	中央軍校十二期
勞冠英	名方成，字冠英	七十四軍軍長	黃埔五期
勞聲寰		空警第二旅旅長	中央軍校六期
單成儀	公威	軍事學校非常委員會東北分會委員／國大代表	黃埔四期
喻英奇	偉精	三二一師師長／暫編第五軍軍長，被俘	廣東西江講武學堂
富田直亮	化名白鴻亮	日員協助練兵者	

彭九生		前臺大教授（機械系熱力學）	九州大學工學士
彭佐熙	民雍	廿六軍長	黃埔二期
彭孟緝	原名明熙，字真如，號念光	臺灣警備總司令部副總司令／臺北衛戍司令／臺灣省府委員兼保安司令／圓山軍官團教育長	黃埔五期／日本野戰砲兵學校
彭宗佑		國大代表／退役少將	
彭昭賢	君頤	前內政部長（一九四八）	國立北平大學／莫斯科大學
彭斌	原名基純，號澤中	內政部警察二總隊長，後投共	四川陸軍講武堂，川軍
彭戰存	鐵如	青年軍二〇一師師長／八十軍副軍長（金門古寧頭戰役）	黃埔四期
彭應唐		通信兵團團長	
景嘉謨	懋猷	二十軍代軍長兼一三三師師長，川西金堂投共	二十六軍軍事政治學校
曾元三	省之	三十九軍一〇三師師長，在廣東投共	中央軍校九期
曾祥廷	濟中	第一軍副軍長	南京中央軍校八期
曾晴初	原名祥雲，字宇明	四川水上警察局長	黃埔三期

姓名	字號	職銜／身分	附記
曾虛白	原名燾，字煦白	行政院新聞局副局長／赴臺任中廣副總經理	上海聖約翰人學
曾慶集		空軍補給司令（聯勤總部第四補給區副司令兼四四補給分區司令），後投共左大	清華大學、美國騎兵學院
曾擴情	原名朝笏，又名慕沂	立委／四川省黨部主委／兼川陝甘邊區綏署副主任，成都防守司令部政治部主任	四川威遠縣立中學／省立茶務講習所
湯恩伯	原名克勤	京滬杭警備總司令／東南軍政副長官／福建省政府主席兼福建綏靖主任	援閩浙軍講武堂／日本明治大學／日本陸軍士官學校十八期
焦如喬		察駐穗辦事處人員	
焦易堂	名希孟，字易堂	國大代表	陝西法政專校／自治研究所
程天放	原名學愉	立法委員／國民黨宣傳部長／中央委員	復旦大學／伊利諾大學碩士／多倫多大學博士
程石泉		浙江大學、中央大學教授	國立中央大學哲學系／華盛頓大學哲學博士

程法侃		民權艦長（江防艦隊秘書長兼），投共	煙臺海軍學校／留英
程思遠		立法委員／國民黨中央委員／非常委員會副秘書長	（李宗仁秘書）羅馬大學博士
程潛	頌雲	長沙綏署主任，八月長沙投共	日本士官學校六期
程鵬	又名鴻鵬	三十九軍軍長	貴州講武學堂／中央軍校高教班四期
童平山		臺灣警備總司令部政工處長	黃埔四期政治科
童冠賢	原名啟彥	立法院院長	南開大學專科／日本早稻田大學／哥倫比亞大學、德國國立大學、英國劍橋大學研究政治與經濟學
華萊士	Henry Agard Wallace	美國副總統（一九四四年訪華，意在國共合作）	
覃勤	醒群	立委／中國醫藥學院創辦人	中醫
賀衷寒	君山	立委／中央委員／國大代表	黃埔一期／莫斯科伏龍芝大學
賀國光	元靖	重慶綏署副主任／西南公署副長官兼西昌警備司令／西康省主席	四川陸軍速成學校／陸大正則班四期

姓名	字號	職銜／身分	附記
賀耀組	貴嚴	國大代表／行政院政務委員，赴港與李濟深通電投共	日本振武學校／日本士官學校中國學生隊十一期
辜鐵華		立委	
黃仁霖		聯勤副總司令兼美援物資接收委員會主任	美國文特貝爾大學／福特汽車學校工讀
黃少谷	原名亮	行政院秘書長／政務委員／國民黨宣傳部長／總裁辦秘書主任	北京師範大學教育系／倫敦政經學院
黃幼勉		廈門要塞副司令	南京中央軍校七期
黃正成	景雲	整編第一師（師長羅列）整編第一旅旅長，被俘（一九四六年十月在山西）	
黃光烈		一〇三軍副軍長	
黃如林		中正大學校長	
黃季陸	原名學典	四川大學校長／國大代表	美國盛斯靈大學碩士／多倫多大學研究
黃杰	達雲，號冰雪	長沙綏署副主任／國防部次長／湖南省主席兼湖南綏靖總司令及第一兵團司令	黃埔一期

黃金鰲	冠宇	師大教授（兼訓導長）	北平師範大學體育系
黃保德	仁裕	廣東保安第三師師長（惠州）／暫五軍軍長	黃埔五期
黃建墉		三五〇師師長	中央軍校六期
黃珍吾	原名寶循，字靜山	首都衛戍總司令部副總司令／首都警察廳長／福州綏署副主任／東南地區憲兵指揮官	黃埔一期
黃祖熏〔壎〕	一作祖勛，祖塤，字伯笙，號泊笙	九十一軍軍長（西北公署第九兵團）／二十七軍長（西南公署第五兵團）被俘	黃埔二期
黃紹竑	舊名紹雄，字季寬	國民政府和談代表	保定軍校三期
黃雪邨		總統府局長（李宗仁機要秘書）	
黃朝琴	蘭亭	第一商銀董事長／臺銀常務董事	早稻田大學／伊利諾大學碩士
黃翔	原名衍纘，又名強，字少愚，又字掃夷	九十二軍軍長，一月隨傅作義投共	南京中央軍校七期／陸大正則班十期
黃煦	哲卿	立法委員	

姓名	字號	職銜／身分	附記
黃福燕		上海市黨部	
黃褚彪		通信署長（飛越駝峰第一人）	中央航空學校二期航空班
黃隱	逸民	九十五軍軍長／川陝甘邊區綏靖副主任，後在彭縣投共	保定軍校
黃鎮球	劍靈，劍霆	廣州綏署副主任兼代保安司令／廣東省警保處長／總統府戰略顧問	保定軍校六期
楊中藩		一九八師師長（五十四軍參謀長）	中央軍校六期
楊文清		雲南省民廳局長／盧漢代表（助盧漢投共）	北京大學農林系
楊永俊		國大代表	
楊林		雲南軍需處長	
楊厚綵	綵一作彩，字煥文	海陸戰隊第一師長（復興島就任）／海軍陸戰隊司令	南京中央軍校六期／留德
楊砥中		邊疆土司代表（貴州遵義黑彝）／國大代表／軍統	

楊森	原名淑澤，又名伯堅，子惠	重慶市長兼重慶綏署副主任／西南公署副長官兼政務委員／重慶衛戍總司令	四川陸軍速成學堂
楊慎五		綏駐穗辦事處人員	
楊楚材	獨信	第八師師長／東南軍政長官公署第二新兵編練分部參謀長	中央軍校洛陽分校軍官訓練班十期／中央軍官訓練團東南分團班
楊漢立	一作漢烈，號北魂	二十軍師長→軍長，投共	中央陸軍軍官學校第十六期（楊森次子）
楊綽庵	原名裕德	糧食部上海糧食緊急購儲會主任／財政部次長	北京法文學堂
楊履祥		空軍第一大隊副大隊長	中央航空學校六期
楊寶琳		立法委員	北平中國大學
楊繼曾	君毅	兵工署長／行政院資源會委員／國大代表	柏林工科大學
楊繼榮	冰神	中央委員／長沙綏署副參謀長	黃埔四期
溫崇信	仲清	前北平市府秘書長（復旦大學教務長兼政治系主任）	留美

姓名	字號	職銜／身分	附記
萬用霖	雨人	空軍地面警衛司令（少將）	黃埔二期
萬成渠	又名本湊	福建省政府秘書長／二十二兵團參謀長／第一兵團代表	黃埔四期
萬福林（麟）	壽山	東北剿總副總司令	行伍（靖威軍）
萬鴻圖	仞千	行政院政務委員	北平中國大學
萬耀煌	武樵	中央訓練團教育長（南京）	保定軍校一期／陸大正則班五期
葉公超	原名崇智	外交部次長代理部務／外交部長	美國阿赫斯特大學／劍橋文學碩士／巴黎大學研究院
葉成	力戈	整編七十八師師長（新疆／西北長官公署）	黃埔三期
葉秀峰		前中統局長／國大代表	北洋大學礦冶系／匹茲堡大學碩士
葉青	即任卓宣	政治理論家	
葉敬		二〇〇師師長	

葉會西	字永蓁	一六六師師長（第九軍後改第二十五軍及第五軍）	黃埔五期
葉裕和		江防艦隊司令，後在重慶投共	煙臺海軍學校航海班十一期
葉劍英	原名宜偉，字滄白	解放軍參謀長／華南軍區司令員	雲南講武堂／黃埔教授部副主任
董沐曾		海軍第一軍區司令（淞滬戰役）	煙臺海校第十屆駕駛班
董彥平	原名芝芳，字佩青	前安東省主席／東北行轅政務委員／國大代表	東北講武堂第五期／日本明治大學
董釗	介生	陝西省政府主席兼保安司令	黃埔一期
董嘉瑞		訓練處長（福州綏靖司令部）	中央軍校六期／陸軍大學特別班第七期
董繼陶	獻廷	暫一軍軍長（崇明島整編）／舟山防衛部副司令	
董顯光		前行政院新聞局長／總裁辦宣傳組組長	密蘇里新聞學院／哥倫比亞大學帕策利新聞學院
虞克裕		曾任中央信託局秘書處二等專員	中央政治學校
裘伯芳		侍衛人員	

姓名	字號	職銜／身分	附記
詹忠言	淡林	劉安祺副司令（二十一兵團副司令）	雲南陸軍講武堂／黃埔隊職官
賈幼慧		陸軍訓練司令部副司令（臺灣）／臺灣防衛司令部副司令	清華學校／加州大學／史丹福砲兵專校
賈景德	煜如，號韜園	行政院副院長／行政院秘書長	一九〇四進士
達賴	丹增嘉措	一九四一年政府批准為第十四世達賴喇嘛	
鄒志奮	字耐雪，號再生	國大代表／立法委員／廣州衛戍司令部顧問	中央政治學校
鄒彭年		第一軍一六七師參謀主任	中央軍校十四期
鄒魯	原名澄生，字海濱	監察委員／國民黨非常委員會委員	私塾／法政學堂（西山派）
鄒鵬奇	號東賓	九十九軍軍長（京滬杭警備司令部）／八十七軍長（臺灣）	中央軍校六期
雷震	儆寰	中央委員／京滬杭警備司令部政委會顧問／總裁辦設計委員會委員／東南長官公署政委	京都帝國大學法學院／大學院

靳汝民	錫成	東北剿總政治部第一處處長／軍事學校非常委員會東北分會委員／國大代表	中央軍校六期
廖仲愷	原名恩煦，又名夷白	廣州國民政府委員，國民革命軍第一軍黨代表，一九二五年八月遇刺身亡	日本早稻田大學／中央大學政治經濟科
熊丸		蔣介石侍從醫官	上海同濟大學醫學院
熊克武	錦帆	國大代表，十二月與劉文輝在川西投共	日本東斌陸軍學校
熊笑三	嘯山，一作肅山	第五軍軍長（第一編練司令部，福建龍溪）	中央軍校六期
端木傑	文俠	交通部長	陸軍軍需學校一期
端木愷	鑄秋	行政院秘書長／財政部政務次長	東吳大學／紐約大學博士
裴存藩	原名炎，號壽屏	西南公署副長官／雲南省黨部代主委／立委	黃埔三期
趙仁		第一軍一六七師師長	
趙文鈞		國大代表	
趙仰雄		上海市黨部	

姓名	字號	職銜／身分	附記
趙利華		軍校勤務團團長	
趙志垚	原名鑫，字麗生	陸軍軍需監	上海商務印書館附設商業學校
趙秀崑	玉峰	四四軍參謀長（第七編練司令部參謀長）／十五兵團參謀長兼一一二軍軍長，隨羅廣文投共	比照黃埔七期／陸軍大學正則班十三期
趙恆惕	字夷午、彝五，號炎午	前湖南省議長／國大代表	日本陸軍士官學校六期
趙棣華	原名同連	交銀總經理／全國銀行聯合會主席／國大代表	美國西北大學商學碩士
趙琳	號靜塵	三十二軍長（劉安祺部）	黃埔三期
趙葆全		農民銀行代總經理	
趙靖黎	原名毓興	愛新覺羅氏後裔／國大代表	
趙德樹		二三三師師長（郭汝瑰七二軍所轄），隨郭投共	日本士官學校
趙霞	又名湘艇	第九編練司令（第二編練副司令）／大陳島防衛副司令	中央軍校六期

趙藹輝		定海警備副司令（杭州保安副司令）	
劉乙光		保密局監管張學良之專員	黃埔四期
劉士毅	任夫	總統府第三局局長／參軍長	保定陸軍速成學校三期
劉大元	又名達源，字筱卿	西康警備部高參	四川陸軍小學堂暨軍官學校
劉文輝	自乾，致乾	西康省主席／川康滇黔剿匪副總指揮，投共	保定軍校二期
劉世哲		劉湘之子	
劉永堅		侍衛人員	
劉玉章	麟生	五十二軍軍長／上海浦西防衛副司令／舟山防衛副司令	黃埔四期
劉任	致遠	西北綏署副長官兼參謀長／國大代表	陸軍大學特別班一期
劉兆藜	雨亭		
劉光宇	平章	一〇〇軍副軍長（陳明仁所轄）／率部逃歸	中央騎兵學校
劉多荃	芳波	熱河省主席／華北剿總副總司令／國大代表，在香港與黃紹竑等投共	保定軍校九期

姓名	字號	職銜／身分	附記
劉安祺	壽如	第十一綏靖區司令（青島）／二十一兵團司令／海南防衛總司令／廣州衛戍副司令	黃埔三期
劉汝明	子亮	第八兵團司令／京滬杭警備副總司令／閩粵邊區剿匪總司令	行伍
劉汝珍	子瑞	第八兵團副司令兼六十八軍軍長	陸軍檢閱使署學兵團（劉汝明弟）
劉伯承	原名明昭，別明伯誠	匪二野司令員	重慶軍政府將校學堂／莫斯科伏龍芝軍事學院
劉伯龍	又名超亮	第八軍軍長	
劉宏德		前京滬杭警備部二處處長	
劉志軍		立委	
劉攻芸	原名驅業	中央銀行總裁／財政部長	賓州大學華頓學院／倫敦政經學院博士
劉侃如		國民黨文宣工作／記者	燕京大學新聞系／馬里蘭大學研究

劉季洪	原名鐘	政大教授／西北大學校長／國大代表	北京高等師範學校
劉宗寬	又名志弘	西南公署參謀長	黃埔三期
劉征		武陵艦長	
劉牧群	原名芳秀，號挺生	空總訓練司令	保定航空學校一期
劉雨卿	獻廷	成都警備司令	私塾／第四鎮頭目養成營
劉峙	經扶	前徐州剿匪總司令／國大代表／總統府戰略顧問	保定軍校二期
劉炯光	金煜	空總四署署長	中央航空學校三期
劉紀文	原名兆鎔，字兆銘	中委／國大代表	日本東京志成學校／早稻田大學
劉哲	警興	監察院副院長	京師大學堂文科
劉航琛	原名賓遠，一作寶遠	立法委員／經濟部長	北京大學經濟系
劉健群	原名懷珍，字席儒	立法院副院長／代理院長	貴州省立法政專校
劉國運	泰初	空總副參謀長	中央軍校六期／中央航校一期／陸軍大學十二期

姓名	字號	職銜／身分	附記
劉國鏞		四川省參議員	
劉培初		蔣介石住溪口時的綏靖總隊長	
劉崇鏞〔鋐〕		前清華大學教授	哈佛大學碩士／哥倫比亞大學／耶魯大學研究
劉梓皋		二九六師師長	中央軍校六期（武漢分校）
劉斐	為章	參謀次長／國民政府和談代表，投共	江西講武堂／日本陸軍士官學校／日本陸軍大學（白崇禧部）
劉翔		高雄市長	
劉詠堯	則之	國防部部長辦公室主任／代理國防部長／國防部次長	黃埔一期
劉馭萬		駐韓國大使銜外交代表	美國歐柏林大學／威斯康辛大學碩士／哈佛大學研究
劉廉一	德森（德焱），號榮勛	六十七軍軍長	中央軍校六期
劉敬宜	又名序東	中國航空總經理／交通部專員，和陳卓林兩航在香港投共	密西根大學碩士

劉殿揚		軍校勤務團營長	
劉瑞恒	月如，月波	善後救濟總署衛生委員會主委	哈佛大學醫學博士
劉義光		海總三署副署長	黃埔三期（潮州分校一期）
劉誠之		南京警察廳長	黃埔四期／日本警官學校
劉遠翔		馬公要塞參謀長	中央軍校七期（武漢分校）
劉廣凱	孟實	海軍一艦隊司令	青島海軍學校三期／英國格林威治皇家海軍學院
劉德凱		永定艦長	
劉慶生	以篤	海總四署署長	
劉樹成	元鈞	峨嵋守備司令	行伍（劉湘部）
劉積之	名存厚	前川軍將領，曾任二十三軍軍長，後免職閒居成都	四川武備學堂／日本陸軍官學校六期
劉翼峰	止鵬	要塞司令（基隆）	保定軍校
劉膺友		前長沙綏署副主任	
劉鴻生	克定	社會賢達／實業家／行政院善後救濟總署執行長	上海聖約翰大學

姓名	字號	職銜／身分	附記
劉耀縱		總裁辦公室三組新進參謀	
樂頤		兵工署第二處長	
歐陽江		六十一軍副軍長	
歐陽駒	惜白	廣州市長	保定軍校六期
歐陽寶		海總二署署長	煙臺海軍學校駕駛班十七屆／留英學習
滕傑	俊夫	八十軍副軍長／前南京市長／南京市黨部主委	黃埔四期／日本明治大學
潘公展	原名有猷，字幹卿	上海市黨務主要人員／國大代表	上海聖約翰大學
潘文華	仲三	華中剿總副總司令／西南公署副長官，與劉文輝投共	四川陸軍速成學堂
潘朝英		益世報發行人／立法委員	美國天主教大學博士
潘華國	靜如	第七編練副司令	黃埔軍校五期／陸軍大學
潘肇雄		由寧夏突圍歸來六飛行員（少尉副駕駛員）	空軍官校二十五期

蔡勁軍	香泉	中央委員／海南島反共救國軍總指揮	黃埔二期
蔡廣華		裝甲兵學校校長（第三任）	中央軍校六期
蔡賢俊	笑虹	第九兵團工處處長	中央軍校六期
蔣匀田		民社黨／前行政院政務委員	北京國立政治大學
蔣心田		防守司令部二處處長	
蔣方良	日記亦作芳娘		蔣經國之妻
蔣伏生		國大代表／湖南軍管區司令兼長沙警備司令／湖南省府委員兼湖南綏靖副總司令	黃埔一期
蔣孝武			蔣經國與蔣方良之次子
蔣治平		侍衛官	
蔣渭川		臺灣省參議員／革命實踐研究院學員	
蔣瑞慶（清）	名振河	補給第十二區司令（聯勤總部）	上海大學／黃埔七期
蔣當翊（詡）	字芝山，又字正山	總司令（九十七軍軍長／一〇〇軍軍長／九十二軍軍長）	黃埔三期

姓名	字號	職銜／身分	附記
蔣經國	別名建豐	經濟管制委員會上海區協助督導／臺灣省黨部主委	莫斯科中山大學／列寧格勒中央軍事政治研究院
蔣鼎文	銘三	國大代表／東南區點編委員會主委（臺灣）	浙江講武學堂
蔣夢麟	號夢鄰	中國農村復興委員會主委	哥倫比亞大學博士
蔣劍民		國防部保密局江蘇站站長（一九四七）／東南人民救國軍司令	
蔣緯國		陸軍裝甲兵參謀長晉升上校副司令	中央軍校十期／德國陸軍明興軍官學校
蔣蔚成	畏塵	前五十軍參謀長	
蔣鋤歐	素心，訴心	衡陽軍運指揮官／遞補國大代表	廣西陸軍幹部學堂二期
談益民		上海市府宣傳處長／上海市黨部／總裁辦一組秘書	
鄧文儀	雪冰	國防部新聞局長	黃埔一期
鄧奇		第一軍一六七師團長	

鄧春華	君實	一〇九軍軍長	黃埔一期
鄧傳楷		英士大學校長	暨南大學／華盛頓大學
鄧漢祥	鳴階	國大代表／四川省府秘書長，隨劉文輝投共	湖北陸軍學校
鄧親民		九十九師師長（臺灣重建，隸九十九軍）	黃埔四期
鄧錫侯	晉康	川陝甘邊區綏署主任／重慶綏署副主任／西南公署副長官，與劉文輝投共	南京第四陸軍中學
鄧寶珊	原名瑜	包頭綏靖司令（華北剿總副總司令，代表傅作義談判降共）	行伍
鄭介民	字耀全，號杰夫	國防部次長／參謀次長	黃埔二期
鄭亦同	原名異，又名衍通	駐伊朗大使	北京高等師範學校
鄭果	原名元森，號東祥	二〇一師師長／軍長	中央軍校六期
鄭彥棻		國民黨中央黨部秘書長／立法委員	巴黎大學法學院
鄭挺鋒		前九十四軍軍長／劉安祺副司令	
鄭通和	西谷	前中央青年部副部長兼代部務	哥倫比亞大學師範學院碩士

姓名	字號	職銜／身分	附記
鄭學稼		暨南大學／臺灣大學教授	中央大學農學院／赴日研究日本史
魯道源	子泉	第十一兵團司令兼武漢守備司令	雲南講武學堂三期
黎永年		海總一署署長	黃埔海軍學校十九屆
黎玉璽		太康軍艦艦長／海軍第一艦隊參謀長／第二艦隊參謀長、司令	電雷學校一期／德國海軍快艇學校／陸大參謀班七期
黎鐵漢	瀛橋	廣州市警察局長（前侍衛人員）	黃埔二期
盧作孚	又名恩	民生公司經理	初級師範
盧致德		軍醫署副署長／國防醫學院副院長	紐約大學醫學博士
盧漢	原名漢邦，字永衡，彝族	雲南省主席／雲南綏署主任，投共	隨龍雲投滇軍／雲南陸講武堂四期
盧福寧		國防部三廳一處上校處長	南京中央軍校十期／陸軍大學正則班十七期
盧鑄	字可鑄，號滇生，別號匏齋	立法委員	

蕭公權	名篤平，字恭甫，號迹園	前清華大學教授	清華大學／康奈爾大學博士
蕭同茲	原名異，號涵虛	中央社長	長沙甲種工業學校
蕭勃		曾任駐美國大使館武官兼軍統局紐約站站長、總統府參軍	中央軍校六期
蕭傳倫		一三四師師長兼二十軍幹訓班主任，後陣亡	陸軍步兵學校校官班
蕭萱	紉秋	總統府顧問	清高等巡警學校
蕭端重		四川省府委員／國大代表，依附劉文輝投共	
蕭毅肅	原名昌言	國防次長／參謀次長，兼西南署參謀長	雲南講武堂十四期
蕭贊育	字銘圭，號化之	前南京市黨部主委	黃埔一期／莫斯科中山大學、日本明治大學學習
諾蘭	日記作羅倫	美國參議員	
賴成樑		國防部三廳二處處長，後投共	南京中央軍校十期
賴遜岩		空軍副署長	中央航空學校二期

姓名	字號	職銜／身分	附記
錢大鈞	慕尹	重慶綏署副主任／西南軍政副長官	日本陸軍士官學校中國隊十二期／黃埔教官
錢正		浙江綏靖總部參謀處副處長	
錢思亮	惠疇	前北大化學系主任	伊利諾大學博士
錢新之	名永銘，字新之	國大代表／美金公債勸募委員會主任委員	天津北洋大學／日本神戶高等商業學校
閻錫山	百川、伯川	太原綏靖公署主任兼山西省府主席／國大代表／立法委員／行政院長	山西武備學堂／東京振武學校／日本陸軍士官學校
霍揆彰	嵩山	十五（六）綏靖司令／十一兵團司令	黃埔一期
霍寶樹	亞民	中國銀行總經理（副總裁）／央行總經理	上海聖約翰書院／賓州大學、屯卜爾大學碩士
駱美中		中央信託局長	中央黨務學校
駱競渡		裝甲砲兵團長	中央軍校九期／陸軍大學正則班十七期
鮑嘉謨	璧如	總裁辦公室組員	國防部測量學校九期大地測量科

鮑靜安		行院新聞局處長	北京大學經濟系
鮑薰南	蘭蕙	戰車一團團長	南京中央軍校九期
龍雲	譜名登雲，字志舟	在香港加入中國國民黨革命委員會	雲南講武堂四期，滇軍／雲南彝族
龍澤匯		滇省保安旅長（第三旅）／九十三軍軍長，隨盧漢投共	中央軍校八期（盧漢姊夫）
嶺光電	彝族，彝名紐扭慕理	西康籍立法委員／二七軍副軍長，後投共	中央軍校十期
應啟新		第一軍一六七師副團長	
戴傳賢	原名良弼，字選堂，號天仇，後改名傳賢，字季陶	國史館館長	東京高等師範學校／日本大學法律系
戴愧生		僑務委員長，何內閣閣內閣	廈門同文書院
戴樸	一作朴	第六軍軍長（臺灣）	中央軍校七期／陸軍大學正則班十五期
矯捷		空軍第五區隊長	

姓名	字號	職銜／身分	附記
繆雲台	名嘉銘，字雲台	行政院政務委員	堪薩斯州西南學院、伊利諾大學、明尼蘇達大學均學礦冶
薛岳	原名仰岳，字伯陵	廣東省主席兼廣東保安司令	保定軍校六期，粵軍
謝志雨		第八師副師長	中央軍校十一期
謝直		川東綏靖公署軍務處長／西南軍政公署獨立三六六師師長，後投共	中央軍校十一期／陸軍工兵學校五期
謝耿民		中央銀行國庫局長／中國銀行常務董事	美國紐約大學　公共行政研究院（王寵惠外甥）
謝無圻	德堪	九五軍副軍長兼一二六師師長，後投共	四川陸軍軍官學堂二期
謝然之		《臺灣新生報》社長兼總編輯	上海光華大學／東吳大學／明尼蘇達大學新聞碩士
謝嵩林		上海市黨部	
謝壽康	字次彭、號七百	駐教廷公使（一九四二－一九四六）	法國羅山大學經濟學碩士
鍾天心	汝中	行政院政務委員兼副秘書長／負責起草和談方案者十人之一	北京大學文科／留學英國牛津大學

鍾祖蔭		一百二十八旅旅長，新疆	黃埔三期
鍾儒達		上海市黨部	
韓文煥	字方伯，號雲安	貴州省保安副司令／兼一〇一軍軍長	黃埔三期
韓汗英	應作漢英，字平夷	廣東省黨部主委／廣東省政府委員兼第九行政督察專員／海南防衛副司令	保定軍校六期
簡樸	若素	空總政工主管	
薩孟武	名本炎，字孟武	前中央大學教授	京都帝國大學法學部政治系
闞漢騫	撥雲	淞滬防衛部副司令及浦東兵團司令／五十四軍軍長（在臺）	黃埔四期
顏惠慶	駿人	國民政府和談代表	維吉尼亞大學
魏汝霖	澤民，哲民	上海師管區少將司令	中央軍校武漢分校六期（敘）／陸軍大學正則班十期
魏伯聰	即魏道明	臺灣省主席（第一任）	巴黎大學法學博士
魏崇良	又名建鶴，號雄球	空總一署署長（人事）	中央軍校六期／筧橋中央航校第一期
魏勞爾	Whiting Willauer	民航公司副經理	

姓名	字號	職銜／身分	附記
魏景蒙		中央通訊社副社長	燕京大學西洋文學系
魏德邁	Albert Coady Wedemeyer	美國將軍／盟軍中國戰區參謀長，及駐中國美軍指揮官（二戰期間）	
魏濟民		海軍軍官學校第二任校長	馬尾海軍學校五期
羅克典		中宣部職員／國民黨臺灣省黨部委員	東京帝國大學農學部大學院
羅家倫	志希	駐印度特命全權大使	北京大學文科／留學普林斯頓、哥倫比亞、倫敦、柏林、巴黎等大學七年
羅卓英	尤青，幼青	廣州綏署副主任／東南公署副長官	保定軍校八期（陳誠同學）
羅奇	振西，振馨	前戰地觀察第四組組長／陸軍副總司令	黃埔一期
羅時實	佩秋	前侍從秘書	南京東南大學／劍橋大學皇家學院習經濟學
羅斯福	Franklin Delano Roosevelt	美國總統	
羅廣文		第七編練司令／川鄂邊綏靖公署主任	黃埔四期／日本陸軍士官學校

羅澤闓	恩永	三十七軍軍長（防守上海浦東）／西安綏署副主任	中央軍校六期／陸軍大學十一期
譚伯羽	原名翊，字習齋	國民黨七屆中央評議委員	上海同濟大學／留德（譚延闓長子）
譚毓麟		廣州衛戍參謀長	
譚維熙		上海市黨部	
關吉玉	佩恒（滿族）	蒙藏委員長／財政部長／國大代表	北京朝陽大學經濟系／柏林大學
關麟徵	原名志道，字雨東	陸軍官校校長／陸軍總司令	黃埔一期
嚴家淦	靜波	臺灣省政府財政廳長	上海聖約翰大學
嚴嘯虎		成都警備司令，投共	陸軍大學特別班第一期
嚴澤元		福州綏署處長／福建省警保處長	
蘇時		第六軍副軍長	中央軍校六期
蘇紹文	本名炎神，字天行	臺灣警備司令部人員（第一處少將處長）／國大代表	日本陸軍士官學校二十期／南京陸官教官
蘇薌雨	名維霖，以字行	臺灣大學心理系主任／圖書館館長	北京大學哲學系／東京帝國大學大學院肄業

姓名	字號	職銜／身分	附記
蘭庚生		軍事學校非常委員會東北分會委員	
顧民岩		暫三軍參謀長	
顧厚鋆		通信指揮官	
顧貞元		機要秘書	
顧祝同	墨三	參謀總長	保定軍校第六期／黃埔教官
顧毓琇	原名一樵，號古樵	政大校長／國大代表	麻省理工學院哲學博士
龔愚	樂愚	陸軍總部第六署署長／第六軍額外副軍長	中央軍校六期
龔學遂	伯循	青島市長（辭職）／參加政協	東京帝國大學礦山學科

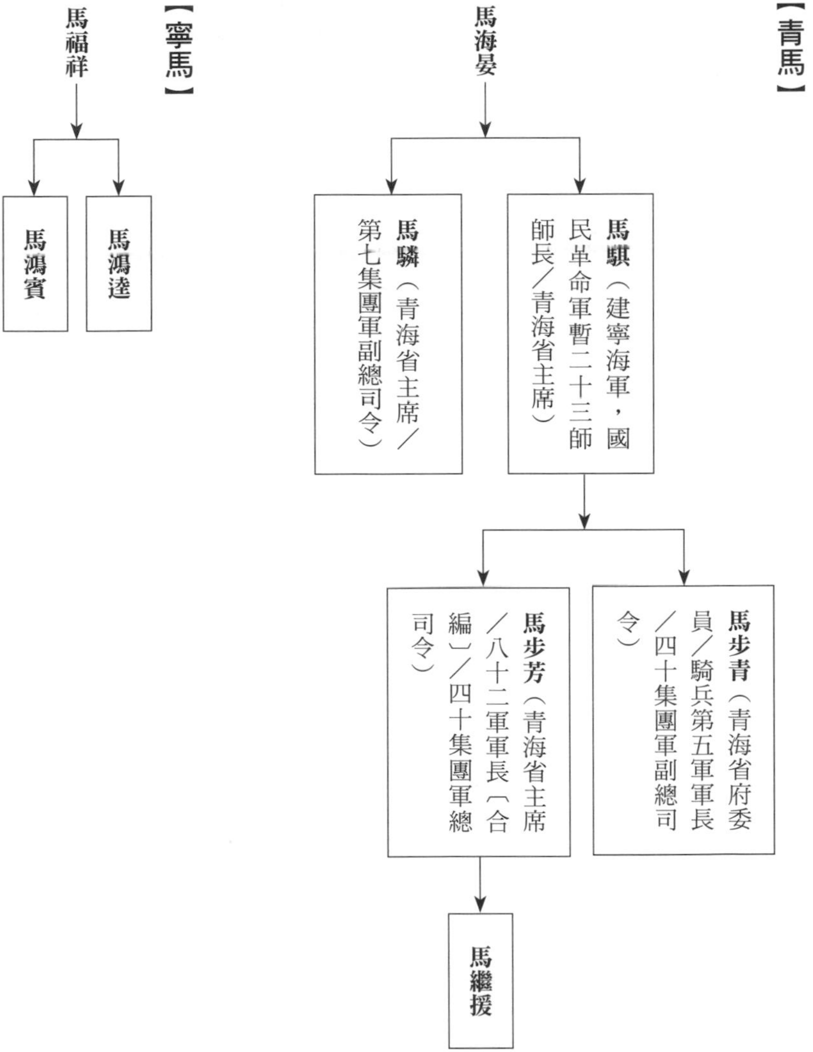

＊寧夏五馬：馬鴻逵、馬鴻賓、馬步青、馬步芳、馬青宛

歷史大講堂

老蔣在幹啥？從蔣介石侍從日誌解密1949大撤退

2019年6月初版　　定價：新臺幣380元
有著作權・翻印必究
Printed in Taiwan.
編者	樓文淵
叢書編輯	張彤華
特約編輯	方清河
內文排版	極翔排版公司
封面設計	兒日
編輯主任	陳逸華

出版者	聯經出版事業股份有限公司
地址	新北市汐止區大同路一段369號1樓
編輯部地址	新北市汐止區大同路一段369號1樓
叢書編輯電話	(02)86925588轉5306
台北聯經書房	台北市新生南路三段94號
電話	(02)23620308
台中分公司	台中市北區崇德路一段198號
暨門市電話	(04)22312023
台中電子信箱	e-mail：linking2@ms42.hinet.net
郵政劃撥	帳戶第0100559-3號
郵撥電話	(02)23620308
印刷者	文聯彩色製版印刷有限公司
總經銷	聯合發行股份有限公司
發行所	新北市新店區寶橋路235巷6弄6號2樓
電話	(02)29178022

總編輯	胡金倫
總經理	陳芝宇
社長	羅國俊
發行人	林載爵

行政院新聞局出版事業登記證局版臺業字第0130號

本書如有缺頁，破損，倒裝請寄回台北聯經書房更換。　　ISBN 978-957-08-5318-6 (平裝)
聯經網址：www.linkingbooks.com.tw
電子信箱：linking@udngroup.com

國家圖書館出版品預行編目資料

老蔣在幹啥？從蔣介石侍從日誌解密1949大撤退/
樓文淵編．初版．新北市．聯經．2019年6月（民108年）．
344面．14.8×21公分（歷史大講堂）
ISBN 978-957-08-5318-6（平裝）

1.中華民國史　2.國民政府遷臺

733.292　　108007536